Jürgen Overhoff

Vom Glück, lernen zu dürfen

Für eine zweckfreie Bildung

Klett-Cotta

KlettCotta
www.klett-cotta.de
© J. G. Cotta'sche Buchhandlung Nachfolger GmbH,
gegr. 1659
Stuttgart 2009
Alle Rechte vorbehalten
Fotomechanische Wiedergabe nur mit Genehmigung des
Verlags
Printed in Germany
Schutzumschlag: malsyteufel, willich
Gesetzt aus Sabon von r&p digitale medien, Echterdingen
Auf säure- und holzfreiem Werkdruckpapier gedruckt und
gebunden von GGP Media GmbH, Pößneck
ISBN 978-3-608-94171-5

Inhalt

Meiner Mutter

Prolog oder
Das Lernen als große Verheißung

Spätestens seit dem PISA-Schock und gerade auch im Zuge der fortschreitenden Globalisierung der Wirtschaft wird von deutschen und europäischen Bildungspolitikern jeglicher Couleur immer häufiger und mit immer größerem Nachdruck die Forderung vorgetragen, daß lebenslanges Lernen nunmehr eines der überragenden Gebote der Stunde sei. Dabei wird das Lernen vorrangig als zentrale Aufgabe jedes gewissenhaften Bürgers definiert, der danach strebt, auf dem immer anspruchsvolleren Arbeitsmarkt der sich formierenden Wissensgesellschaft mithalten zu können. Augenscheinlich erlauben es die rasanten Veränderungen im Arbeitsleben unserer Gesellschaft kaum noch, ein Leben lang im gleichen Beschäftigungsfeld tätig zu sein. Das beständige Hinzulernen, die stetige Weiterbildung, so scheint es, ist demnach eine der ersten Bürgerpflichten geworden, die man auch schon Kindern (möglichst im Vorschulalter) beizeiten nahe bringen sollte.

An immer neuen Bildungsprogrammen, die lebenslanges Lernen als Leitlinie und offizielles Ziel europäischer und deutscher Bildungspolitik ausweisen, herrscht denn auch kein Mangel. Die meisten der aktuellen deutschen Programme sind den einschlägigen Vorgaben der Bund-Länder-Kommission für Bildungsplanung und Forschungsförderung verpflichtet, wie sie in der 2004 veröffentlichten *Strategie für Lebenslanges Lernen in der Bundesrepublik Deutschland* nachzulesen sind. Mit ihrer Empfehlung, »lebenslanges Lernen zu einer Selbstverständlichkeit in jeder Bildungsbiografie werden zu lassen«, ist die deutsche Bund-Länder-Kommission wiederum einer entsprechenden Entschließung des Rates der Europäischen Union aus dem Jahr 2002 gefolgt, in der sämtliche Mitglieder der Staatengemeinschaft ausdrücklich ersucht werden, »umfassende und kohärente Strategien« zur Förderung des lebenslangen Lernens auszuarbeiten. Denn erst wenn alle ständig lernen, so der Europäische Rat, wird »die Union zum wettbewerbsfähigsten und dynamischsten wissensbasierten Wirtschaftsraum der Welt« werden können, der allein »ein dauerhaftes Wirtschaftswachstum mit mehr und besseren Arbeitsplätzen« garantiert.

Das Urdokument und zugleich der gemeinsame Bezugspunkt all dieser Bestrebungen ist jedoch das bereits im Jahr 2000 von der Europäischen Kommission verabschiedete *Memorandum über Lebenslanges Lernen*. In dieser Denkschrift sind erstmals jene bildungspolitischen Leitvorstellungen und Standards in verbindlicher Form definiert worden, die seither »richtungsweisend für die künftige Politik und Aktionen der Europäischen Union« sind. Wer immer heute im nationalen, europäischen oder auch regionalen Rahmen öffentliche Gelder zur Finanzierung von Förderprogrammen beantragt, die dem lebenslangen Lernen gewidmet sind, wird deshalb kaum umhin kommen, in seinen Projektvorschlägen Geist und Gehalt des *Memorandums* genau zu beachten und grundsätzlich zu bejahen.

Leider zeugt der Wortlaut des *Memorandums* von einer sehr eindimensionalen Lesart des Lernens, da er nahezu ausschließlich die *ökonomische* Bedeutung des Lernens betont, was sich auch in den auf ihn bezogenen und bereits zitierten deutschen Bildungsprogrammen in aller Eindeutigkeit widerspiegelt. Darüber hinaus ist der Text der Denkschrift von einer derartigen Krisenrhetorik geprägt, daß den Leser notgedrungen das beklemmende Gefühl beschleicht, mit einer unvergleichlich schwierigen, ja gefährlichen historischen Situation konfrontiert zu sein. Tatsächlich weist das *Memorandum* unentwegt darauf hin, daß die Art und Weise, wie moderne Volkswirtschaften »den Wettbewerb untereinander austragen«, heute sehr viel »größere Risiken und Unsicherheiten« für den einzelnen Bürger mit sich bringt, als die wirtschaftlichen Gepflogenheiten früherer Jahre.

So erlebten die europäischen Nationen momentan einen noch nie dagewesenen, »tiefgreifenden Wande[l] der Produktionsverfahren, der Handelsströme und der Investitionsmuster«, der die eingefahrenen und zur Gewohnheit gewordenen Lebens- und Arbeitsmuster zwangsläufig zu Auslaufmodellen degradiere. Vor allem die »digitale Technik«, die fundamentale »Änderungen in sämtlichen Bereichen des Lebens der Menschen herbeiführe«, mache völlig neue Kenntnisse erforderlich. Verstärkt gefragt sei daher die Tugend der raschen »Anpassungsfähigkeit«, um den sich wandelnden gesellschaftlichen und beruflichen Anforderungen zu entsprechen und damit die eigene Arbeitsfähigkeit erhalten zu können. Die möglichst zügige und flächendeckende Implementierung lebenslangen Lernens sei daher auch eine »unabdingbare Voraussetzung« für »die Beschäftigungsfähigkeit im Europa des 21. Jahrhunderts«. Sie sei geradezu der »Schlüssel« zum

11

persönlichen Erfolg in der »wissensbasierten Gesellschaft und Wirtschaft« der Zukunft. Denn nur der permanent lernwillige, »von der Wiege bis zum Grab« täglich hinzulernende Mensch werde verläßlich dazu befähigt, in der »Informationsgesellschaft« überhaupt bestehen und flexibel auf die sich rasant verändernden Umweltbedingungen reagieren zu können. Wer nicht lernt, nicht lernen will, nicht lernen kann, bleibt also – wie es im *Memorandum* resümierend und ohne Ironie in bewußt drastischen Worten heißt – »auf der Strecke«.

Nun ist diese (Über-)betonung der ökonomischen Bedeutung eines lebenslangen Lernens möglicherweise sachlich nicht ganz falsch, doch klingt sie wenig verheißungsvoll. Denn durch den suggestiven Verweis auf machtvolle wirtschaftliche Zwänge wird die Aufforderung zum beständigen Lernen doch eher als eine bedrückende Botschaft empfunden. Im Vordergrund steht eine neue Beschwernis, die Last, nicht die Lust des Lernens. Doch geht es beim Lernen wirklich in der Hauptsache darum, sich an seinem jeweiligen (nationalen) »Standort« gut »aufzustellen«, um dann aufdringliche Wettbewerber mit einer gezielt lancierten »Bildungsoffensive« auszustechen? Ist das Lernen tatsächlich seinem innersten Wesen nach eine Art Überlebenstraining, das notgedrungen absolviert werden muß, wenn man seine wirtschaftliche Existenz sichern will? Muß man wirklich *gezwungenermaßen* Tag für Tag aufs neue lernen, oder ist es nicht viel eher ein Zeichen der persönlichen *Freiheit*, also ein Privileg und ein großes Glück, lernen zu *dürfen*?

Vielleicht könnten europäische und deutsche Bildungspolitiker ein größeres Maß an Gelassenheit zurückerobern
und bessere, weil menschenwürdigere Begründungen
für die Bedeutung des lebenslangen Lernens liefern, wenn
sie dafür zu gewinnen wären, den gegenwärtigen gesellschaftlichen und ökonomischen Wandel mit durchaus
ähnlichen Entwicklungen der europäischen Geschichte
zu vergleichen. Vielleicht ließe sich ja aus der Geschichte
lernen, könnten frühere Erfahrungen neu bedacht werden, zum Nutzen und Vorteil auch der jetzt lebenden
Generation. Denn daß die heutigen sozialen und wirtschaftlichen Transformationsprozesse möglicherweise doch
nicht so ganz ohne historische Parallelen sind, wie es vielfach unterstellt wird, scheinen selbst die Verfasser des
europäischen *Memorandums* zu erahnen: Ohne diesen
Zusammenhang näher zu illustrieren oder zu erklären,
wird dort nämlich beiläufig behauptet, daß Europa heute
einen Wandel erlebe, dessen »Ausmaß« allenfalls mit
dem der – Mitte des 18. Jahrhunderts einsetzenden – »in-
dustriellen Revolution« zu vergleichen sei.

Tatsächlich schlägt dieser nur vage angedeutete Vergleich zwischen unserer Zeit und dem 18. Jahrhundert
eine sehr hilfreiche Brücke vom 21. Jahrhundert ins Zeitalter der Aufklärung – und eröffnet damit höchst interessante Perspektiven. Denn, so kurios es zunächst klingen
mag, die heutigen Aufrufe zum lebenslangen Lernen mit
ihrer effektvoll vorgetragenen Begleitmusik immer neuer
Bildungsprogramme sind so neuartig nicht: Schon vor
300 Jahren, zu Beginn des 18. Jahrhunderts, begannen
die führenden Pädagogen und hellsichtigsten Lehrer
Europas ihre Regierungen und Mitbürger mit einer derartigen Vehemenz und mit einem solchen Erfolg auf die **13**

gesellschaftliche Bedeutung des Lernens, der Bildung und der Erziehung aufmerksam zu machen, daß dieses Säkulum schon von den Zeitgenossen als »unser pädagogisches Jahrhundert« tituliert und gefeiert wurde.

Wohl ohne Übertreibung läßt sich sagen, daß in der uns bekannten Geschichte der Menschheit kaum eine Epoche so sehr von der Bedeutung des Lernens erfüllt war wie das Zeitalter der Aufklärung. Viele der bildungspolitischen Ziele dieses lernbesessenen Jahrhunderts entsprachen den heutigen Forderungen nach einer größtmöglichen Stärkung der gesellschaftlichen Leistungsfähigkeit bereits voll und ganz. Denn der Wunsch, effektiv, flexibel, wettbewerbsfähig und wirtschaftlich erfolgreich zu sein, war dem 18. Jahrhundert keineswegs fremd. Immerhin veröffentlichte Adam Smith, der Wegbereiter des Kapitalismus und Begründer der Theorie der Marktwirtschaft, sein wirtschaftswissenschaftliches Hauptwerk *Der Wohlstand der Nationen* schon 1776. Er selbst konnte zu diesem frühen Zeitpunkt auf etliche moderne, von ihm favorisierte ökonomische Praktiken verweisen, die bereits seit der Wende zum 18. Jahrhundert in der Ausbreitung begriffen waren.

Allerdings argumentierten die überzeugendsten und kompetentesten Verfechter eines gesteigerten gesellschaftlichen Lernwillens damals im Grunde völlig anders als die Mehrheit der heutigen Bildungspolitiker. Denn gerade den pädagogisch ambitioniertesten und einflußreichsten Aufklärern ging es zuerst und wesentlich darum, das Lernen als eine große *Verheißung* darzustellen: Verheißungsvoll schien ihnen die Aktivität des Lernens deswegen zu sein, weil, wie sie feierlich postulierten, der Mensch nur durch seine beständige Weiterbildung dazu befähigt würde, die in ihm angelegten intellektuellen und emotionalen Möglichkeiten zur vollen Entfaltung zu bringen, sein Leben sinnvoll zu meistern und damit seiner Bestimmung gerecht zu werden: Erst als ein sich über seine Welt immer neu verständigender Lernender würde sich der Mensch seines Daseins so recht erfreuen können.

Freude, dazu auch Lust, Verlangen und Liebe: *Das* sind die wichtigsten Stichworte, mit denen jene im 18. Jahrhundert so lebhaft geführte Debatte über die Bedeutung des Lernens angestoßen wurde – und zwar zuerst und vor allem durch die Schriften des großen englischen Philosophen, Arztes und Hauslehrers John Locke. In seinem bereits 1693, also an der Schwelle zum neuen Säkulum veröffentlichten Buch *Some thoughts concerning education* sprach zwar auch er davon, daß ein stetes Lernen von großem Nutzen für das bürgerliche Leben sei. Doch in der Hauptsache hob Locke hervor, daß das Lernen – ganz ungeachtet seines möglichen Nutzens für die Sicherstellung des beruflichen Fortkommens und des persönlichen Wohlstandes – bereits *an und für sich* ein unendliches Vergnügen und ein unvergleichlicher Genuß sei. Lernen bedeutete für Locke vor allem, zweckfrei nach beglückender Erkenntnis und nach persönlicher Erfüllung zu streben.

Dieser von Locke vorgegebene Tenor des glücklichen Lernens prägte den Diskurs und das Schrifttum über Bildung und Erziehung im Europa der Aufklärung wie kein zweiter Text. Sogar der Königsberger Philosoph Immanuel Kant, der das Lernen nach Ablauf des 18. Jahrhunderts als einer der letzten großen Aufklärer dieser Epoche auch als *Pflicht* beschrieb – und in seinem 1803 publizierten Buch *Über Pädagogik* betonte, daß ein gewisser

Zwang bisweilen nötig sei, um den Menschen von dieser Pflicht zu überzeugen –, verstand das Lernen dennoch nicht als freudlose Angelegenheit. Im Gegenteil: Wie Locke wußte er und hielt daran fest, daß das beständige Lernen – auch wenn es in gewissen Momenten nicht ohne Einsatz einer gehörigen Portion Selbstdisziplin auskommt – ganz wesentlich als überaus köstliches Spiel des Witzes zu begreifen war, das höchsten Genuß versprach. Daß das Lernen geistige Freuden ganz besonderer Art bereithielt, stand somit selbst für Kant außer Frage. Deshalb wurde er auch nicht müde, die Lust, die durch die intellektuelle und kreative Tätigkeit des Lernens bereitet wird, in seinen pädagogischen Schriften an exponierter Stelle zu thematisieren und als ein großes Glück zu beschreiben.

Im Vergleich zu den viel zu technokratischen und immer von einem eigenartigen wirtschaftswissenschaftlichen Jargon durchzogenen Bildungsprogrammen der heutigen Zeit nahm sich das Vokabular der pädagogisch interessierten Aufklärer also allemal lustbetonter, fröhlicher und leidenschaftlicher aus. Und wenn an dieser Stelle ganz allgemein von *den* Aufklärern die Rede ist, dann geschieht das weder unüberlegt noch zu unrecht verallgemeinernd, sondern aus der festen Überzeugung heraus, daß *alle* führenden Aufklärer des 18. Jahrhunderts – trotz mancher Unterschiede im Detail – jene fundamentale, von Locke übernommene pädagogische Auffassung *einte*, derzufolge man Kinder und Erwachsene überhaupt nur dann für das beständige Lernen würde motivieren können, wenn man ihnen den permanenten Wissenserwerb zunächst als eine der ursprünglichsten menschlichen *Freuden* erfahrbar gemacht hatte. Wegen dieses einen gemeinsamen pädagogischen Bezugspunktes wurde Lockes Schrift *Some thoughts concerning education* auch bis zum Ende des 18. Jahrhunderts ganz ausdrücklich als »Urquelle« aller Erziehungsentwürfe und Lernprogramme des Zeitalters der Aufklärung verehrt und gefeiert.

Wer immer also heute ein echtes Interesse daran hat, das Lernen – und erst recht das lebenslange Lernen – als ein für alle verbindliches gesellschaftliches Ziel zu deklarieren, ist gut beraten, sich mit möglichst unbefangener Neugier den wichtigsten Aufklärern des 18. Jahrhunderts zuzuwenden, um von ihnen Rat und Weisung auch für pädagogische Fragen unserer Zeit einzuholen. Denn die von diesen Lehrern, Schulmännern, Philosophen und Publizisten im Verlauf eines pädagogisch bewegten Jahrhunderts gemachten Erfahrungen sind viel zu bedeutsam, um dem Vergessen überantwortet zu werden. Sie können somit – übrigens auch im Unterschied oder in Ergänzung zu den jetzt immer populärer werdenden neurobiologischen und kognitionspsychologischen Deutungen des effektiven Lernens – als wertvolles bildungshistorisches Korrektiv verstanden werden. Deshalb wollen sie auch sorgsam bedacht sein, wenn die heutigen Appelle an die ständige Lernbereitschaft der Menschen fruchten und eine segensreiche Wirkung entfalten sollen.

Bei der erwünschten Hinführung zu den zentralen pädagogischen Einsichten der Aufklärer will der nun folgende narrative Essay auf seine eigene Weise einen besonderen Beitrag leisten. Erzählt und vorgestellt werden soll das erziehungsreformerische Bemühen des Zeitalters der Aufklärung nämlich im Folgenden als *Geschichte des*   **17** *pädagogischen Denkens und Handelns* von elf bedeutenden Persönlichkeiten, die sehr entscheidende und für ihre Epoche ganz und gar repräsentative Akzente im damals leidenschaftlich geführten Diskurs über das Lernen setzten: John Locke, Joseph Addison, Hermann Samuel Reimarus, Johann Jakob Bodmer, Christian Fürchtegott Gellert, Benjamin Franklin, Jean-Jacques Rousseau, Johann Bernhard Basedow, Moses Mendelssohn, Mary Wollstonecraft und Immanuel Kant.

Sie alle, zehn Männer und eine Frau, zehn Christen und ein Jude, zehn Europäer und ein Amerikaner – die auch in diesem Zahlenverhältnis die pädagogische Avantgarde des 18. Jahrhunderts getreu repräsentieren – betätigten sich nicht nur ohne Ausnahme als Lehrer, Dozenten und in manchen Fällen sogar als Schulgründer, sondern beschrieben in ihren stilistisch meisterhaften Schriften zugleich elf für das Lernen bedeutsame Eigenschaften, die sich bis heute geradezu als Tugendkatalog des vergnüglichen *und* erfolgreichen Lernens lesen: Neben der immer wachzuhaltenden Lernlust, also der natürlichen *Wißbegierde*, sind dies das Training einer genauen *Anschauung*, der rechte Gebrauch der *Vernunft*, die Schulung der *Einbildungskraft*, das Beherzigen von *Aufrichtigkeit*, der Anspruch auf *Gemeinnützigkeit*, das Kultivieren von *Mitgefühl*, das Einfordern von *Toleranz*, Tröstung durch *Gottvertrauen*, der Kampf um *Chancengleichheit* und der Zwang zur *Selbstdisziplin*. Als gute Pädagogen wußten sie eben sehr genau, daß es beim Lernen nicht um das bloße Sammeln von Fakten geht, sondern um den Erwerb von Einstellungen und Haltungen, Fertigkeiten und Fähigkeiten sowie um Ausdauer und Freude.

Indem sowohl das allgemeine erzieherische Wirken der ausgewählten elf Aufklärer wie auch die von ihnen gesetzten besonderen pädagogischen Akzente nun in elf einzelnen, von Dekade zu Dekade fortschreitenden Kapiteln dargestellt werden, läßt sich überdies jedes Jahrzehnt des 18. Jahrhunderts in seiner ganzen Eigenheit auf pädagogischem, politischem und ökonomischem Gebiet ausführlich betrachten. Da jedes Kapitel zudem einen ganz bestimmten Ort vorstellt, an dem die Protagonisten dieser Erzählung entweder hauptsächlich tätig waren oder ihre wichtigsten Texte verfassten, vortrugen und veröffentlichten, kann sich der Leser zugleich ein Bild von einigen der wichtigsten Stätten der europäischen und amerikanischen Aufklärung und von den dort entwickelten Grundgedanken klassischer Pädagogik machen.

Schließlich wird in jedem Kapitel jeweils ein zentraler Text der behandelten Aufklärer in aller Ausführlichkeit gewürdigt und interpretiert, so daß sich am Ende des Buches so etwas wie ein Kanon der wichtigsten pädagogischen Schriften des 18. Jahrhunderts extrapolieren läßt. Die Kenntnis dieses Kanons – der unser unaufgebbares pädagogisches Erbe der Aufklärung ausmacht – sowie das Wissen um die historischen Umstände, die zu seiner Entstehung führten, sollte dann dazu beitragen, daß auch wir Heutigen das Lernen wieder viel stärker als große Verheißung betrachten, also als einen vielversprechenden Weg zur Entfaltung der in uns allen angelegten intellektuellen und emotionalen Möglichkeiten, den wir – ungeachtet aller ökonomischen Fragen, Probleme oder Zwänge unserer Zeit – fröhlich und guten Mutes beschreiten dürfen.

1. KAPITEL

Wißbegierde

*John Locke oder
Die ungetrübte Lust am Lernen*

LONDON 1693. Die riesige, mehr als eine halbe Million Einwohner beherbergende Stadt an der Themse, Metropole des weltumspannenden Herrschaftsbereichs der beiden britischen Majestäten König William III. und Königin Mary II., befindet sich in einer Phase gewaltiger gesellschaftlicher Umwälzungen. In geradezu atemberaubendem Tempo und mit hektischer, fast fiebriger Betriebsamkeit werden von hier aus die politischen und wirtschaftlichen Verhältnisse der in Personalunion regierten Königreiche England, Schottland und Irland – samt ihrer überseeischen Kolonien, Handelsplätzen und Besitzungen in Amerika, Afrika und Asien – von Grund auf umgestaltet und neu geordnet. Derart stürmisch vollzieht sich dieser radikale Wandel, daß die Londoner die tiefgreifenden Veränderungen, mit denen sie jetzt Tag für Tag konfrontiert werden, als Beginn einer neuen Zeit und als Zeichen einer echten, diesen Namen in jeder Hinsicht verdienenden »Revolution« erleben.

Betrieben wird der revolutionäre Umbau der britischen Gesellschaft vom Parlament in Westminster und vom wagemutigen, entschlossen regierenden König selbst. Als Prinz Wilhelm III. von Oranien, Statthalter der Nieder-

21

lande, ist er erst im November 1688 mit einer Armee von über 21.000 Mann nach England übergesetzt, um den britischen Monarchen James II. Stuart vom Thron zu vertreiben. Zur Legitimation für dieses mehr als riskante Unternehmen gereicht ihm ein von englischen Oppositionellen verfaßtes »Einladungsschreiben«. Darin wird dem Oranier unmißverständlich zu verstehen gegeben, daß der immer unverhohlener zum absolutistischen Regiment neigende James II. aus dem Weg geräumt werden müsse, solle Großbritannien vor dem Abgleiten in die Tyrannei bewahrt werden. Seine eigene Motivation für den Einfall nach England besteht darin, nicht nur die britischen Inseln, sondern Europa insgesamt vor dem weiteren Ausgreifen des Absolutismus zu bewahren, Schon in den 1670er Jahren hat er als Generalkapitän der republikanisch verfaßten Niederlande im Kampf gegen den französischen König Ludwig XIV. erfahren, wie aggressiv die mit unbegrenzter Macht ausgestatteten, großen europäischen Herrscher gegen kleinere, freiheitsliebende Nachbarn vorgehen können.

So tapfer und erfolgreich er dem Sonnenkönig nun in Holland die Stirn geboten hat, so glücklich und triumphal verläuft die von ihm angeführte Invasion in England. Ohne größeres Blutvergießen erobert und besetzt er militärische Schlüsselpositionen im ganzen Land. James II. flieht ins französische Exil, und die Londoner Bevölkerung empfängt den siegreichen holländischen Prinzen nur wenige Tage vor dem Weihnachtsfest des Jahres 1688 mit Jubel. Eine von dem Oranier zu Beginn des neuen Jahres einberufene parlamentarische Versammlung deklariert sich in einem souveränen Akt zum regulären Parlament und überträgt ihm und seiner Gemahlin

Mary Stuart, einer Tochter des für abgesetzt erklärten James II., die englische Krone.

Seinerseits sichert der neue König William III. den Abgeordneten in einer »Declaration of Rights« vom 13. Februar 1689 die unumschränkte Rede-, Debattier-, und Verfahrensfreiheit zu und bestätigt, daß Gesetze künftig nur noch vom König und den Parlamentariern gemeinsam erlassen oder zurückgenommen werden können. Damit macht er die frei gewählten Repräsentanten seiner Untertanen zu Teilhabern der frisch errungenen Macht. Der König ist also lediglich Treuhänder und Wahrer der Grundrechte seines Volkes, sein Titel basiert auf allgemeinem Konsens und Vertrag, weshalb das Königtum nunmehr mit einer konstitutionell umschriebenen Grundlage ausgestattet ist. Dieses bemerkenswerte Arrangement ist der Sieg des Gesetzes über die Willkür und zugleich ein Sieg des parlamentarischen Staatswesens über ein absolutistisches Staatsideal.

In rascher Folge erlassen William III. und die beiden Häuser des Parlamentes nun ab Frühjahr 1689 eine Reihe von Gesetzen, die England zu einem der freiheitlichsten, fortschrittlichsten und vorbildlichsten politischen Gemeinwesen Europas werden lassen: Eine »Toleranz-Akte« bürgt für eine sehr weitgehende Religions- und Gewissensfreiheit; durch die Abschaffung der Vorzensur wird – de facto – die Meinungs- und Pressefreiheit garantiert; und die Verfügung, daß alle drei Jahre Neuwahlen abgehalten werden müssen, nötigt den König und seine Minister zu ständiger Rücksichtnahme auf Parlament und Öffentlichkeit. So ist es verständlich, daß die Untertanen des Königs ihre neuen staatsbürgerlichen Privilegien mit berechtigtem Stolz als Ergebnisse einer »glorreichen« Revolution deuten.

Wie allerdings bald schon ersichtlich wird, weckt die Gewährung umfassender bürgerlicher Rechte schnell weitere Begehrlichkeiten. Kaufleute, Händler und kapitalkräftige Grundbesitzer wollen ihrer Unternehmerinitiative möglichst freien Lauf lassen und fordern deshalb den Wandel des britischen Wirtschaftssystems: Dies wurde vom Staat bislang streng merkantilistisch reguliert, soll sich jetzt aber dem freien Markt in Produktion, Handel, Geldbewegung und Boden öffnen. Das Parlament, das für dieses neue Markt- und Profitdenken durchaus offene Ohren hat, fällt deshalb auch schon 1689 die bedeutsame und beispielgebende Entscheidung, das bis dahin geltende Verbot der Ausfuhr von englischer Wolle aufzuheben, um den für die Belebung der Volkswirtschaft wichtigen Wollhandel vollständig freizusetzen.

Auch bisher bestehende Beschränkungen oder Verbote im Warenaustausch mit den nordamerikanischen Kolonien oder den indischen Handelsstützpunkten Madras, Bombay und Kalkutta werden durch die Auflockerung der Monopole vieler Handelskompanien entweder geschwächt oder schlicht außer Kraft gesetzt. Es entsteht ein weltweites, immer dichter gewobenes Netz von Handelsbeziehungen, dessen Fäden in London geknüpft werden und das von der Londoner Kaufmannschaft entscheidende Impulse erhält. Die durch den zunehmenden Freihandel verursachten staatlichen Einnahmedefizite werden durch den Erlaß eines neuen Grundsteuergesetzes – das bis weit über das 18. Jahrhundert hinaus bestand haben wird – vom Parlament wieder sehr geschickt ausgeglichen. Die ruhmreiche politische Revolution wird also von einer nicht minder beeindruckenden finanziellen

24 Revolution begleitet und flankiert.

Jetzt, im Jahr 1693, strebt die vollständige Neuorganisation der britischen Wirtschaft ihrem Höhepunkt zu. Erörtert werden im Parlament von Westminster mehrere Gesetzesinitiativen, die der Regierung und den freien Unternehmern neue Möglichkeiten einer öffentlichen und privaten Kreditaufnahme einräumen sollen, so daß sowohl Regierung als auch Unternehmer die von ihnen gewünschten Investitionen ungebremst tätigen können. Erstes bedeutendes Ergebnis dieser Debatten ist das einhellige Votum für eine langfristige Regierungsanleihe, die dem Staat ein zusätzliches Einkommen beschert und den Staatsgläubigern gute Zinserträge garantiert. Außerdem fassen die Parlamentarier den Beschluß, ein nationales Kreditinstitut zu gründen, die *Bank of England*. Dort sollen die Briten ihre Erparnisse zukünftig sicher anlegen, oder, andersherum, von den Bankangestellten üppige Darlehen erhalten können.

Alles in allem werden damit die Grundlagen für eine sich immer freier entfaltende Marktwirtschaft gelegt, die vom Güteraustausch zwischen weit entfernten Regionen lebt und somit auf einen florierenden Welthandel angewiesen ist. Niemals zuvor haben die Einwohner Großbritanniens über solche wirtschaftlichen Möglichkeiten verfügt. Doch ebenso klar ist, daß die meisten Menschen erst noch lernen müssen, sich den radikal veränderten ökonomischen Rahmenbedingungen zu stellen.

Im Sommer dieses ereignisreichen, von wirtschaftlicher und politischer Aufbruchsstimmung gekennzeichneten Jahres 1693 erscheint nun in London ein konzises, gut lesbares Buch über aktuelle Fragen der Erziehung, das den äußerst bescheidenen Titel *Some thoughts concer-*

ning education trägt. Doch die »Gedanken«, die in dieser Schrift in immerhin 217 eigenständigen Paragraphen präzise ausformuliert werden, sind nicht weniger originell und verwegen als die von König und Parlament in Angriff genommene Neuausrichtung des gesamten britischen Staatswesens und Finanzsystems: Sie werden die traditionellen Unterrichts-, Lehr- und Lernmethoden Englands und des restlichen Europas so gründlich revolutionieren, wie kaum ein anderes Werk über Pädagogik dies zuvor vermocht hat; man wird sie in alle führenden europäischen Sprachen übersetzen und sie werden den Diskurs über Erziehung im bald anbrechenden 18. Jahrhundert prägen wie kein zweites Buch.

Verfasser dieser bahnbrechenden Schrift ist der 60jährige Philosoph und Staatstheoretiker John Locke, der seit Beginn der »Glorreichen Revolution« schon mehrere aufsehenerregende Traktate publiziert hat, mit denen er die von König und Parlament ins Werk gesetzten Reformen zu unterstützen suchte. Er ist ein langjähriger Weggefährte und Vertrauter von Anthony Ashley Cooper, des ersten Earl of Shaftesbury, der als Begründer und Wortführer der (nach rebellierenden schottischen Pferdetreibern benannten) Partei der »Whigs« schon in den frühen 1680er Jahren auf eine Erneuerung der britischen Verfassung hingearbeitet hat. Daher verfügt Locke über ein Maß an politischer Erfahrung, das keinen Vergleich zu scheuen braucht. So ist er seit der Inthronisation des neuen Königs William III. ein gefragter Ratgeber der jetzt im Parlament versammelten Whigs, denen er mit seinen Schriften die staatsphilosophische Begründung für ihr politisches Handeln liefert.

26 Bereits 1689 hat Locke anläßlich der Verabschiedung

des Toleranzgesetzes einen *Letter concerning Toleration*
veröffentlicht, in dem er darlegt, daß die »wahre und
heilbringende Religion« in der »inneren Gewißheit des
Urteils« des einzelnen Menschen besteht, weshalb der
Staat die unterschiedlichen religiösen Auffassungen seiner Bürger weder durch »Konfiskation der Güter«, noch
durch »Kerker« und erst recht nicht durch »Tortur« ändern kann und darf. Lediglich gegen solche Religionsgemeinschaften muß die Obrigkeit entschieden vorgehen,
die »für die Leute ihrer eigenen Sekte ein besonderes Vor-
recht beanspruchen« und dabei den Haß auf Andersgläubige predigen. Denn ein derartiger »Grad des Wahnsinns«
ist dazu angetan, »die Fundamente der Gesellschaft zu
untergraben«.

Lockes politisches Hauptwerk *Two Treatises of Government* erscheint zu Beginn des Jahres 1690, kurz
nachdem die »Declaration of Rights« als »Bill of Rights«
bleibende Gesetzeskraft erlangt hat. In genauer Entspre-
chung zu diesem neuen Fundamentalgesetz beschreibt
Locke in seiner am Naturrecht orientierten staatsphilo-
sophischen Abhandlung das Verhältnis von König und
Volk als einen *Trust*, eine Treuhandschaft, in deren Obhut die Gesellschaft mit ihren Grundrechten steht. Dabei
billigt er »dem Volk« auch weiterhin zu, jederzeit »die
höchste Gewalt« zu ändern oder »abzuberufen«, wenn es
der Ansicht sein sollte, daß der königliche Treuhänder
seinen Pflichten nicht nachkommt. Denn falls dieser das
in ihn gesetzte Vertrauen verspielt, muß die von ihm aus-
geübte Gewalt notwendigerweise »in die Hände derjenigen zurückfallen, die sie erteilt haben und die sie nun von
neuem vergeben können, wie sie es für ihre Sicherheit
und ihren Schutz am besten halten«.

27

Mit einer solchen Klarheit formuliert Locke seine politischen Thesen, daß die *Two Treatises of Government* von einer ständig wachsenden Leserschaft wie ein sehr willkommener und eingängiger Kommentar zur britischen Verfassung gelesen werden, der deshalb auch schnell zu einer Art Grundbuch der neuen Staatsordnung avanciert. Selbst für die gravierenden wirtschaftlichen Neuerungen der Revolutionszeit wirbt Locke in seiner 1692 veröffentlichten Schrift *Some Considerations of the Consequences of the Lowering of Interest, and Raising the Value of Money*. In ihr spricht er sich gegen eine staatliche Festsetzung des Zinsfußes bei privaten Krediten aus und weist auch jede weitere Reglementierung der Währung seitens des Staates zurück. Vielmehr konstatiert er, daß sich die Höhe des Kapitalzinses und des Geldwertes gemäß dem Gesetz von Angebot und Nachfrage herausbilden muß, weil Geld nun einmal nichts anderes ist als eine Ware auf dem freien Kapitalmarkt.

Obwohl Locke somit 1693 schon eine Vielzahl von Texten publiziert hat, deren wichtigste Thesen das Programm einer revolutionären Verfassungs-, und Finanzpolitik getreulich beschreiben, ist seine darin unter Beweis gestellte politische und wirtschaftliche Kompetenz jedoch schwerlich eine ausreichende Eignung dafür, nun auch eine umstürzlerische Schrift über Erziehungsfragen vorzulegen. Mit welcher zusätzlichen Autorität ist Locke also ausgestattet, um ernsthaft und verläßlich zu den besonderen Herausforderungen der Kindererziehung oder anderen drängenden Problemen der Pädagogik Stellung beziehen zu können? Welche fachliche Qualifikation besitzt er, die ihn befähigt, über die idealen Bedingungen des Lernens professionell Auskunft zu erteilen?

Das profunde pädagogische Wissen, das der Philosoph in seiner Schrift *Some thoughts concerning education* vor seinen Lesern ausbreitet, entstammt zunächst einmal einer jahrzehntelangen ärztlichen Praxis. Denn Locke, der in den 1650er Jahren als Student des Christ Church College in Oxford neben seiner regulären Beschäftigung mit den Fachgebieten der Philosophie und Philologie auch Medizin studiert hat, ist seit 1675 Inhaber eines vom Kanzler der Universität Oxford ausgestellten Arztpatentes. Tatsächlich verfügt er über ganz beträchtliche medizinische Kenntnisse. So hat er seinem politischen Mentor Shaftesbury durch eine für die damalige Zeit außergewöhnliche und berühmt gewordene Operation einer parasitären Leberzyste, bei der er dem Earl ein zur Abführung körpereigener Sekrete dienendes Silberröhrchen implantiert, auf höchst kunstvolle Weise das Leben verlängert.

Locke überzeugt aber nicht allein als Chirurg. Als aufmerksamer Beobachter und Gesprächspartner seiner Patienten, zu denen immer wieder auch Kinder zählen, weiß er, daß die individuell verschiedenen Geistes- und Gemütszustände der Menschen einen nicht zu unterschätzenden Einfluß auf ihr körperliches Wohlbefinden haben. Wie jeder gute Arzt ist er demnach daran interessiert, möglichst viel über den Ablauf von mentalen Prozessen, über die Entstehung von Ideen, Begriffen und Vorstellungen sowie über die Erzeugung von Gefühlen der Lust oder Angst in Erfahrung zu bringen, um gegebenenfalls auch psychische Leiden lindern oder gar heilen zu können.

Die wichtigsten Ergebnisse seiner im Laufe der Jahrzehnte angestellten Beobachtungen und Untersuchungen zur Entwicklung der menschlichen Verstandeskräfte finden dann erstmals Eingang in seinen 1690 veröffentlichten *Essay concerning Human Understanding*. Deutlich bringt er in dieser voluminösen Schrift zum Ausdruck, daß die intellektuelle Beweglichkeit der Menschen, ihre Bereitschaft zu lernen, ihre Aufgeschlossenheit für neue Erkenntnisse, ihre Geistesverfassung insgesamt – und damit auch ihre Einstellung zum Leben – zu einem ganz wesentlichen Teil von der Art der Erziehung abhängt, der sie als Kinder ausgesetzt waren: »Wenn nämlich die Menschen als Erwachsene über ihre Anschauungen nachdenken«, schreibt Locke, so finden sie, daß die meisten ihrer Ansichten »durch lange Gewöhnung oder Erziehung so fest im Geist eingewurzelt sind«, daß es nahezu »unmöglich geworden ist, sie jemals wieder auszurotten«.

Doch nicht nur als aufmerksamer Zuhörer seiner Patienten und psychologisch versierter Mediziner weiß er um die Bedeutung einer guten Erziehung für die geistige (und damit oftmals auch körperliche) Gesundheit der Menschen. Shaftesbury hat ihn nämlich nach dem gelungenen chirurgischen Eingriff darum gebeten, sich neben der Tätigkeit als Leibarzt der ganzen Familie auch noch als Tutor und Hauslehrer seines Sohnes und seiner Enkelkinder zu engagieren. Locke, der selbst unverheiratet und kinderlos ist, geht zu seiner eigenen Befriedigung so in dieser Lehrtätigkeit auf – und er versteht es, seine neuen Schützlinge dermaßen gut zum selbständigen Lernen zu bewegen –, daß sich mit Beginn der 1680er Jahre auch andere befreundete Familien an ihn wenden, um pädagogischen Rat von ihm einzuholen.

Der Unterricht, den er daraufhin für die Kinder seiner Freunde in zahlreichen Briefen entwirft, und den er als

Gegenmodell zum traditionellen, von ihm schon aus medizinischen Gründen kritisierten Erziehungsstil versteht, ist nun so stimulierend, daß sich ein Vater seiner Schüler in einem Schreiben vom 2. März 1693 dazu hinreißen läßt, Locke überschwenglich für die »außergewöhnliche Wirkung« zu danken, die »Ihre Erziehungsmethode bei meinem kleinen Jungen hatte«. Dieser Brief und ähnliche Stellungnahmen anderer Eltern sind für ihn dann Auslöser und Anlaß für den Entschluß, seine gesammelten pädagogischen Einsichten umgehend einer größeren Öffentlichkeit vorzustellen, um dadurch, wie er in einer der ersten Passagen von *Some thoughts concerning education* erklärt, einen »allgemeinen Nutzen« zu stiften. Welcher Art jedoch ist dieser in Aussicht gestellte Nutzen und wie genau unterscheidet sich Lockes Unterricht von der bislang üblichen Pädagogik? Und vor allem: In welchem Verhältnis steht seine Erziehungslehre zu den von ihm gleichzeitig propagierten politischen und ökonomischen Zielen der »Glorreichen Revolution«?

Daß Locke mit seiner Schrift *Some thoughts concerning education* sehr bewußt auf die vielen neuen Herausforderungen reagiert, die der gesellschaftliche Umbruch in Großbritannien zwangsläufig mit sich bringt, macht er gleich zu Beginn dieses Erziehungstraktates deutlich. So habe er seinen Bekannten zwar schon früher verschiedene Vorschläge zur Verbesserung ihrer Erziehungsmethoden unterbreitet, doch sei er gerade »in letzter Zeit« auffallend häufig »um Rat gefragt« worden. Diese vermehrten Anfragen und Bitten um eine pädagogische Handreichung zeugten offensichtlich von einer vordem nicht gekannten »Verlegenheit« vieler Eltern, die neuer-

31

dings »vollkommen verunsichert« seien – *at a loss* heißt es im Originalwortlaut recht drastisch –, »wie sie ihre Kinder erziehen sollen«. Der Verlust des Konsenses darüber, wie man Kinder und Jugendliche auf dem Weg ins Erwachsenenalter richtig anleitet und begleitet, ist also laut Locke Gegenstand einer mittlerweile weitverbreiteten »allgemeinen Klage«.

Als einen der wichtigsten Gründe für die neue Unsicherheit in Erziehungsfragen führt Locke nun die seit Ende der 1680er Jahre radikal veränderte politische Lage an, die ja zu einer völligen Neuausrichtung der britischen Wirtschaft und des von einflußreichen Londoner Kaufleuten forcierten Welthandels geführt hat. Selbst wohlhabende Männer wie der Jurist William Molyneux oder der Großgrundbesitzer Edward Clarke – dem Locke seine pädagogische Abhandlung im übrigen widmet – wollen dringend wissen, welche Erziehungsmethoden sie eigentlich anwenden müssen, um ihre Kinder möglichst frühzeitig auf die neuen gesellschaftlichen und ökonomischen Gegebenheiten vorzubereiten. Im Widmungsschreiben an seinen Freund Clarke gibt der Verfasser denn auch zu erkennen, daß diese beiden Männer (wie so viele andere Eltern und Erzieher ihrer Generation) auf der Suche nach dem »erfolgversprechendsten Weg« sind, aus ihren Söhnen »tüchtige und befähigte Männer für die verschiedensten Berufe« in Handel und Kommerz zu machen.

Obwohl Locke mit seinen Abhandlungen zur politischen Philosophie und den darauf bezogenen Ausführungen zur modernen Finanztheorie ganz erheblich dazu beigetragen hat, daß Freihandel und marktwirtschaftlicher Wettbewerb – auch im globalen Maßstab – vom Parlament und der neuen britischen Regierung immer stärker befürwortet werden, hat er für die zahlreichen Anfragen und pädagogischen Nöte seiner Freunde und Bekannten Verständnis. Könnte man nicht wirklich meinen, daß der Nachwuchs in den jetzt angebrochenen Zeiten schon vom frühesten Kindesalter an über die Art und Bedeutung des neuen Wirtschaftens aufgeklärt werden muß, um später »überall Beschäftigung zu finden«? Ist es so abwegig zu denken, daß es jetzt mehr als jemals zuvor darauf ankommt, Kinder und Jugendliche schon beizeiten auf das »bürgerliche Leben« vorzubereiten, um dessen Anforderungen gewachsen zu sein?

Lockes klare und bestimmte Antwort auf die vielen pädagogischen Zweifel und Unsicherheiten seiner Zeitgenossen fällt jedoch überraschend unaufgeregt, ja geradezu beschwichtigend aus. Denn weder hält er es für erforderlich, Kinder vorzeitig für spezielle ökonomische Fragestellungen zu sensibilisieren, noch glaubt er, daß Eltern oder Lehrer ihre Schützlinge unentwegt auf die Härten und Herausforderungen des späteren Berufslebens hinweisen sollten, wenn sie diese zu fleißigen und strebsamen Schülern erziehen wollen. Denn wann immer Unterricht Kindern »zur Last gemacht« wird oder in erster Linie als unangenehme Pflicht erscheint, deren Einhaltung noch dazu mit Druck und Strenge angemahnt werden muß – wie es im traditionellen Unterricht allzu oft geschieht –, wird man allenfalls »stille und energielose« Schüler produzieren, die sich für ihre Freunde und Bekannten mit hoher Wahrscheinlichkeit als »unerfreulich« erweisen, da sie als Duckmäuser »sich selbst und anderen« ihr Leben lang »unnütz sein« werden.

Will man Kindern hingegen einen, wie Locke es nennt, *Happy State in this World* ermöglichen, also ein gelingendes und glückliches Leben, das weit mehr umfaßt als nur beruflichen Erfolg, sollte man sie als ihr Erzieher nicht mit unnötigen Zukunftssorgen beschweren, sondern einzig und allein darauf achtgeben, daß ihre natürliche »Wißbegierde« so sorgfältig wie möglich »gepflegt« wird. Man sollte demnach Vorsorge treffen, daß man ihren von frühester Kindheit an ausreichend vorhandenen »Appetit nach Wissen« täglich neu befriedigt und daß man ihr kindliches »Vergnügen am Erkennen von Dingen« wach hält und fördert.

Ein guter Lehrer sollte also bei seinen Zöglingen vor allem eine durch nichts getrübte »Lust am Lernen«, *pleasure in learning*, wecken, den Schülern das Lernen als sinnvolle Beschäftigung an und für sich schmackhaft machen, ohne zu früh danach zu fragen, wozu das erlernte Wissen später vielleicht dienen mag. Er sollte Kinder deshalb auch gar nicht »alles lehren« wollen, »was Menschen überhaupt wissen können«. Ist in ihnen nämlich erst einmal die »Liebe zur Wissenschaft« entbrannt, werden sie sehr schnell herausfinden, wie sie fortan von ganz allein zu immer umfassenderem Wissen kommen können, das ihnen dabei hilft, ihren Neigungen und Talenten gerecht zu werden und sich selber zu »vervollkommnen«. Alles weitere, auch das berufliche Fortkommen, wird sich dann schon finden.

Wißbegierde und Lust am Lernen sind demnach jene beiden »Grundanlagen« der menschlichen Natur, deren kontinuierlicher Hege und Pflege im Erziehungsprozeß eine überragende Bedeutung zukommt. Lockes Erziehungstraktat enthält deshalb auch sehr konkrete Beispiele eines fröhlichen, lustvollen Lernens, von denen sich

34 jeder Lehrer anregen lassen kann, der seine Schüler zu

aufgeweckten, selbständig lernenden und glücklichen Menschen heranbilden möchte. Was alle diese anschaulich vorgetragenen Lernbeispiele gemein haben, ist die darin zum Ausdruck kommende Auffassung, daß das Lernen im Idealfall »vergnügliches Spiel und Kurzweil« sein sollte. Wiewohl selbstverständlich auch das spielerische Lernen – wie jedes echte Spiel – durchaus der »Anstrengung« bedarf (mit der Kinder, wie man beobachten kann, keineswegs sparsam umgehen), lernt ein spielerisch unterwiesener Zögling doch besser und leichter als ein zum Unterricht gezwungener Schüler. Denn »in dem, was wir Spiel nennen«, wie Locke hervorhebt, handeln Kinder ihrem eigenen Erleben und Selbstverständnis nach »in Freiheit« und »machen freien Gebrauch von ihrer Anstrengung«.

Das eindringlichste Beispiel, das Locke zur Illustration dieser These vom spielerischen Lernen anführt, ist ein besonders ausgeklügeltes Leselernspiel, bei dem Kinder »die einzelnen Buchstaben lesen lernen«, während sie meinen, »sie spielten bloß«. Um dieses Spiel zu spielen, muß man eine »Elfenbeinkugel« herstellen, wie man sie aus der »Lotterie« kennt, also ein aus »zweiunddreißig oder vierundzwanzig Seiten« bestehendes Polyeder. Auf diese gekantete Kugel klebt man nun soviele Buchstaben, »bis jede Seite einen Buchstaben enthält« und das ganze Alphabet darauf zu sehen ist. Wenn Kinder dann mit dem Polyeder um die Wette spielen, um zu ermitteln, »wer als erster ein A oder B wirft«, ist dies »genauso gut, als wenn man beim Würfeln die Sechs oder Sieben wirft«. Hat ein Kind auf solche Weise alle Buchstaben gelernt, muß man sie nur noch gegen Silben austauschen, und so wird es »lesen lernen« und »keinen Groll gegen Bücher hegen«, **35**

»weil sie ihm Ärger bereitet hätten«. Im Gegenteil: Ein Kind, das spielerisch Lesen gelernt hat, wird am ehesten in der Lage sein, eine echte und dauerhafte »Liebe zum Buch« zu entwickeln, *to be in love with his Book*, was dem weiteren Lernen im Erwachsenenalter so dienlich ist wie keine zweite menschliche Leidenschaft.

Daß ein Lehrer, der das spielerische Lernen kultiviert, auch eine besondere Milde gegenüber seinen Zöglingen walten läßt, versteht sich für Locke von selbst: So dürfen Kinder nicht durch übermäßige Strenge oder gar Schläge zum Lernen angehalten werden, da diese – leider geläufige – Art der Zurechtweisung ganz natürlich eine Abneigung gegen das erzeugt, »wofür Neigung zu erwecken Aufgabe des Erziehers ist«. Vielmehr soll man sich den natürlichen Frohsinn der Kinder zunutze machen und ihre Lernlust mit reichlich gespendetem »Lob und Anerkennung« stimulieren, denn »ein Kind lernt dreimal soviel, wenn es in Stimmung ist, als es bei doppelter Zeit und Mühe lernt, wenn es verdrossen an die Arbeit geht oder unwillig herangezerrt wird«.

Zur guten Stimmung eines lernbereiten Kindes, so Locke weiter, wird nun ein lebendiges, offenes und zugleich ernsthaftes Unterrichtsgespräch zwischen ihm und seinem Lehrer sehr viel beitragen. Ein guter Lehrer darf demnach niemals Fragen, die sein Zögling stellt, zurückweisen oder mißbilligen, sondern sollte alle seine Fragen so anschaulich und gründlich wie möglich beantworten, so daß »alles ihm so verständlich wird, wie es seinem Alter und seinen Kenntnissen angemessen ist«. Denn Kinder empfinden es als wohltuend und angenehm, wenn man auf ihre Fragen eingeht und ihr Wissensdrang, *their desire of knowing*, »ermutigt und gelobt wird«. Deshalb zweifelt Locke auch nicht daran, daß ein Hauptgrund, warum »viele Kinder sich so völlig einfältigen Spielen hingeben und ihre ganze Zeit geistlos vertrödeln«, in einer schlechten Erfahrung begründet liegt, »daß nämlich ihre Wißbegier enttäuscht wurde und ihre Fragen unbeantwortet blieben.« Behandelte man sie stattdessen mit größerer Freundlichkeit, Aufmerksamkeit und echtem Interesse, so würden sie ohne Zweifel »größere Lust am Lernen« und an der »Erweiterung ihrer Kenntnisse« finden.

Finden sich Lehrer, Tutoren oder unterrichtende Eltern nun dazu bereit, diese Vorschläge zur Verbesserung des Unterrichts konsequent umzusetzen und anzuwenden, dann, so der Arzt und Philosoph, können sie erleben, wie Kinder und Jugendliche sich sogar mit großem Vergnügen an solche schwierigen Fächer wie Astronomie, Arithmetik oder Naturgeschichte heranwagen. Auch das Lateinische, das Locke übrigens für die »am wenigsten wichtige« Fremdsprache hält – weil die Kinder doch als Heranwachsende wahrscheinlich lieber französisch-, deutsch- oder italienischsprachige Literatur lesen werden –, können Kinder ohne Mühe erlernen, wenn der Lehrer ihnen diese alte Sprache im lebendigen Gespräch beibringt, spielerisch, ohne zunächst zuviel Wert auf die genaue Kenntnis der lateinischen Grammatik zu legen. Selbst die Religionslehre kann in wesentlichen Punkten verbessert werden, wenn man den Kindern ihren Gott in einem lebendigen und Raum für freien Gedankenaustausch lassenden Unterrichtsgespräch als »Schöpfer, Erhalter und Wohltäter« *aller* Menschen schildert. Es ist wichtig, sie zur religiösen Toleranz zu ermahnen, statt sie mit unverständlichen dogmatischen Lehrsätzen »über

37

Gottes unergründliche Natur und Wesenheit zu verwirren«.

Als umsichtiger und fürsorglicher Arzt hält Locke ein Traktat über moderne Erziehung jedoch erst dann für vollständig, wenn es auch noch einige medizinisch verläßliche Hinweise zur gesunden Ernährung, Bekleidung und Bewegung von Kindern enthält. Neben seinen einschlägigen pädagogischen Ratschlägen weist er deshalb in *Some thoughts concerning education* auch noch eindringlich darauf hin, daß man Kinder schon frühzeitig an eine »naturgemäße und einfache« Nahrung gewöhnen sollte. Denn »Saucen und Ragouts und durch Kochkünste zur Unkenntlichkeit entstellte Speisen« reizen allenfalls den Gaumen der Kinder, stärken aber nicht ihre Gesundheit. Zu empfehlen ist stattdessen eine fleisch- und zuckerarme Kost; als Zwischenmahlzeit reichen »ein trockenes Stück Brot« und »ein paar getrocknete Weinbeeren« völlig aus.

Auch bequeme Kleidung eines einfachen und weiten Zuschnitts ist für heranwachsende Kinder sehr wichtig, um sich »beim Spiel im Freien« möglichst ungezwungen bewegen zu können. Für Stubenhocker, die in engen Kostümen im Hause bleiben, um dort in »übersteigerter Förmlichkeit« affektierte Verhaltensweisen zu erlernen, hat Locke hingegen nur Spott und Verachtung übrig. Er favorisiert eine »natürliche Anmut« der Kinder, die sie beim »Spiel an der frischen Luft« oder auch beim Schwimmen am leichtesten kultivieren und zur Schau stellen können. Ganz generell scheint ihm die freie sportliche Entfaltung der Kinder eine unabdingbare Voraussetzung für deren gewünschte geistige Flexibilität zu sein.

38   Geistige Frische, mentale Beweglichkeit, Originalität

und Großzügigkeit im Denken: Genau diese intellektuellen Tugenden sind für Locke letztlich das eigentliche
Ziel seiner neuen Erziehungsmethode, mit der er Kinder
und Jugendliche – eben durch die gelungene Vermittlung
der Lust am Lesen, am Spiel und am Sport – zu wirklich
freien Menschen heranbilden möchte. So sollen die sich
dann in der von ihm propagierten Gesellschaft der neuen
bürgerlichen und ökonomischen Freiheiten »mit ruhiger
Zuversicht« bewähren können. Gerade weil Locke das
Lernen vorrangig als Zeichen der persönlichen Freiheit,
als Weg zur intellektuellen Selbstentfaltung und mithin
als Glück, *Happiness*, versteht (nach dem doch »alle
Menschen so unablässig streben«), ist er sich sicher, daß
die nach seinen pädagogischen Grundsätzen unterwie-
senen, selbständigen und ausgeglichenen Kinder »überall
Beschäftigung finden und auf Achtung stoßen« werden.

Deswegen formuliert Locke gegen Ende seines Erziehungstraktates dann die dringende Bitte an alle Eltern
und Erzieher, die von ihnen betreuten Kinder auch wirklich gemäß der von ihm vorgeschlagenen Methode zu
erziehen: Eben weil wir »von Natur aus, und sogar von
der Wiege an die Freiheit lieben« und gegen viele Dinge
eine Abneigung verspüren, »weil sie uns zur Pflicht gemacht werden«, wünsche er sich, »daß man Kindern das
Lernen zu Spiel und Erholung machen und sie dahin bringen könnte, Verlangen nach dem Unterricht zu tragen
(*to desire to be taught*)«. Denn man kann nur dann gut
lehren, wie Locke noch einmal hervorhebt, wenn man
das Lernen in seinem innersten Wesen als Sache des Ver-
gnügens, als *thing of delight*, erkannt hat.

2. KAPITEL

Anschauung

Joseph Addison oder
Die Kunst der genauen Beobachtung

LONDON 1711. Zwei Jahrzehnte sind seit der Glorreichen Revolution vergangen. Zwar regiert seit dem Tod der kinderlos und früher als erwartet aus dem Leben geschiedenen Majestäten William und Mary eine neue Königin das Land, Anne Stuart, eine weitere Tochter des exilierten James II.; doch hat sich die britische Verfassung, der auch die neue Regentin die Treue hält, trotz des 1702 erfolgten Thronwechsels als äußerst stabil erwiesen. Sogar der Spanische Erbfolgekrieg, der ein Jahr vor der Thronbesteigung von Königin Anne ausgebrochen ist und Großbritannien, wieder an der Seite der Niederlande, in einen erneuten, auch überseeisch ausgetragenen Konflikt mit Ludwig XIV. gestürzt hat, ist durch den am 27. September 1711 geschlossenen Präliminarfrieden nahezu zum Abschluß gebracht worden. Durch den zu erwartenden Zugewinn von weiterem Kolonialbesitz in Nordamerika und Gibraltar kann Großbritannien sich zudem schon jetzt als militärischer Sieger des Krieges fühlen.

Daß es der neuen Königin und ihrer Regierung dazu noch während des Krieges im Jahr 1707 gelungen ist, die seit Beginn des 17. Jahrhunderts bestehende Personal- **41** union zwischen England und Schottland in eine Realunion zu überführen, die jetzt offiziell »Vereinigtes Königreich« genannt wird und von London aus verwaltet wird, zeugt eindrucksvoll von der gewachsenen Stärke und dem neuen Selbstbewußtsein Großbritanniens. Außerdem ist die politische Stabilität der Nation auch eine wichtige Voraussetzung für die stetig wachsende Wirtschaft, deren freie Entfaltung durch die Zusammenführung der englischen und schottischen Märkte zusätzlich begünstigt wird. Mit einem solchen Eifer engagieren sich die Briten im florierenden Handel, daß manche Londoner Journalisten und Pamphletisten das wirtschaftliche Gebaren ihrer Landsleute bereits mit kritischen Kommentaren versehen oder sich zumindest fragen, wie weit das ungehemmte Verfolgen privater ökonomischer Interessen eigentlich getrieben werden kann und sollte.

Ein besonders talentierter Schriftsteller aus London, Bernard Mandeville, hat die wirtschaftliche Dynamik der in Großbritannien entstehenden bürgerlichen Gesellschaft bereits im Jahr 1705 in seiner *Fable of the Bees* eindrucksvoll charakterisiert. In dieser Tierfabel, in der er die Briten mit emsigen Bienen und ihren Staat mit einem summenden Bienenstock vergleicht, ruft er dem Leser zunächst einmal in Erinnerung, daß der enorme wirtschaftliche Erfolg des Landes von den politischen und finanziellen Neuerungen, die seit 1688 durchgeführt wurden, abhängt. Nur weil Großbritannien seither eine »durch beschränkte Monarchie glücklich regierte Nation« ist, in der die Macht des Regenten durch die vom Parlament erlassenen Gesetze begrenzt wird, können sich die Briten auch im Wirtschaftsleben frei entfalten. So kann er gerade in London täglich einen »endlosen

Schwarm von Menschen« beobachten, der sich wie ein wimmelndes Bienenheer »immerzu durch alle Teile der Stadt« schiebt, um seinen Geschäften nachzugehen.

Mandeville sieht allerdings auch die Schattenseiten dieses bunten Treibens. So habe das unentwegte Profitstreben der Briten ihre Sitten korrumpiert: Kein Angehöriger aus der Schar der Kaufleute, der Handwerkerschaft, der handeltreibenden Bevölkerung oder auch anderer Berufssparten komme nämlich beim Betreiben der eigenen Geschäfte ohne »Mogelei« oder »Trug« aus. Sogar die Ärzte, die sich beispielsweise durch das meistenteils überflüssige »Schreiben von Rezepten die Gunst der Apotheker« zu erhalten suchten, seien nicht gegen diese Versuchung gefeit. Nicht minder anfällig seien die Juristen, die ihre Prozesse nur deshalb mutwillig ausdehnten, weil sie auf diese Weise mehr Geld verdienen würden. Deswegen fällt Mandeville auch das harsche Urteil, daß seine unablässig tätigen und nach Gewinn strebenden Landsleute im Wirtschaftsleben ohne Ausnahme dem »Laster« frönen.

Allerdings ist diese Einschätzung nicht Mandevilles letztes Wort zur Sache, denn seine *Fable of the Bees* endet mit einer überraschenden Pointe: »Trotz all dem sündhaften Gewimmel«, schreibt der Autor, bietet doch die Summe der im Wirtschaftsleben erbrachten Leistungen einen für alle segensreichen Wohlstand, der »die große Masse« der britischen Gesellschaft in einem Zustand leben läßt, den jeder als »ein Paradies« empfinden muß. So kommt er zu dem paradox anmutenden Schluß, daß die vielen »privaten Laster« der Briten doch unübersehbar zu »öffentlichen Vorteilen« ausschlügen. Denn selbst Diebe und Einbrecher, wie Mandeville in sicherlich gro- **43** tesker Zuspitzung hervorhebt, arbeiteten zum Wohl der Allgemeinheit, müßten doch die Schmiede im Land beschäftigunglos bleiben, wenn keine vor Einbrüchen schützenden Schlösser mehr gebraucht würden.

Diese sarkastisch-fröhliche Beschreibung der britischen Wirtschaftswelt nach 1688 amüsiert durchaus diejenigen Leser, die in der Bienenfabel eine gelungene Parodie ihrer eigenen unvollkommenen Verhaltensweisen erblicken. Viele Briten empören sich allerdings auch über die rohen Übertreibungen des Autors, weil diese als offener Aufruf zu den lasterhaftesten Betätigungen verstanden werden könnten. Es erscheinen denn auch viele Gegenschriften, in denen seine Thesen entschieden zurückgewiesen und die rastlos tätigen Briten stattdessen als faire und gesetzestreue Handels- und Geschäftsleute dargestellt werden. Trotz dieser Unterschiede im Urteil über die Ethik des Wirtschaftens widerspricht aber bis zum Jahr 1711 bezeichnenderweise niemand jener Ansicht, die Mandeville in seiner provokativen Schrift eben auch dezidiert vorträgt: Daß nämlich die Gesellschaft Großbritanniens gerade wegen ihrer immensen Wirtschaftskraft die hohe Wertschätzung aller »Ausländer« genießt, die das Land in den letzten beiden Jahrzehnten besucht haben.

Daß sich das Land in den Augen ausländischer Beobachter zu einem europäischen Modellstaat entwickelt hat, liegt jedoch gewiß auch an der Freiheit der Presse, die eine Schrift wie Mandevilles *Fable of the Bees* und den sich daran entzündenden öffentlichen Diskurs ja überhaupt erst möglich macht. Insbesondere solche Bücher, in denen das nationale Selbstverständnis der Briten, die Güte ihrer Verfassung und die beeindruckenden Leistungen ihrer Volkswirtschaft thematisiert werden, finden reißenden Absatz. So verwundert es nicht, daß auch die wegweisenden Schriften des im Oktober 1704 verstorbenen Philosophen Locke nach wie vor gelesen und verkauft werden. Neben seinen politischen und ökonomischen Abhandlungen stoßen gerade auch seine pädagogischen Ansichten auf ein immer größeres Interesse. Schon vor seinem Tod wurden auf dem Buchmarkt vier große Auflagen von *Some thoughts concerning education* abgesetzt. Nur ein Jahr nach seinem Ableben konnte dann bereits die nächste Neuauflage erscheinen. Und ein Abebben des Interesses an seinen Gedanken über die Erziehung ist nicht zu erkennen.

Offensichtlich hat Locke mit seiner Erziehungsschrift nicht nur den richtigen Ton, sondern auch einen empfindlichen Nerv seiner Landsleute getroffen und dabei eine pädagogische Zuversicht ausgestrahlt, die manchem zuvor verunsicherten Briten den Glauben an das Gelingen einer lustbetonten Erziehung zurückgegeben hat: *Some thoughts concerning education* bleibt demnach für viele Eltern und Lehrer das richtige pädagogische Werk zur richtigen Zeit. Gerade weil dies so ist – und um diesem Traktat einen wirklich anhaltenden Erfolg zu bescheren –, werben viele der großen Londoner Zeitungen und Journale auch noch jetzt, im Jahr 1711, wacker und unermüdlich für Lockes Methode des vergnüglichen Lernens.

Kein Journalist der britischen Metropole verschafft Lockes pädagogischen Überzeugungen jedoch eine derart große Popularität wie der brillante Essayist Joseph Addison: Denn seit dieser mit Beginn des Jahres die außerordentlich erfolgreiche und weitverbreitete Zeitschrift *The Spectator* herausgibt, in der kein zeitgenössischer Schriftsteller so oft zitiert wird wie Locke, werden dessen **45**

Erziehungsvorstellungen von einem noch größeren Publikum gelesen und diskutiert. Was an Addisons journalistischem Werbefeldzug für Locke im *Spectator* jedoch besonders fasziniert, ist die eigentümliche Tatsache, daß er als Herausgeber der Zeitschrift selbst ein anerkannter Erzieher ist, der durch seinen mitreißenden Schreibstil und die erfolgreiche Vermittlung der von ihm vorzugsweise behandelten Themen auch ganz eigene pädagogische Akzente setzt.

Addison kennt Lockes Schriften schon seit seiner Zeit als Student in Oxford, wo ihm im Jahr der Thronbesteigung von König William III. und Königin Mary II. ein sehr renommiertes und gut dotiertes Stipendium für einen Aufenthalt am Magdalen College zugesprochen worden ist. Zuerkannt wurde ihm diese hohe Auszeichnung, weil er zuvor am Oxforder Queen's College als Latinist überdurchschnittlich gute Leistungen erbracht hat. Daß ihn in Oxford außer den bedeutendsten Texten der Antike auch die modernen politischen und ökonomischen Ansichten eines Locke in den Bann schlagen, hängt mit der großen Begeisterung zusammen, die er für die neue britische Verfassung verspürt. Wie Locke ist er ein überzeugter Verfechter der politischen Prinzipien von 1688, ein Parteigänger der Whigs und ein glühender Verehrer des neuen Monarchen.

So ist es nur folgerichtig, daß Addison in seinen in Oxford entstandenen lateinischen Versen und Gedichten ein ums andere Mal die Charakterfestigkeit des neuen Königs besingt oder auch die politische und finanzielle Aufbruchsstimmung preist, die unter dessen umsichtiger Regierung im ganzen Land entfacht worden ist. In dem

Dialog *Tityrus et Mops[us]*, einem sehr anschaulich geschilderten Gespräch zwischen zwei Schafhirten, erfreuen sich die beiden Protagonisten der Handlung am neuen Wohlstand, der unter der Ägide des Königs und seiner Königin im Lande Einzug gehalten hat. Und in dem Gedicht *Pax Gulielmi* dankt er William III. für den wiederhergestellten Frieden und die Herrschaft von Recht und Gesetz. Aber auch in den zur selben Zeit entstandenen englischsprachigen Schriften, wie in der 1695 niedergeschriebenen Hymne *To the King*, kommt Addison auf die großen wirtschaftlichen Spielräume zu sprechen, die nun in Großbritannien bestehen und den Handel mit den »Produkten der ganzen Welt« vereinfachen.

Als Addison 1698 zum *Fellow* des Magdalen College ernannt wird und er zunehmend Lehrerfahrung sammelt, wird ihm überdies bewußt, wie sehr sich Lockes Unterrichtsmethode dazu eignet, die Studenten auf die neue Zeit einzustimmen. Genau wie der Philosoph und Arzt erscheint es dem jungen Latinisten ratsam, als Lehrer einen freundlichen und einladenden Ton anzuschlagen, um die Zuhörer für das unterrichtete Fach zu interessieren. Dabei ist es völlig unerheblich, ob im Unterricht kleine Kinder angesprochen werden, oder, wie in Oxford, junge Männer die Lernenden sind. Denn Addison weiß, daß auch Studenten nur dann motiviert lernen, wenn ihnen ein Dozent überzeugend vermitteln kann, daß das Durchdringen des aufgegebenen Stoffes Lust und Vergnügen bereitet.

Zu Beginn des neuen Jahrhunderts hat Addison sich bereits so sehr um das Magdalen College verdient gemacht, daß er mit einem großzügigen Reisestipendium ausgestattet wird, um die wichtigsten Länder des euro- **47**

päischen Kontinents besuchen zu können. Ziel der Rund-
reise soll ein vertieftes Studium des Französischen, Italienischen und Deutschen sein. Denn es steht zu erwarten,
daß eine möglichst genaue Kenntnis dieser modernen
Fremdsprachen zu einem noch feineren Gespür für die
besonderen Möglichkeiten der lateinischen Sprache und
auch des Englischen führt. Nur im unmittelbaren Vergleich und in lebendiger Auseinandersetzung mit anderen
Sprachen erschließen sich dem Philologen die Eigenheiten
des eigenen Idioms.

Addison beginnt seine Europareise in Frankreich, wo
er den ersten Teil des Jahres 1700 in Paris und Blois verbringt und schon bald sehr gute Fortschritte bei der
gründlichen, wissenschaftlichen Durchdringung der
französischen Sprache vermelden kann. Anschließend
reist er nach Italien weiter, wo er sich vor allem in den
alten und ehrwürdigen Stadtrepubliken des nördlichen
Landesteiles aufhält. Erst 1703 kehrt er von dort wieder
auf einer durch Deutschland und die Niederlande führenden Route nach Großbritannien zurück. Die auf seiner
langjährigen Reise angestellten Beobachtungen, die er in
unzähligen Notizen festgehalten hat, veröffentlicht er
1705 in dem narrativen Bericht *Remarks Upon Several
Parts of Italy in the Years* 1701, 1702, 1703.

Diese eindrucksvolle Reiseerzählung, die zwar ganz
überwiegend von Italien handelt, doch auch Deutschland
nicht unerwähnt läßt (und mit einer ausführlichen Beschreibung der Stadt Halle an der Saale endet), thematisiert nun weit weniger als man erwarten möchte
die jeweiligen Qualitäten oder Spezifika der europäischen Sprachen. Vielmehr kommt Addisons Reisebericht
48 in erster Linie als eine fast schon systematisch zu nen-

nende Beurteilung der unterschiedlichen europäischen Regierungssysteme und Staatsverfassungen daher. Ganz unverkennbar hat sich der Autor im Verlauf seiner Tour zu einem immer genaueren Beobachter der politischen Verhältnisse in Europa entwickelt. Dabei scheint die intensive Betrachtung der politischen Gegebenheiten vor Ort seinen ohnehin schon ausgeprägten Sinn für die Vorzüge des Heimatlandes um ein Vielfaches geschärft zu haben.

Was Addison dem Leser seiner *Remarks* vor allem mit auf den Weg geben möchte, ist seine durch vergleichende Beobachtung und persönliche Anschauung gewonnene Erkenntnis, daß es um diejenigen europäischen Staaten am besten bestellt ist, die Großbritannien am weitestgehenden ähneln, die also politische und wirtschaftliche Freiheit geschickt miteinander zu verknüpfen wissen. Vorbildlich und besonders glücklich, *more happy*, sind demnach die relativ unabhängigen und recht eigenständig agierenden italienischen Stadtrepubliken Lucca und San Marino, deren Wirtschaft blüht und gedeiht. Das absolutistische Frankreich und die unter französischer Besatzung leidenden Teile Italiens hingegen bleiben wegen der dort vorgenommenen Beschneidung der bürgerlichen Freiheiten weit hinter ihren Möglichkeiten.

Addisons Auslandserfahrungen lassen ihn schon bald nach der Rückkehr in die englische Heimat zu einem jetzt auch aktiven Anhänger der Whigs werden, jener politischen Gruppierung, die sich noch immer am kompromißlosesten für die weitere Umsetzung der Prinzipien von 1688 einsetzt. 1708 bewirbt er sich sogar mit Erfolg als Whig-Kandidat um ein Mandat für das Unterhaus des britischen Parlaments, wo er allerdings (gemäß den

49

Berichten vieler Augenzeugen) ein eher stiller Beobachter der oftmals sehr leidenschaftlich geführten Debatten bleibt. Sein größtes Talent liegt nach wie vor auf dem Gebiet der Schriftstellerei, weshalb er sich lieber in Zeitschriften und politischen Magazinen zu Wort meldet. Politische Kommentare zur Lage der Nation verfaßt er ab 1709 für die von seinem Schulfreund Richard Steele herausgegebene Wochenschrift *Tatler* und für das offizielle Parteiorgan der Whigs, den *Whig-Examiner*.

Viele überaus positive Reaktionen auf seine journalistischen Einlassungen und die tiefe Befriedigung, die er beim Verfassen seiner essayistischen Zeitungsbeiträge empfindet, lassen in ihm ab 1710 den Gedanken reifen, nun auch selbst und eigenverantwortlich ein regelmäßig erscheinendes Blatt herauszugeben. Zudem hat er als Gastkolumnist der unterschiedlichsten Zeitschriften erfahren, welche erstaunliche politische Wirkung ein seriöser, origineller und zugleich unterhaltsamer Journalismus entfalten kann. Im besten Fall kann eine geschätzte und vielgelesene Zeitung sogar weit mehr bewirken, als einen Meinungsumschwung zugunsten eines bestimmten politischen Vorhabens oder einer umstrittenen Gesetzesinitiative herbeizuführen. Jenseits der Beantwortung aller parteipolitischer Tagesfragen kann sie die Geisteshaltung ihrer Leserschaft ganz grundsätzlich beeinflussen, kann Großzügigkeit im Denken, Aufgeschlossenheit für neue Meinungen und eine gesunde Neugier fördern oder wachhalten. Indem sie an die ständige Lernbereitschaft und intellektuelle Flexibilität der Bevölkerung appelliert, ist sie im höchsten Maße bewußtseinsbildend und kann dadurch sogar erzieherisch auf die Gesellschaft einwirken.

50 Nun also, im März des Jahres 1711, fühlt sich der jetzt

39jährige Addison hinreichend präpariert, um eine Zeitung, die diesen hohen Ansprüchen genügt, federführend zu produzieren und von London aus in die Welt gehen zu lassen. Nach eingehender Beratung mit seinem Freund Steele, den er nun seinerseits als Koautor und Mitherausgeber des neuen Blattes verpflichten kann, tauft er die Zeitschrift auf den Namen *Spectator*. Schon nach wenigen Wochen wird diesem »Zuschauer« oder »Beobachter«, der an allen sechs Werktagen der Woche erscheint, ein wahrlich beeindruckender Erfolg zuteil. Innerhalb kürzester Zeit erhöht sich seine tägliche Auflage allein in London auf zunächst 3000, dann 20.000 und schließlich 30.000 Stück. Dabei wird jedes einzelne Exemplar von bis zu zwölf Lesern gelesen, zwar vorwiegend von Männern, doch auch von vielen Frauen. Bereits Ende des Jahres werden die ersten Stücke des *Spectator* in Buchform wiederabgedruckt und erfreuen sich auch in dieser Gestalt einer großen Nachfrage.

Sogar in Schulen wird die Zeitschrift als vortreffliche Lektüre zur Bildung des Geschmacks empfohlen. Addison selbst allerdings brüstet sich in der zehnten Nummer seines Blattes noch mehr damit, daß der *Spectator* auch außerhalb der »Bibliotheken, Schulen und Colleges« wie selbstverständlich gelesen wird. Somit wecke er bei den unterschiedlichsten Menschen in »Clubs und parlamentarischen Versammlungen, an Teetischen und in Kaffeehäusern« die Lust am täglichen Hinzulernen und an der Verbesserung der gesellschaftlichen Verhältnisse. Warum aber wirkt der *Spectator* auf die britische Öffentlichkeit derartig anziehend und mit welchem pädagogischen Mittel versucht Addison seine Landsleute zum beständigen Weiterlernen zu bewegen?

Was den *Spectator* für seine Leser so angenehm, unterhaltsam und anregend macht – und zwar ganz unabhängig von allen zur Sprache kommenden Inhalten –, ist allein schon sein freundlicher und völlig unaufdringlicher Ton, der den Klang einer frei und natürlichen dahinfließenden Rede zu imitieren sucht. In seiner gelassenen und stets informativen Prosa unterbreitet Addison politische Verbesserungsvorschläge durchweg auf behutsame Weise, indem er lieber mit leichter Ironie oder gutgemeintem Humor an den Verstand seiner mündigen Mitbürger appelliert, als diese durch brüske Kommentare oder gar aggressive Vorhaltungen vor den Kopf zu stoßen. Da er bei seinen Landsleuten ja in erster Linie die Bereitschaft erzeugen will, vorurteilsfrei über noch unbekannte oder nicht genügend verstandene Zusammenhänge nachzusinnen, kultiviert er statt einer apodiktischen Schreibart einen eher fragenden, diskursiven Stil, der die Leser nicht vorschnell verprellt, sondern zum Mitdenken einlädt.

Durch die Wahl dieser Vorgehensweise stellt Addison hinlänglich unter Beweis, daß er als psychologisch einfühlsamer Pädagoge bei Locke in die Lehre gegangen ist. Wie dieser weiß er genau, daß ein Zuhörer oder Leser einem Vortragenden nur dann seine volle Aufmerksamkeit schenkt, wenn der ihm zugesteht, das Gehörte oder Gelesene freiwillig zu durchdringen, zu akzeptieren oder auch abzulehnen. Er ist also davon überzeugt, daß man letztlich nur aus freien Stücken gut lernen kann und am ehesten dann, wenn man in entsprechender Stimmung ist. Deswegen zitiert der *Spectator* auch so ausgiebig die entsprechenden pädagogischen Ansichten des »Herrn Locke«, die dieser, wie Addison mit einigem Nachdruck betont, »in seinem berühmten Traktat über Erziehung« vorbildlich dargelegt hat.

Anknüpfend an Lockes Gedanken über die Erziehung verfolgt Addison jedoch noch ein ganz bestimmtes eigenes pädagogisches Anliegen, das bereits im Titel seiner Zeitschrift programmatisch zum Ausdruck kommt und sich wie ein roter Faden durch sämtliche Nummern des Blattes zieht. Wie er gleich in der ersten Ausgabe des *Spectator* bekennt, möchte er mit diesem Journal vor allem dazu beitragen, die Wohlfahrt und das Gedeihen des Landes, »in dem ich lebe«, noch weiter zu fördern und zu verbessern. Dazu ist es nötig, daß er seine Landsleute dafür begeistert, das in der »Gesellschaft« vorhandene »Wissen« selbständig zu erweitern. Geschehen kann dies am ehesten dann, wenn möglichst viele Bürger die Bereitschaft zeigen, den Wissensstand der Nation durch eigenes, nahezu tägliches Lernen auszubauen. Wie Addison in der 105. Nummer seiner Zeitschrift dann noch genauer ausführt, ist ein solches beständiges »Lernen« aber nichts anderes als ein kontinuierliches und intensives »Beobachten« jener Vielzahl von Dingen, Ereignissen und Abläufen, mit denen man in seinem Leben konfrontiert wird. Denn nur wer gut beobachtet, lernt gut. Wer also mit spürbarem Erfolg lernen möchte, so Addison, sollte sich konsequent in der Kunst der genauen Betrachtung seiner Umwelt üben, und zwar so, wie er selbst es im *Spectator* – also eben im »Zuschauer« oder »Beobachter« – in beispielhafter Manier vorexerziert.

Addison, der sich in seiner Zeitung in immer neuen Wendungen wahlweise als »unparteiischer Zuschauer«, als »Beobachter der Menschheit« oder einfach nur als »Schaulustiger« geriert, verweist seine Leser auf eine 53

Vielzahl von zu beobachtenden Themenfeldern oder Gegenständen. Die Betrachtung des politischen Zeitgeschehens nimmt bei ihm allerdings durchweg eine gewichtige Stellung ein. So fordert er die Briten eindringlich dazu auf, Zustand und Entwicklung der verschiedenen europäischen Regierungen und Staatsverfassungen im Auge zu behalten, miteinander zu vergleichen und gründlich auf ihre jeweiligen Vor- und Nachteile zu überprüfen. Er selbst, der sich in diesem Sinne schon seit Jahren als »spekulativer Staatsmann« betätigt, ist dabei zur Überzeugung gelangt, daß der absolutistisch herrschende Ludwig XIV. von Frankreich ein »verstockter Sünder« ist, der zu Lasten seiner »armen Untertanen« beständig Kriege anzettelt und dabei die Wirtschaft seines Landes ruiniert. Dieser Blick auf Frankreich verdeutlicht mehr als jeder andere Vergleichspunkt, wie vorbildlich stattdessen die britische Königin Anne das ihr anvertraute Reich in dem wohl »glänzendsten Abschnitt der englischen Geschichte« regiert.

Während Addison auf dem Gebiet der Politik keinen Hehl daraus macht, welcher europäischen Staatsform und Regierungsweise er besonders gewogen ist, fällt seine Beurteilung der verschiedenen europäischen Sprachen sehr viel ausgeglichener aus. Indem er seine Leser dazu auffordert, sich für die besonderen Ausdrucksmöglichkeiten des Englischen, Französischen, Italienischen, Spanischen oder Deutschen zu sensibilisieren, gibt er zu erkennen, daß jede der führenden europäischen Sprachen ganz eigene Vorzüge aufweist. Beispielsweise fällt die Redeweise der Engländer, die ihre Gedanken gern pointiert formulieren, meist knapp und lakonisch aus, weshalb die englische Sprache wie die Musik von gezupften

54

Saiteninstrumenten klingt, »kurz und ohne langen Nachhall«. Zum »unverblümten, ehrlichen Humor der Deutschen« paßt wiederum die »Rauheit des Hochdeutschen« sehr viel besser als die weicheren Laute »einer höflicheren Sprache«.

Auch zur Betrachtung der verschiedensten religiösen Gebräuche und Vorstellungen lädt Addison seine Leser ein, um sie daran zu erinnern, daß ihre eigenen kirchlichen Praktiken und Traditionen nicht unbedingt das Maß aller Dinge sein müssen. Obgleich er seinen protestantischen Glauben bewußt lebt, hält er es durchaus für möglich, daß die Religionen der Welt voneinander lernen können. Getreu dieser Devise finden sich im *Spectator* immer wieder Reflexionen über die verschiedenen christlichen Kirchen und Sekten, über das Judentum, über den Islam und auch über die Spiritualität der nordamerikanischen Indianer. Diese religiösen Betrachtungen zeichnen sich allesamt durch Vorurteilslosigkeit und ein echtes Interesse an fremden Riten aus.

Addison räumt nun ein, daß er das beste »Anschauungsmaterial« für seine vielfältigen Beobachtungen stets auf Reisen sammelt, weshalb er es sich schon seit langem zur Gewohnheit gemacht hat, auf der Suche nach »Beute« für den *Spectator* »ins Ausland zu fahren«. Denn gerade diejenigen Betrachtungen, die man auf Fahrten in unbekannte Gefilde und Regionen anstellen kann, lassen allzu bekannte Alltäglichkeiten plötzlich in einem überraschend neuen Licht erscheinen. Wie nur wenige andere Erfahrungen fordern Reiseerlebnisse zur erneuten, womöglich noch genaueren Beobachtung alter Gepflogenheiten heraus, was entweder dazu führt, daß man sich nach einer Reise mit seiner zuvor vielleicht beklagten **55**

Lage endlich arrangiert oder aber, ganz im Gegenteil, eine Veränderung seiner Situation entschlossen in Angriff nimmt.

Weil aber längst nicht jeder Leser des *Spectator* über die finanziellen Mittel verfügt, regelmäßig zu fernen Gestaden aufzubrechen, gibt Addison in seinem Blatt auch viele Hinweise darauf, wie man die Kunst des Beobachtens nahezu ebensogut zu Hause erlernen und schulen kann. Denn die Leitmotive des großen »Welttheaters« lassen sich, wie Addison weiter schreibt, auch in den entlegensten Winkeln der Erde aufspüren. So kann man die wesentlichen Aspekte von »Freundschaft«, »Ruhmsucht«, »Liebe«, »Humor«, »guten Manieren« oder »tugendhaftem Betragen« selbstverständlich auch im engsten Familien- oder Bekanntenkreis studieren, wenn man die Menschen nur aufmerksam zu beobachten weiß und ihre jeweiligen Verhaltensweisen miteinander vergleicht. Wer weitere Anschauungshilfe benötigt, sollte so häufig wie möglich ins »Schauspiel« oder auch in die »Oper« gehen, wo man nicht nur die Akteure auf der Bühne, sondern auch das Publikum nach Herzenslust und ausgiebig betrachten kann.

Ein exzellentes Medium zur Überprüfung und Weiterentwicklung der eigenen Anschauungen ist jedoch auch ein gutes Buch. Addison empfiehlt deshalb im *Spectator* die Lektüre von Texten jedes literarischen Genres, von zeitgenössischen Gedichten bis hin zu den Meisterdramen der Antike. Zwar traut er seinen Lesern zu, daß sie nach einiger Zeit, wenn sie erst belesen genug sind, gute von schlechten Büchern mit Leichtigkeit zu unterscheiden wissen. Doch gibt er den noch ungeübten Lesern auch Literaturlisten an die Hand, mit deren Hilfe sie solche

Schriften ausfindig machen können, die ihre Beobachtungsgabe – und damit auch ihren Geschmack und ihr
Urteilsvermögen – nachhaltig schärfen. Ein Addisons
literarischen Ansprüchen voll und ganz genügendes Werk
ist übrigens John Miltons gefeiertes und überaus bilder-
reiches Versepos *Paradise Lost*, das deshalb im *Spectator*
auch ausgiebig zitiert und besprochen wird.

In einer besonders unterhaltsamen Ausgabe seines Blattes vom 19. Juli 1711 zeigt Addison zudem, daß sich neben der erhabenen Dichkunst selbst die gewöhnlichsten
Szenen aus dem Alltag dazu eignen, das erkennende Betrachten zu trainieren. So fordert er seine Leser dazu auf,
sich im beständigen Beobachten der Vögel zu üben, da
diese gefiederten Tiere wegen ihrer Allgegenwart besser
als alle anderen Lebewesen zum täglichen Studium geeignet sind und als oftmals farbenprächtige Flugkünstler
ohnehin jeden Betrachter erfreuen. Wie er gerne zugibt,
hat er selbst schon »sehr viel Zeit« mit ornithologischen
Untersuchungen verbracht und sogar den Gang zum
Gutshof eines Freundes nicht gescheut, um dort das Verhalten des zahmen Geflügels zu analysieren.

Wiederholt, berichtet Addison, habe er auf dem Anwe-
sen des Bekannten »ein oder zwei Stunden lang in unmit-
telbarer Nähe einer Henne und ihrer Küken gesessen«
und sich an ihrem Betragen ergötzt. Dabei sei er schon
mehr als einmal so sehr in den Anblick des Federviehs
versunken gewesen, daß der Gutsbesitzer ihn bereits mit
feinem Spott bedacht habe: »Er sagt mir, daß er glaube«,
so Addison, »daß ich schon mit jedem Hühner- oder
Entenvogel in der Nähe seines Hauses persönliche Bekanntschaft geschlossen habe; er nennt einen bestimmten
Hahn meinen Günstling; und häufig beklagt er sich, daß **57**

seine Enten und Gänse mehr von meiner Gesellschaft hätten als er selbst«.

Was auf den ersten Blick wie eine seltsame Marotte aussieht, ist für Addison ein zwar vergnüglicher Zeitvertreib, der noch dazu mit viel Selbstironie erzählt und beschrieben wird, der jedoch von dem gleichen ernsthaften Anliegen zeugt, das er in allen Nummern des *Spectator* auf immer neue Weise zum Ausdruck bringt. Es geht ihm auch hier darum, den Lesern begreiflich zu machen, daß man aus jeder noch so bescheidenen Beobachtung etwas lernen kann, und daß gerade die unscheinbaren Begebenheiten vielfach besonders aufschlußreich sind. Seine eingehende Betrachtung der Hühner veranlaßt Addison beispielsweise dazu, in einem zweiten Schritt über eine in der Natur waltende höhere Macht nachzudenken, die den »Instinkt der Tiere« – etwa beim kunstvollen Nestbau, bei der Nahrungssuche, bei der Fortpflanzung – ganz augenscheinlich bestimmt und lenkt. Somit führt seine Betrachtung der Vögel letztlich auch zu theologischen Erkenntnissen über die »göttliche Energie, die in den Kreaturen wirksam ist«.

Die von Addison angestellten Beobachtungen, Betrachtungen und Reflexionen, die sich, wie er selbst hervorhebt, ja insgesamt auf eine *variety of matter* beziehen, also auf eine schier endlose Vielfalt von Themengebieten, können das Wissen der Gesellschaft allerdings nur dann wie gewünscht mehren, wenn sie in einer so weitverbreiteten und angesehenen Zeitung wie dem *Spectator* veröffentlicht werden. Deshalb benötigen selbstverständlich auch diejenigen Leser dieser Zeitschrift, die nun ihrerseits einen ähnlichen Beobachtungsdrang zu entfalten beginnen, ein Forum, das ihre möglicherweise lehrreichen

Betrachtungen öffentlich zur Diskussion stellt. Aus eben diesem Grund bittet Addison seine Leser schon in der ersten Nummer seines Blattes darum, ihm persönliche Beobachtungen, die zur »Beförderung des öffentlichen Wohls« geeignet sein könnten, unbedingt zuzuleiten. Leserbriefe, die entweder auf Addisons Überlegungen direkten Bezug nehmen oder von den eigenen Ansichten, Anschauungen und Betrachtungen der Abonnenten berichten, erscheinen denn auch ab dem 9. März 1711 fortlaufend und regelmäßig.

Der öffentliche Austausch präziser Beobachtungen über eine Vielzahl von Dingen, die für das Gedeihen der Gesellschaft von Belang sind, ist also für Addison das am besten geeignete Mittel, den Lernwillen und die Lernfähigkeit seiner Landsleute zu trainieren. Dabei geht er im übrigen unbeirrbar davon aus, daß ausnahmslos jeder Mensch durch gute Beobachtungen einen unverzichtbaren Beitrag zum Gemeinwohl leisten kann. Denn »kein Mensch«, wie es in der letzten Nummer des Jahres 1711 heißt, ist so sehr »in Dummheit versunken«, daß nicht dennoch »einige versteckte Samenkörner der Güte und der Erkenntnis« in ihm vorhanden sind, die sich durch die gezielte Schulung seiner natürlichen Beobachtungsgabe zum Leben erwecken lassen. Und hat ein Mensch erst einmal begriffen, daß er auf diese Weise täglich hinzulernen kann, dann wird er auch dem eigentlichen Glück des Lernens auf die Spur gekommen sein: Er wird nämlich dauerhaft jenen überaus köstlichen Geschmack, das *relish*, genießen wollen, das sich immer dann entfaltet, wenn man durch gründliche »Reflexionen und Spekulationen« dahin gekommen ist, »seinen Verstand zu verfeinern und das Herz zu verbessern«.

3. KAPITEL

Vernunft

Hermann Samuel Reimarus oder
Der rechte Gebrauch des Verstandes

WISMAR 1723. Die zwischen Lübeck und Rostock gelegene Stadt an der Ostsee, ehemals stolzes Mitglied der
Hanse und wichtiger Umschlagplatz für den Handel mit
dem Baltikum, ist an einem Tiefpunkt ihrer langen, bis
ins 13. Jahrhundert zurückreichenden Geschichte ange-
langt. Während sich die britische Metropole London
eines noch immer ungebremsten wirtschaftlichen Auf-
schwungs und eines anhaltenden Bevölkerungswachs-
tums erfreut, fristet die kleine Hafenstadt an der mecklenburgischen Küste, deren Einwohnerzahl von einst
7000 auf etwa 5000 Seelen geschrumpft ist, ein eher
kümmerliches Dasein. Ihre ökonomische Entwicklung
stagniert. Mehr noch als der Niedergang der Hanse haben die Verheerungen und Folgeschäden des Dreißigjährigen Krieges, der die Bürger der Stadt in Gestalt von Be-
lagerungen, Beschießungen, Besetzungen, Plünderungen
und hohen Kontributionszahlungen hart traf, Wismar
bleibende Wunden zugefügt und seine Wirtschaftskraft
nachhaltig geschwächt.

Zwar hat sich die Krone Schweden, der die Stadt Wismar (mit den Bistümern Bremen und Verden, Vorpom-
mern, der Insel Rügen, Stettin und weiten Teilen Hinter- **61**

pommerns) gemäß den Bestimmungen des Westfälischen Friedens von 1648 als deutsche Besitzung zugefallen ist, seit Beginn ihrer Verwaltungshoheit redlich darum bemüht, den nahezu ruinierten Handel ihres neuen Ostseehafens wiederzubeleben. Doch die von Schweden gewährten Lizentermäßigungen für das Wismarer Bier, Zollvergünstigungen für aus Wismar eingeführtes Getreide, Niederlagefreiheit für die Waren der Wismarer Kaufleute sowie die entschlossene Förderung des Wismarer Schiffsbaus haben ihre beabsichtigte Wirkung deutlich verfehlt. Denn die strategisch günstig gelegene Ostseestadt befindet sich auch nach dem Dreißigjährigen Krieg mitten im militärischen Interessengebiet der benachbarten Mächte Dänemark und Brandenburg-Preußen, gegen deren fortdauernde Begehrlichkeiten sie stets aufs neue geschützt werden muß. Jahrzehntelang ist das Geld, das die Bürger der Stadt mit Hilfe ihrer Handelsprivilegien erwirtschaften konnten, somit gleich wieder in den Unterhalt der starken schwedischen Garnison und in die Errichtung immer neuer Wälle und Bastionen geflossen. Wie gewonnen, so zerronnen, lautete daher jahraus jahrein die wiederholte Klage der Wismarer Kaufleute.

Gerade weil die wuchtigen Festungswerke so viel Geld verschlungen haben, ist es für die Wismaraner nun besonders deprimierend mitanzusehen, daß sich ihre gewaltigen Anstrengungen bei der Fortifikation der Stadt letztlich als völlig nutzlos erwiesen haben. Trotz seiner stattlichen Befestigungsanlagen ist Wismar nämlich im gerade beendeten Nordischen Krieg – einem fast zwanzig Jahre währenden Kampf der verbündeten Reiche Dänemark und Rußland gegen Schwedens Vorherrschaft im

Ostseeraum – von dänischen und preußischen Truppen zur Kapitulation gezwungen, eingenommen und vorübergehend besetzt worden. Und nur weil sich die schwedische Regierung im 1720 geschlossenen Frieden von Frederiksborg verbindlich dazu bereit erklärt hat, die Festung Wismar endgültig und dauerhaft zu schleifen, ist die Stadt wieder an Schweden zurückgegeben worden.

Jetzt, im Jahr 1723, sind die Festungsgräben zugeschüttet, die Wälle eingeebnet und die Festungsmauern weitgehend abgerissen. Auch die Zitadelle mit ihrem mächtigen Turm wurde gesprengt. Für etliche Wismaraner ruft der Anblick der zerstörten Festungsbauten traurige Erinnerungen an vergebliche Aufbauarbeiten wach. Andere Bürger der Stadt hoffen, daß sie ihr Einkommen nun endlich in lohnendere Projekte investieren können als in militärische Sicherungsmaßnahmen. Alle aber wissen, wie schwer es werden wird, die immense Schuldenlast aus dem Nordischen Krieg abzutragen. Denn da Schweden in diesem langen Ringen seine alte Großmachtstellung verloren hat, Livland, Estland, Ingermanland und Karelien an Rußland abtreten mußte und selbst finanziell ausgeblutet ist, kann es Wismar, wenn überhaupt, nur sehr geringfügige Hilfe leisten. Woraus also soll die Kraft zu einem Neuanfang der Stadt erwachsen und welche gestalterischen Möglichkeiten bieten sich den im Wismarer Senat versammelten Ratsherren?

Angesichts des akuten Geldmangels, der einen raschen wirtschaftlichen Aufschwung Wismars ganz und gar unmöglich macht, besinnen sich die Stadtväter darauf, wenigstens das intellektuelle Kapital der Stadt zu nutzen, um davon mittelfristig profitieren zu können. Tatsächlich ist Wismar nämlich ungeachtet seiner gravierenden öko- **63** nomischen Schwierigkeiten noch immer ein Ort, von dem bedeutende geistige Impulse ausgehen. Schon seit 1653 wird hier im Hohen Königlichen Tribunal, dem obersten Gerichtshof für Schwedens Besitzungen im Heiligen Römischen Reich Deutscher Nation, in einer Weise Recht interpretiert, die inzwischen selbst für das höchste deutsche Gericht, das Reichskammergericht in Wetzlar, vorbildlich und wegweisend ist. Allgemein gerühmt wird die in Wismar entwickelte Rechtssprechungslinie deswegen, weil sie die (auch in den schwedischen Besitzungen zu beachtenden) deutschen Reichsgesetze besonders bürgerfreundlich auslegt und weil die beim Tribunal anhängigen Prozesse bemerkenswert schnell und effektiv zum Abschluß gebracht werden. Es ist also viel juristischer Sachverstand in der Stadt beheimatet, der beweist, daß Wismar durchaus ein Klima der Gelehrsamkeit besitzt.

Die in der Stadt vorhandenen geistigen Ressourcen könnten allerdings noch viel stärker genutzt werden als bisher geschehen. Nach dem Willen des Wismarer Senats soll deshalb den talentiertesten Kindern der Stadt (und des näheren Umlandes) ab sofort die beste Schulbildung zuteil werden, die sich denken läßt – auf daß die fleißigen Eleven später einmal, wenn sie aufgrund ihrer guten Ausbildung zu Geld und Würden gelangt sind, einen substantiellen Beitrag zum Wohl ihrer Vaterstadt leisten. Dazu muß nun der Leistungsstand der seit 1541 bestehenden Großen Stadtschule zu Wismar deutlich angehoben werden, da die königlich schwedische Schulkommission bei der letzten Visitation der Schule am 14. September 1722 zu keinem günstigen Urteil über die fachliche Kompetenz der dort lehrenden »Schulbedienten« gekommen ist.

64   Um diesem Mangel abzuhelfen, wird vom Wismarer

Senat ein neuer Schulleiter gesucht, der nicht nur über ein großes Maß an Gelehrsamkeit verfügt, sondern auch die neuesten Entwicklungen auf dem Gebiet der Pädagogik kennt und dementsprechend fähig und willens ist, den Unterricht und Lehrplan der Stadtschule von Grund auf zu modernisieren. Damit sich genügend geeignete Kandidaten finden, die diesem Anforderungsprofil entsprechen, wird dem zukünftigen Rektor der Wismarer Schule garantiert, daß er auch in Zeiten äußerster Geldknappheit ein überdurchschnittlich hohes Jahressalär von 300 Reichstalern pünktlich ausgezahlt bekommt. Außerdem wird ihm ein guter Ofen für sein Studierzimmer in Aussicht gestellt, wofür bereitwillig Gelder aus den Hebungen des Wismarer St. Jakobs-Hospitals freigemacht werden.

Diese außerordentlich großzügigen Konditionen tragen entscheidend dazu bei, daß sich viele qualifizierte Bewerber ernsthaft um die vakante Stelle bemühen. Bereits im Sommer 1723 kann der Posten des Schulleiters besetzt werden: Einer im *Coburgischen Zeitungs-Extract* geschalteten Anzeige ist zu entnehmen, daß am 7. Juli der »neuerwehlte Rector der Stadtschule zu Wißmar« in der »Grauen-Münchs-Kirche solemniter introduciret« worden ist. Und nur wenige Monate nach der feierlichen Amtseinführung des Schulleiters kann dann der Wismarer Bürgermeister vor den versammelten Ratsherren der Stadt beglückt zu Protokoll geben, daß der neue Rektor in der Tat ein tüchtiger Lehrer ist, weil er die Stadtschule schon innerhalb kürzester Zeit bei den Wismarer Bürgern zu Ansehen und »in Aufnahme« gebracht hat.

Der hochgelobte Schulmann, von dem die Wismaraner wahre Wunderdinge zu erwarten scheinen, ist jung und äußerst selbstbewußt. Er heißt Hermann Samuel Reimarus, ist erst 28 Jahre alt und stammt mütterlicherseits aus einer angesehenen Hamburger Familie, die schon viele Kaufleute, Juristen und Bürgermeister der Stadt an Elbe und Alster hervorgebracht hat. Sein Vater, Sproß einer alten Pastorenfamilie (die auch schon in Mecklenburg Geistliche gestellt hat), ist selbst Lehrer an der Gelehrtenschule des Johanneums, dem bedeutendsten Hamburger Erziehungsinstitut. Von ihm hat Reimarus seinen ersten Unterricht in der lateinischen Sprache empfangen, schon im Vorschulalter, weil die Verwandten den begabten Jungen dazu bestimmt sehen, einst selbst als Kaufmann, Jurist, Ratsherr, Pfarrer oder Gelehrter in die Fußstapfen der Altvordern zu treten. Nur die beste Ausbildung des Sohnes ist dem Vater gut genug, und so gibt er den wißbegierigen Knaben in eben jenem Augenblick in die Hände zweier brillanter Kollegen, als er merkt, daß er ihm selbst nichts mehr beibringen kann.

1710 wechselt der junge Reimarus also in das dem Johanneum eng angeschlossene Hamburger Akademische Gymnasium, wo ihn mit dem Gräzisten und Latinisten Johann Albert Fabricius und dem Orientalisten Johann Christoph Wolf zwei Philologen von europäischem Rang unterrichteten. Diese herausragenden Lehrer vermitteln ihm ganz außergewöhnliche Kenntnisse des Lateinischen, Griechischen und Hebräischen, so daß sich Reimarus bereits im Frühjahr 1714 als Student der Theologie, Philologie und Philosophie an der Universität Jena immatrikulieren kann. Als er dann im Herbst 1716 an die Universität Wittenberg weiterzieht, wird er dort zwar mit einer lateinischen Dissertation über die Besonderheiten des hebräischen Wortschatzes sehr schnell zum Magister mit Lehrbefugnis auf dem Gebiet der Alten Sprachen promoviert, doch befaßt er sich trotz seiner neuen akademischen Privilegien fast ausschließlich damit, sich in das Studium der Philosophie zu vertiefen.

Beeindrucken läßt er sich vor allem von den Schriften der deutschen Frühaufklärer Christian Thomasius und Johann Franz Budde, die beide eine ins Praktische gewendete Philosophie lehren, welche auf das Glück der Menschen und die Verbesserung ihrer Lebensumstände abzielt. In seiner im November 1719 eingereichten Habilitationsschrift, in der er als profunder Kenner der politischen Philosophie des 16. bis 18. Jahrhunderts glänzt, stellt er zudem unter Beweis, daß er sich auch zunehmend für die neuesten politischen und gesellschaftlichen Entwicklungen Großbritanniens interessiert, da diese ihm vorbildlich und nachahmenswert zu sein scheinen.

So verwundert es nicht, daß ihn eine längere akademische Auslandsreise ab 1720 auch nach England führt, wo er seine Vorstellungen von Land und Leuten an der Wirklichkeit überprüfen kann. In Oxford hält er sich besonders lange auf. Hier verbringt er die Sommermonate des Jahres 1721, unterhält sich mit einer Vielzahl von Gelehrten und studiert in der Universitätsbibliothek, der prächtigen *Bodleian Library*, neben einigen seltenen griechischen und lateinischen Manuskripten auch mit großer Aufmerksamkeit die Schriften Lockes, Addisons und Mandevilles. Auf diese Weise lernt er die Hauptthesen der britischen Frühaufklärung im Original kennen und eignet sich so zugleich gute englische Sprachkenntnisse an, wie sie zu dieser Zeit nur wenige Deutsche vorweisen können.

Auch in London sieht sich Reimarus um. Hier kann er   **67** im Herbst 1721 als ein an Addisons *Spectator* geschulter »Zuschauer« aufs genaueste beobachten, mit welcher Emsigkeit die Kaufleute und Handwerker der Riesenstadt ihren Geschäften nachgehen, wie Handel und Wirtschaft florieren und welche Auswirkungen die politischen Freiheiten der Briten auf ihren Lebenswandel haben. Daß die Londoner – wie von Mandeville suggeriert – beständig dem Laster frönen, findet Reimarus allerdings nirgends bestätigt. Ihn fasziniert das bunte Treiben der Stadt. Übrigens kommt er während seiner Gänge durch die Londoner Straßen und Gassen auch an einem Bierlokal in Cheapside vorbei, wo besagter Mandeville sich regelmäßig an einem eigens für ihn eingerichteten Stammtisch einfindet, um seine provokanten Thesen mit den geladenen und spontan hinzustoßenden Gästen zu diskutieren. Inwiefern Reimarus von diesem reizvollen Gesprächsangebot Gebrauch macht, teilt er allerdings in keinem seiner Briefe nach Deutschland mit.

Einen recht genauen Bericht über seine in Großbritannien gesammelten Erfahrungen stattet er in der Heimat aber dennoch ab: Als er auf der Rückreise nach Wittenberg Anfang des Jahres 1722 auch nach Hamburg kommt, hören ihm die Mitglieder seiner Familie, seine Freunde und ehemaligen Lehrer mit Spannung zu, um von seinen jüngsten Erlebnissen auf der britischen Insel lernen zu können. Denn das Interesse an den neuesten Entwicklungen in England ist in Hamburg groß. Schon seit längerem fühlen sich die Hamburger den Briten wahlverwandt, da sie wissen, daß keine andere deutsche Stadt über derart weitreichende, dem englischen Ideal sehr nahekommende politische Freiheiten verfügt wie ihre alte **68** Hansestadt, die mit fast 80.000 Einwohnern die größte

und am meisten bevölkerte Reichsstadt ist: Nirgendwo
sonst im Römisch-Deutschen Reich gibt es eine so umfassende Selbstverwaltung der politisch mitsprachebe-
rechtigten Bürger wie im Stadtstaat Hamburg. Nirgendwo
sonst gibt es auch größere ökonomische Freiräume, was
vor allem mit der Existenz der bereits 1619 gegründeten
Hamburger Bank zu tun hat, dank deren erfolgreicher
Arbeit die Stadt zu einem nur von London übertroffenen
europäischen Finanzzentrum herangereift ist. Weil die
Stadt zudem vom Dreißigjährigen Krieg weitgehend verschont geblieben ist, sich anschließend als neutrale Han-
delsrepublik politisch klug verhalten hat und für nahe
und ferne Staaten als befriedeter Handelsplatz von großer
wirtschaftlicher Bedeutung ist, herrscht in Hamburg eine
politische und ökonomische Dynamik, wie sie in Deutschland ansonsten unbekannt ist. Auch deshalb orientieren
sich die Bürger der aufstrebenden Stadt lieber an den gesellschaftlichen Entwicklungen Großbritanniens.

Ein Hamburger, der den Erzählungen des Reimarus
besonders aufmerksam lauscht, ist sein Freund Barthold
Heinrich Brockes, ein Ratsherr und Schriftsteller mit ausgesprochen starken anglophilen Neigungen. Vieles von
dem, was Brockes von dem Englandreisenden erfährt,
findet nur ein Jahr später Eingang in eine neue deutsche
Zeitschrift, die dem englischen *Spectator* bis ins Detail
nachempfunden ist und unter dem Titel *Der Patriot* von
dem dichtenden Politiker selbst herausgegeben wird: Zu
entnehmen ist dem *Patriot*, daß einem jungen Hamburger auf einer unlängst unternommenen Reise nach London in frappierender Deutlichkeit aufgefallen sei, was
für eine ungemein »auffgeweckte Scharffsinnigkeit« den
freiheitlich gesinnten Engländern »gleichsahm eigen« ist. **69**

Diese erstaunliche und im Vergleich mit den deutschen Verhältnissen so augenfällige geistige Gewandtheit der Briten sei nun – nach der dezidierten Einschätzung des jungen Englandfahrers – zu einem ganz wesentlichen Teil das Produkt fortschrittlicher Erziehung.

Gerade in den letzten beiden Jahrzehnten habe die weite Verbreitung von Schriften, die moderne Erziehungsmethoden propagieren, auf der Insel dazu geführt, daß dort »die Unwissenheit in ihre Blösse gestellet«, »die Begierde, was nützliches zu lesen, angespornet« und »der gute Geschmack« mittlerweile allerorten »ausgebreitet« worden ist. Kein pädagogischer Schriftsteller habe in dieser Hinsicht mehr geleistet als »Herr Lock«, weil dessen »Unterricht von der Erziehung der Kinder« ja eindrucksvoll zeige, daß man den Kindern die Lernarbeit weitestgehend »zum Spiele, oder so angenehm und so leicht« machen müsse, »als es immer möglich«. Denn nur auf spielerische und vergnügliche Weise zum Lernen angehaltene Kinder spürten das echte Verlangen, aus freien Stücken »etwas zu lernen« und ihren Intellekt dauerhaft zu trainieren. Das herkömmliche, zwanghafte Auswendiglernen sei hingegen als Lehrmethode abzulehnen, da es die Geisteskraft der Jugend schon viel zu oft »stumpff gemacht« habe.

Auch die von Addison propagierten pädagogischen Ideale des genauen Beobachtens und Vergleichens rühmt der *Patriot*, weshalb er den englischen *Spectator* – als dessen deutsches Pendant und »Freund« sich das Blatt ganz ausdrücklich versteht – zu eben jenen erzieherisch wertvollen Schriften zählt, die »gantz England« in den letzten Jahren sehr viel »glücklicher gemacht« hätten, »als es zuvor gewesen«. Wolle man auch in Deutschland

»den Sitten der Menschen beyräthig« sein und Kindern das Lernen »in gehöriger Sorgfalt« zur Freude machen, dann, so der *Patriot*, könne man gar nicht anders vorgehen, als dem von Locke und Addison gebahnten Weg zu folgen. Und richte man den Unterricht nur konsequent an den pädagogischen Prinzipien dieser beiden Engländer aus, werde man schon in kurzer Zeit sehen, wie auch in Deutschland, selbst an den abgelegensten Orten des Reiches, »der Verstand geschärffet« werde.

Den Verstand der deutschen Schuljugend schärfen: Dieser hehre Vorsatz wird nun zum obersten Gebot des Reimarus, als er sich nach Beendigung seines anregenden Englandaufenthaltes nach einem neuen Betätigungsfeld in der Heimat umsieht. Zwar wird er am 21. August 1722 in Wittenberg erst einmal zum Adjunkt der Philosophischen Fakultät ernannt, doch steht ihm keineswegs der Sinn danach, sein frisch erworbenes pädagogisches Wissen gleichsam im Elfenbeinturm der Wissenschaft für sich zu behalten. Er ist sich ganz und gar nicht zu schade dazu, wie er sich in dieser Zeit häufiger ausdrückt, »vom akademischen Lehrstuhl in den Schulstaub« hinabzusteigen. Daher greift er auch dankbar und entschlossen zu, als ihm im Sommer 1723 die Stelle des Schulleiters der Großen Stadtschule zu Wismar angeboten wird. In gewisser Weise scheint ihm sein neues Arbeitsumfeld an der mecklenburgischen Ostseeküste, die der weitgereiste Hamburger als entlegene deutsche Provinz erlebt, sogar eine besondere Herausforderung zu sein.

Als habe er nur auf diese Gelegenheit gewartet, macht er die ihm anvertrauten Wismarer Schüler schon unmittelbar nach seiner Amtseinführung zunächst mit den neuesten politischen und gesellschaftlichen Entwicklun-

gen Großbritanniens bekannt. Auch Mandevilles Bienenfabel bietet er ihnen zur Lektüre an, mit der Vorgabe
allerdings, dessen allzu überspitzte Thesen mit möglichst
guten Argumenten gründlich zu widerlegen. Zugleich
entfaltet er in Wismar eine rege schriftstellerische Tätigkeit. Unter anderem verfaßt er eine kleine lateinische
Abhandlung über den Instinkt der Tiere, *De instinctu
brutorum*, eine erste Vorarbeit zu seinen viel umfassen-
deren, erst vier Jahrzehnte später veröffentlichten *Betrachtungen über die Triebe der Thiere*, die man noch im
20. Jahrhundert als erste kritische Studie über tierisches
Verhalten rühmen wird. Angeregt worden sind diese bedeutenden Nachforschungen übrigens, wie Reimarus
freimütig einräumt, allein durch Addisons humorvollen,
im englischen *Spectator* geschalteten Aufruf zur genauen
Betrachtung der Vögel und ihrer »Kunsttriebe«.

Die Schrift jedoch, deren rasche Herausgabe Reimarus
nach seiner Einstellung als Rektor mit besonderem Nachdruck angeht, weil sie ihm sehr am Herzen liegt, ist ein
(ebenfalls lateinischer) Traktat über den Nutzen der Philosophie in der Schule, *De philosophiae in re scholastica
usu*. Mit dieser Abhandlung, die er schon im Oktober des
Jahres 1723 veröffentlichen kann, fordert er die deutsche
gelehrte Öffentlichkeit und seine Lehrerkollegen ausdrücklich dazu auf, den traditionellen Schulunterricht
zu modernisieren und im Sinne Lockes zu verändern.
Außerdem entwickelt er in diesem Traktat die Grundzüge
eines eigenen, sehr originellen Erziehungsprogramms,
das intellektuell von einigem Anspruch ist und die deutsche Aufklärungspädagogik im Verlauf des 18. Jahrhunderts spürbar prägen wird.

72 Die inhaltliche Mitte dieser vielschichtigen Erziehungsschrift und zugleich ihr wichtigstes Anliegen ist nun die von Reimarus mit großer Entschiedenheit geforderte Erziehung zur Vernunft. Denn daß er als studierter Philosoph, der noch dazu mit einer großen pädagogischen Begabung ausgestattet ist, seinen Schülern vor allem beizubringen hat, was Vernunft ist und wie man den eigenen Verstand am besten einzusetzen hat, steht für ihn von jetzt an fest. Wie jedoch will er in der Schule philosophisch zur Vernunft erziehen und welchen Begriff von Vernunft und verständigem Denken hat er? Und inwiefern hilft die von Locke propagierte Unterrichtsmethode des spielerischen Lernens, die ja auch Reimarus als vorbildlich preist, bei der Schulung des Verstandes?

Wenn Reimarus in seiner Abhandlung *De philosophiae in re scholastica usu* öffentlich darüber nachdenkt, welchen Nutzen die Philosophie in der Schule zu stiften imstande ist, dann redet er nicht etwa der Einführung eines regulären Philosophieunterrichtes das Wort. Er weiß, daß in den deutschen Stadtschulen zu Beginn des 18. Jahrhunderts noch immer der Lateinunterricht den Stundenplan beherrscht und deshalb alles Wissen, »was ehrbar und lobwürdig ist« – ob literarische, historische oder auch naturwissenschaftliche Bildung –, vor allem durch die Lektüre lateinischer Texte im Rahmen der altsprachlichen Unterweisung erworben werden muß. Auch philosophische Kenntnisse können somit nur im Lateinunterricht vermittelt werden. Die Wismarer Stadtschule bildet hier keine Ausnahme.

Als hervorragender Latinist, der den Wert der besten lateinischen Schriftsteller sehr wohl kennt und schätzt, hat Reimarus an diesem Arrangement auch gar nichts auszusetzen. Ohnehin will er in der Schule nicht »alle Zweige der Philosophie« unterrichten, erst recht nicht »die sehr dunklen oder schwierigen«. Und schon gar nicht möchte er seinen Zöglingen das in sich geschlossene philosophische System eines einzigen philosophischen Lehrmeisters oder einer bestimmten philosophischen Schule vermitteln. Abgesehen davon, daß der Lateinunterricht für solche weitschweifigen und sehr speziellen Formen der philosophischen Unterweisung gar keinen Raum bietet, würde eine derartige Vorgehensweise die zur Lateinschule gehenden Kinder und Jugendlichen auch deutlich überfordern. Für Reimarus steht es daher außer Frage, daß die Art, die Philosophie im altsprachlichen Unterricht zu erklären, den Schülern angepaßt sein muß.

Lediglich das »am meisten Notwendige« will er deshalb im Unterricht behandeln, den Kernbereich der theoretischen Philosophie, »das heißt die Logik«. Denn nur wer logisch zu denken versteht, so Reimarus, vermag einen gewichtigen Beitrag zum »festen und unerschütterlichen Glück der Menschen« zu leisten. Dem Lateinunterricht eine philosophische Note zu verleihen, bedeutet für den neuen Schulleiter also vor allem, das logische Denken seiner Schüler konsequent zu trainieren. Dies erreicht er, wie er glaubt, am ehesten dann, wenn er die natürliche Auffassungsgabe der Kinder und die ihnen gegebenen Verstandeskräfte wirklich ernst nimmt und fördert. Er will den Schülern demnach beibringen, daß jedes gute Philosophieren im Grunde nichts anderes ist, als mit Hilfe der eigenen, ungekünstelten Vernunft die Welt und die in ihr vorkommenden Erscheinungen und Geschehnisse folgerichtig beurteilen zu lernen. Erst mit dem auf diese Weise gewonnenen Urteilsvermögen, so der junge

74

Rektor, lassen sich dann gesellschaftliche Mängel beheben oder, falls nötig, die eigenen Lebensumstände gezielt verbessern.

Dabei ist sich Reimarus durchaus bewußt, daß er eine sehr optimistische Auffassung von der Leistungskraft des menschlichen Verstandes hat. Immerhin ist er von dessen Erziehbarkeit uneingeschränkt überzeugt. Andere Zeitgenossen, auch manche Philosophen, sind in dieser Hinsicht weit weniger zuversichtlich. In handschriftlichen Notizen, die Reimarus zur Zeit der Entstehung seiner lateinischen Frühschriften angefertigt hat, findet sich denn auch der Hinweis darauf, daß »die Vernunft des Menschen« von den »Menschen selbst« nicht selten »angeklaget« werde. Allein schon wegen der offenbar nicht auszurottenden Kriege oder mancher unsäglicher Verbrechen kämen viele nicht umhin zu fragen, ob die menschliche Vernunft wirklich »an sich gesund« oder nicht vielmehr von Natur aus »verdorben sey«.

Dennoch: Trotz der ihm wohlbekannten kritischen Einwürfe hält Reimarus an seiner (auch von Locke und Addison geteilten) Auffassung fest, daß die überwältigende Mehrzahl der Menschen mit einer völlig ausreichenden Intelligenz, dem gesunden Menschenverstand, ausgestattet ist, der es ihnen erlaubt, Kausalzusammenhänge zu erkennen und korrekte Schlußfolgerungen zu ziehen. Denn nahezu jeder Mensch, dessen Sinne unversehrt sind, gelangt bei aufmerksamer Betrachtung seiner Umwelt zu richtigen Vorstellungen der Dinge und Menschen, die er dann auch mit Hilfe der Sprache auf einen allgemeinverständlichen Begriff bringen kann. Vergleicht er die auf der Grundlage eigener Erfahrungen aufgestellten Sätze über die Welt mit den Aussagen anderer

Menschen, kann er eigenständig zu Urteilen über die Stimmigkeit oder Widersprüchlichkeit bestimmter Behauptungen kommen. Der Mensch ist also durchaus in der Lage, wie Reimarus in *De philosophiae in re scholastica usu* hervorhebt, mit Hilfe seines Verstandes »das Wahre vom Falschen zu unterscheiden«.

Allerdings ist der grundsätzlich intakte Verstand des Menschen, wie Reimarus unumwunden zugibt, durchaus verführbar. Insbesondere im Kindesalter, in der »zarten Jugend«, neigen die Menschen sehr leicht dazu, sich einem ungeregelten oder unordentlichen Denken hinzugeben, wenn Eltern und Erzieher sie nicht, »sobald sich zum ersten Mal der Gebrauch der Vernunft (*ratio*) regt«, zum logischen Schlußfolgern anhalten. Und wenn Kinder erst einmal weltanschauliche Irrtümer, quasi »mit der Muttermilch«, aufgesaugt haben, können sie diese als Erwachsene »nur unter Schwierigkeiten aufgeben«. Umso wichtiger ist es also, den Kindern schon in der Schule »von frühester Jugend an«, die Grundzüge eines vernunftbetonten Denkens beizubringen.

Ein gewissenhafter Pädagoge, der Kinder und Jugendliche zu verständigen und klar denkenden Menschen erziehen will, muß somit unbedingt darauf sehen, daß seine Schüler zu keiner Zeit »Vorurteile aufsaugen«. Auch darf er nicht zulassen, daß seine Zöglinge von irgendwelchen Lehrerkollegen oder anderen Autoritäten dazu genötigt werden, ein geschlossenes Gedankengebäude, ein feststehendes System von Ideen – also eine nicht zu hinterfragende Ideologie – kritiklos zu verinnerlichen. Und daß ein Lehrer »auf die Worte irgendeines Lehrbuchs schwöre, oder Schülern befehle, darauf zu schwören«, kann, wie er befindet, »bei der Meinungsfreiheit (*libertas senti-*

endi)«, die den Menschen doch zusteht, jedenfalls »ohne Verstoß gegen die Gerechtigkeit nicht verlangt werden«. Reimarus will also, daß die Schüler ein gesundes Zutrauen in ihr eigenes Urteilsvermögen erwerben und nicht davor zurückschrecken, unverständliche oder verworrene Lehren offen zu kritisieren. Das eigenständige Denken der Schüler soll daher schon zum frühest möglichen Zeitpunkt gefördert werden, weil sie nur so »vor Aberglaube« dauerhaft »geschützt« bleiben.

Wie aber sieht nun ein solcher offener und vernunftbetonter Unterricht konkret aus, in dem es auch darum gehen muss, Kindern die lateinische Sprache beizubringen? Sicherlich nicht so, wie Reimarus betont, daß ein Latinist seine Schulstunden ausschließlich damit zubringt, »über die Betonung oder ein Buchstäblein einen Streit zu beginnen« oder eine möglichst »spitzfindige Deutung rhetorischer Figuren« zu ersinnen. Denn diese Art der Unterweisung ist einem guten Lehrer schlicht »unwürdig«. Schließlich soll sich der Wissensstand der Schüler doch nicht an der Kenntnis der auswendig gelernten äußeren Form des Lateinischen bemessen, sondern an der »inneren Kenntnis der Sprache«, an der Kenntnis guter lateinischer Literatur und herausragender lateinischer Schriftsteller. Diese sollen mit »klarer Vortragsweise« Kinder und Jugendliche »mit nützlichem Wissen anfüllen« und sie, ganz nebenbei, den unwiderstehlichen »Liebreiz von Büchern«, die Süße, *suavitas*, guter Literatur spüren lassen. Die Lektüre gehaltvoller Bücher soll den Schülern einen möglichst raschen Zugang zur Wirklichkeit der Welt ebnen, in welcher sie nach der Entlassung aus der Schule ja wirken und bestehen müssen, soll ihnen anschaulich von wichtigen Erfahrungen aus der Geschichte

77

berichten, die sie dann zu ihren persönlichen Lebenserfahrungen in Beziehung setzen können.

Wichtig ist für Reimarus weiterhin, daß Schüler von ihrem Lehrer auf keinen Fall »mit Schlägen und Hieben« zum Lernen gezwungen werden, da einzig die freundliche Zuwendung des Lehrers und von ihm mit Bedacht ausgewählte, aufmunternde Lehrbeispiele die Kinder und Jugendlichen zum erfolgreichen Studium der lateinischen Sprache anhalten können. Nur durch einen spielerisch-fröhlichen Unterricht, wie ihn mustergültig Locke vorgeschlagen hat, kann ein Lehrer bewirken, daß seine Zöglinge »die Sprachen entweder lieben, oder, wenn sie diese nicht lieben können, zumindest nicht hassen«. Erziehung zur Vernunft läßt sich eben nicht ohne entsprechende Umgangsformen im Klassenzimmer bewerkstelligen. Und vernünftig ist ein angstfreier und lustvoller Unterricht ja schon allein deswegen, weil er darauf vertraut, daß der Verstand der Schüler sich ohne falschen Druck und angedrohte Repressalien in völlig ausreichender Weise entfalten kann und sich dann auch formen und instruieren läßt.

Deshalb entspricht es der natürlichen Auffassungsgabe der Kinder auch sehr viel mehr, wenn sich ein Lateinlehrer mit ihnen von Anfang an in kurzen, zusammenhängenden Sätzen unterhält. So soll er sie dahin bringen, ebenfalls in kurzen, klaren Sätzen lateinisch zu antworten, statt von ihnen zu verlangen, schon vor einer guten Kenntnis der lateinischen Sprache grammatische Regeln einzupauken. Auch dieser Ratschlag verdankt sich der Lektüre von Lockes berühmter Erziehungsschrift. Leider, so der junge Schulleiter, finden Kinder aber noch immer viel zu selten einen Lehrer, »der sich mit ihnen auf Lateinisch unterhält« oder »reizende kleine Erzählungen« in lateinischer Sprache zu ihrer Unterhaltung anzubringen weiß. Deswegen ist er auch besonders stolz darauf, daß er in Wismar als einer der ersten Lehrer in Deutschland einen am Erwerb der Muttersprache orientierten und noch dazu philosophisch veredelten Lateinunterricht anbieten kann.

Die ehrgeizigen Ansprüche, die Reimarus an seinen Unterricht stellt, entsprechen dann letztlich auch, wie er bekennt, den hochfliegenden Hoffnungen des »hochmögenden Wismarer Senats«. Denn wenn die Wismarer Schüler erst einmal gelernt haben, die Welt vorurteilsfrei, vernünftig und mit heiterem Sinn zu betrachten, so Reimarus, werden sie auch den Menschen, denen sie in ihrem Leben begegnen, grundsätzlich freundlich und unvoreingenommen gegenübertreten. Dies wird ihnen gerade auch in ihrem Beruf weiterhelfen. Außerdem werden sie ungefragt, sowohl in ihrer Heimatstadt als auch an allen anderen Orten ihres späteren Wirkens, das »Glück der Menschen« zu befördern suchen. Vor allem aber werden sie, so seine schönste Erwartung, ihr Leben lang gerne weiter lernen wollen, da sie doch in seinem vernunftbetonten und vergnüglichen Unterricht erfahren konnten, daß es nichts »Süßeres«, *suavius*, als das Lernen selbst gibt.

4. KAPITEL

Einbildungskraft

Johann Jakob Bodmer oder
Die Einsichten der Phantasie

ZÜRICH 1740. Die im nördlichen Voralpengebiet der
Schweiz gelegene Stadt an der Limmat bietet dem auswärtigen Betrachter ein Bild der Stabilität und des Friedens, auch des Wohlstands und politischer Ungebunden-
heit, wie es am Ende der 1730er Jahre für die meisten
anderen europäischen Orte vergleichbarer Größenord-
nung nicht eben typisch ist. Zwar fehlt ihr gänzlich das
dynamische Element jener hektischen ökonomischen Betriebsamkeit, das die nahezu konkurrenzlose Riesenstadt
London nun schon seit der Jahrhundertwende durchpulst.
Doch ebensoweit entfernt ist sie von der mißlichen wirtschaftlichen Lage, in welche das nur unwesentlich kleinere Wismar nach dem Ende des Nordischen Krieges geraten ist. Seit Generationen kennt die jetzt annähernd
8000 Einwohner zählende Stadt Zürich nun schon keine
Zeiten wirtschaftlicher Not mehr, ist politische Beständigkeit ihr augenfälligstes Charakteristikum. Vor allem
seiner besonnenen Politik des Sich-abseits-Haltens hat
Zürich es zu verdanken, daß weder der Dreißigjährige
Krieg noch irgendeiner der nachfolgenden größeren europäischen Konflikte der Stadt etwas anhaben konnten. So
ist militärische Neutralität auch zu Beginn des 18. Jahr-   **81**

hunderts ein eherner und unangefochtener Leitsatz des Zürcher Stadtregimentes geblieben. Zürich ruht gelassen in sich selbst.

Das Selbstbewußtsein der Zürcher Bürger, das jetzt, im Jahr 1740, besonders ausgeprägt ist, gründet allerdings nicht nur auf den Erfahrungen der jüngeren Historie. Es fußt auf einer jahrhundertealten, nahezu ungebrochenen Tradition schweizerischer Freiheitsgeschichte. Bereits im 13. Jahrhundert kann sich die in dieser Zeit noch zum Heiligen Römischen Reich gehörige Limmatstadt erstmals weitreichende Privilegien und Sonderrechte erwerben: Als Schauplatz mehrerer Reichstage ohnehin schon von den römisch-deutschen Herrschern bevorzugt behandelt, wird Zürich im Jahr 1218 vom Stauferkönig Friedrich II. in den Rang einer Reichsstadt erhoben, was zur Folge hat, daß der Rat der Stadt nun über alle formalen Kompetenzen einer kommunalen Selbstverwaltung verfügt.

Fortan geben sich die Zürcher selbst Gesetze. Die verfassungsrechtlichen Bestimmungen zur Bestellung des Rates sehen vor, daß das Herrschaftsrecht der Gemeinde bei den Stadtbürgern liegt, die alle aktiv wahlfähig sind. Bis um die Mitte des 14. Jahrhunderts wird aus diesen Bügern der Große Rat gebildet, ein 212 Mitglieder umfassendes Gremium, in dem die vornehmen Geschlechter der Stadt im Vergleich zu den Handwerkern deutlich unterrepräsentiert sind. Von Anfang an ist in Zürich die Chance zur Teilhabe am Stadtregiment sehr viel größer als beispielsweise in Bern, einer vergleichbaren Stadt der Region, wo die politische Machtausübung lange auf eine kleine Oberschicht, das Patriziat, beschränkt bleibt.

82 Um seine bürgerfreundliche Position in einem immer

stärker habsburgisch-österreichisch kontrollierten Umfeld zu sichern, schließt sich Zürich dann 1351 einem Landfriedensbund der um den Vierwaldstätter See gelegenen Orte Uri, Schwyz, Nidwalden und Luzern an. Die sogenannten Waldstätte, die ihre traditionellen Freiheiten ebenfalls durch das emporstrebende Haus Habsburg gefährdet sehen, haben bereits seit mehreren Jahrzehnten überzeugend unter Beweis gestellt, daß sie sich bei Gewalt von außen wechselseitig zu helfen vermögen. Ihr zur Friedens- und Freiheitssicherung geschlossener Schutzbund, dem sich bis zum Beginn der Reformation neben Zürich auch noch Glarus, Zug, Bern, Freiburg, Solothurn, Basel, Schaffhausen und Appenzell anschließen, firmiert in der Folge als dreizehnörtige »Eidgenossenschaft«. Diese eher lockere politische Föderation der »Schweiz« – wie die Eidgenossenschaft von ihren europäischen Nachbarn in Analogie zu ihrem Gründungsort Schwyz immer häufiger genannt wird – bleibt zwar in ihren Handelsinteressen den oberdeutschen Reichsstädten und Fürstenterritorien vielfach verbunden, setzt sich jedoch als freiheitlich-republikanisches Sondergebilde immer stärker vom grundsätzlich monarchisch organisierten Heiligen Römischen Reich ab. In Ansätzen entwickeln die Eidgenossen sogar ein ganz eigenes Nationalempfinden.

Ein verläßliches politisches Organ zur gemeinsamen Beschlußfassung besitzt die schweizerische Eidgenossenschaft in der »Tagsatzung«, einer mindestens einmal pro Jahr stattfindenden Gesandtenkonferenz. Delegierte aller dreizehn Orte pflegen während dieses Deputiertenkongresses Fragen von allgemeinem Interesse möglichst einmütig zu klären. Schuld- und Pfändungsverfahren, Münzregelungen, handelsrechtliche Fragen, und vor allem die Festlegung der gemeinsamen Außen- und Sicherheitspolitik bestimmen üblicherweise die Geschäftsordnung des Treffens. Die Durchsetzung der auf der Tagsatzung beschlossenen Vorhaben bleibt jedoch vor Ort den Obrigkeiten eines jeden Bundesmitgliedes vorbehalten. Eine andere Vorgehensweise ließe der starke Selbstbehauptungswille der einzelnen Orte auch gar nicht zu, da diese trotz ihres föderativen Zusammenschlusses durchaus auf ihre Selbständigkeit achten und zuzeiten sogar um den jeweils höheren Rang im eidgenössischen Bundesgeflecht buhlen.

Dem in der Reformationszeit zum neuen Glauben bekehrten Zürich gelingt es im 16. Jahrhundert, in der Hierarchie der dreizehn schweizerischen Bundesmitglieder eine allseits akzeptierte Vorrangstellung einzunehmen: Gemeinsam mit dem katholisch gebliebenen Luzern hat die Stadt an der Limmat nämlich seither das Recht, während der Beratungen auf der Tagsatzung noch vor den Gründungsorten Uri, Schwyz und Nidwalden als eidgenössischer »Vorort« das Wort zu ergreifen. Überdies hat Zürich das Privileg, die Gesandtenkonferenz einzuberufen und regelmäßig in seinen Mauern auszurichten. Wirtschaftlich ist Zürich in der dreizehnörtigen Eidgenossenschaft ebenfalls einer der führenden Orte: Durch die Säkularisierung der Klöster hat die Stadt einen solch ausgedehnten Grundbesitz erlangt und verfügt über ein derart hohes und regelmäßiges Einkommen, daß Steuern in Zürich bis Mitte des 18. Jahrhunderts nur ausnahmsweise erhoben werden müssen.

Als die gesamte Schweiz dann nach dem glücklich umgangenen Dreißigjährigen Krieg im Westfälischen Frie-

den von 1648 den Austritt aus dem Reichsverband
erreicht, von Frankreich und den Niederlanden als
eigenständiges Staatswesen anerkannt wird und somit
die völkerrechtlich legitimierte Unabhängigkeit erlangt,
verstehen die dreizehn eidgenössischen Orte ihr be-
währtes politisches Bündnis nunmehr als Konglomerat
quasi souveräner Republiken. Auch Zürich nennt sich
nicht mehr Reichsstadt, sondern bezeichnet sich stolz
und selbstsicher als »Republik Zürich«. Wenigstens dem
Titel nach begibt sich dieser schweizerische Hauptort damit im Europa der Monarchien auf Augenhöhe mit so
bedeutenden souveränen Stadtrepubliken wie Venedig
oder Genua. Prunkvolles Sinnbild der veränderten politischen Stellung wird Zürichs neues Rathaus, dessen Ein-
weihung die Bürger 1698 feiern können. Auf dem Portal
des stattlichen Gebäudes ist für alle sichtbar ein Schrift-
zug zu lesen, der sogar einen klaren Rückbezug auf Rom
herstellt, also auf die größte Stadtrepublik der Antike:
S.P.Q.T – Senatus Populusque Turicensis (Senat und Zürcher Volk).

Einen nicht minder bemerkenswerten Ausdruck findet
der gewachsene Zürcher Bürgerstolz im »Geschworenen
Brief« von 1713, der ersten gedruckten Verfassung der
Limmatstadt. In diesem neuen Grundgesetz der Republik
werden die großen politischen Freiheiten der Zürcher in
unüberbietbarer Deutlichkeit hervorgehoben. Besonders
betont wird die Souveränität der ganzen Stadtgemeinde:
Mit und neben dem Rat muß bei Kriegserklärungen,
Friedensschlüssen, Bündnisverträgen oder Verfassungs-
änderungen nämlich unbedingt die gesamte Bürgerschaft
konsultiert werden. Deren einhellige Zustimmung ist bei
Fragen, die das Gemeinwohl im Kern berühren, deswe-

85

gen unerläßlich, weil sich die Republik ja das »Glück« all ihrer Bürger zum Ziel gesetzt hat.

Eigentümlich ist nun, daß gerade jetzt, wo die staatsbürgerlichen Privilegien der Zürcher ein ganz neues Ausmaß erlangt haben, Stimmen honoriger Schweizer laut werden, die in der gesamten Eidgenossenschaft – und gerade auch in Zürich – noch immer zu wenige politische Freiheiten verwirklicht sehen. Gewarnt wird vor einem zu großen Maß an Selbstgefälligkeit. Denn wiewohl die Zürcher sich mit Fug und Recht über die eigene starke Stellung freuen können, ist nicht zu übersehen, daß die »Gnädigen Herren« der Stadt die Einwohner ihres unmittelbaren Umlandes – das im Laufe der Jahrhunderte durch Kauf und Verpfändung in den Besitz Zürichs gelangt ist – nach wie vor als Untergebene betrachten und ihnen deshalb die politische Mitsprache verwehren. Die meisten Zürcher verstehen nämlich allein die Stadt als Herrschaftsträgerin, die Landgemeinden der Republik hingegen als bloßes Untertanengebiet. Es gibt in Zürich also auch nach 1713 durchaus noch eine korrekturbedürftige Sozial- und Staatsordnung.

Auch im Verhältnis zu den katholischen Orten der Schweiz läßt das reformierte Zürich eine anmaßende Härte aufblitzen, die noch um die Jahrhundertwende undenkbar gewesen wäre. So ist es kurz vor Annahme der neuen Verfassung zwischen der Limmatstadt und den katholischen Gebieten der Innerschweiz anläßlich eines umstrittenen Straßenbauprojektes zu einem schwerwiegenden Konflikt gekommen. Zürich glaubt im Unterschied zu seiner außerhalb der Schweiz strikt gewahrten Neutralität, diesen nur durch Waffengewalt entscheiden zu können. Den bei Villmergen errungenen Sieg über die

Bundesgenossen benutzen die Zürcher dann kühl berechnend dazu, ihrem Herrschaftsgebiet auf Kosten der katholischen Orte weitere Landvogteien und ländliche Freiämter einzuverleiben. Daß Zürich beim Bruderkampf auch aktiv von Bern unterstützt wird, macht das Geschehnis in den Augen vieler schweizerischer Patrioten um keinen Deut erträglicher.

Bezeichnenderweise ist es ein Bürger Berns, der die unstatthafte Selbstzufriedenheit Zürichs (und seiner eigenen Vaterstadt) auf so eindrucksvolle Weise bloßlegt, daß seine Schriften in der Schweiz allerorten großes Aufsehen erregen. In seinen 1725 veröffentlichten *Lettres sur les Anglais et les Français* mutmaßt der Berner Patrizier Beat Ludwig von Muralt, daß es wohl der ungute Geist des französischen Absolutismus sei, der die traditionell freiheitliche Lebensart der Schweiz neuerdings zu verderben drohe. Immerhin setze diese verwerfliche Regierungsform noch eine Dekade nach dem Tod Ludwigs XIV. in vielen Ländern Europas politische Maßstäbe. Wie anders sei es sonst zu erklären, daß sich die Führungsschichten der mächtigsten schweizerischen Stadtrepubliken plötzlich mit dem bisher Erreichten zufrieden geben, statt – wie es sich gemäß der Logik der eigenen Freiheitsgeschichte gehörte – die politischen Mitsprachemöglichkeiten ihrer Untergebenen weiter zu vergrößern und auch den ländlichen Gebieten das volle Bürgerrecht zu gewähren. Schlimmstenfalls könne die in Bern und Zürich zu beobachtende Arroganz der Macht, die Frankreich ja schon seit Jahrzehnten kultiviere, sogar mittelfristig zur schleichenden Aristokratisierung der eidgenössischen Orte führen.

Jeder, der sich diesem besorgniserregenden politischen **87**

Trend entgegenstemmen wolle, sei daher dringend dazu eingeladen, nach England zu schauen. Denn das individualistische und unabhängige Volk der Briten beweise seit der Glorreichen Revolution von 1688, seit beinahe vier Jahrzehnten also, daß eine permanente Ausbreitung und Mehrung politischer und ökonomischer Freiheiten durchaus möglich ist und letztlich zum Wohl des ganzen Landes gereicht, zumal ein beständiger Zuwachs an Freiheit auch »den Geist erhebt«. Die erfolgreiche Staats- und Gesellschaftsform Großbritanniens sei deshalb auch für die Schweiz als eine unüberbietbare politische Inspiration zu begreifen. Die Eidgenossen, insbesondere die Bürger Berns und Zürichs, täten somit gut daran, sich vom Mut, dem unbändigen Freiheitswillen und der politischen Entschlußkraft der Engländer anstecken zu lassen. Schließlich sei es die so erstaunliche »Freiheit in ihren Gedanken und Gesinnungen«, die den entscheidenden Unterschied zwischen den Engländern und den Vertretern der »meisten andern Nationen ausmacht«.

Muralts, in der ganzen Eidgenossenschaft zirkulierende, *Lettres sur les Anglais et les Français* sind zwar der Auftakt zu einer langanhaltenden Debatte über das Wesen der Schweizer Freiheit, doch repräsentieren die in ihnen geäußerten Gedanken zunächst nur die Meinung einer Minderheit. Die meisten Eidgenossen sind auch in den 1730er Jahren zutiefst davon überzeugt, daß ihre bislang erreichten Freiheiten schon vollendet und praktisch unverlierbar sind. Bis hin zum Jahr 1740 ändert sich dieses Meinungsbild nicht wesentlich, wenngleich die Zahl derjenigen Bürger zunimmt, die einräumen, daß manche verfassungsrechtlichen Traditionen der Schweiz, einschließlich der vielgepriesenen politischen Gepflogenheiten der Republik Zürich, einer Überholung oder einer zeitgemäßen Erneuerung bedürfen.

Im saturierten Zürich gesellt sich nun zu dieser Zeit ein Mann zur kleinen, doch wachsenden Schar kritisch eingestellter Bürger, der als Geschichtslehrer an der dortigen Gelehrtenschule des Collegium Carolinum doch eigentlich den Auftrag hat, die ihm anvertrauten Kinder von der Größe und Bedeutung der bereits erlangten Zürcher Privilegien zu überzeugen. Schließlich soll er den Nachwuchs der Zürcher Stadtbürger ja zu begeisterten Republikanern erziehen. Doch gerade seine genaue Kenntnis der Zürcher Geschichte, die er durch ein gründliches Urkundenstudium in der Staatskanzlei der Limmatstadt erworben hat, führt ihm eindrücklich vor Augen, daß seine Landsleute im Vergleich zu ihren Vorvätern viel zu satt geworden sind und daß der frühere Freiheitsdrang der Schweizer nahezu ermattet ist. Wie Muralt erblickt er in den Engländern viel überzeugendere Vertreter eines modernen freiheitlichen Denkens als in seinen Zürcher Zeitgenossen.

So macht er es sich zur wichtigsten Aufgabe, seinen Schülern vor allem durch die Rückbesinnung auf vergangene Zeiten – aber auch durch den Verweis auf die gesellschaftliche Entwicklung Großbritanniens – eine neue Begeisterung für die immer junge Sache der Freiheit einzuhauchen. Er will ihre politische Einbildungskraft stärken. Und da er sehr gewissenhaft auf dieses Erziehungsziel hinarbeitet, führt er in seinen zu diesem Zweck verfaßten Schriften ein ums andere Mal vor, welche besonderen Einsichten allein die Phantasie dem Lernenden eröffnen kann – ob dem Studenten der Geschichte oder

89

dem Adepten einer anderen wissenschaftlichen Disziplin.

Der Werdegang dieses ambitionierten Lehrers, der Johann Jakob Bodmer heißt, weist verblüffende Parallelen
zum Lebenslauf seines deutschen Kollegen Reimarus auf.
Nur knappe vier Jahre jünger als der Hamburger, entstammt auch Bodmer väterlicherseits einer Pastorenfamilie. Und wie für Reimarus scheint es auch für ihn nur
eine, schon seit frühester Jugend vorgezeichnete Lauf-
bahn zu geben: Sein Vater, Zürcher Bürger und Pfarrer
in Greifensee, will aus ihm einen theologisch versierten
Gelehrten, im Idealfall einen Geistlichen machen. Dem
Besuch der Lateinschule folgt daher wie selbstverständlich die Aufnahme ins Collegium Carolinum, jener renommierten Zürcher Gelehrtenschule, die einer guten
Akademie durchaus ebenbürtig ist. Im Mittelpunkt der
Ausbildung, die Bodmer hier erhält, steht ein Religionsunterricht, der noch ganz im Sinne einer bruchlos tra-
dierten Orthodoxie erteilt wird.

Diese Art der religiösen Unterweisung befriedigt jedoch keineswegs das immense philosophische und historische Interesse, das Bodmer als Resultat seiner akri-
bischen philologischen Studien am Carolinum auch
entwickelt hat. Seinen privaten Lektürekanon bestimmen
daher – je länger, je mehr – die Schriften Lockes, die er
zunächst in französischer Übersetzung studiert. Lockes
Texte schärfen nicht nur seinen philosophischen Geist,
sie öffnen Bodmer auch die Augen für die faszinierenden
politischen Veränderungen und Neuerungen, die sich in
Großbritannien seit Ende des 17. Jahrhunderts ergeben
haben. Doch auch Lockes berühmte Erziehungsschrift,
die ihn nachhaltig beeindruckt, entgeht seiner Aufmerk-

samkeit nicht – zumal sich das darin zur Darstellung gebrachte pädagogische Ideal deutlich von der am Carolinum vorzufindenden, tristen Unterrichtswirklichkeit unterscheidet.

Im Frühjahr 1718 kehrt der vom offiziellen Lehrplan seiner Schule enttäuschte Bodmer dem Carolinum den Rücken, verzichtet auf ein weiterführendes Theologiestudium und begibt sich stattdessen auf eine längere Reise ins europäische Ausland. Auch diese wichtige Etappe seiner Biographie weist deutliche Analogien zur Karriere des Reimarus auf. Zwar führt ihn sein Weg ins französische Lyon, nicht nach England, doch kauft Bodmer in Frankreich bezeichnenderweise etliche Bände der neuesten englischen Literatur, die er eingehend studiert. Zu den von ihm in Lyon besorgten Schriften gehört auch eine vollständige Ausgabe von Addisons *Spectator*, der, in französischer Übersetzung, zu seiner Leib- und Magenlektüre wird. Was er an Addison besonders bewundert, ist jener ungemein anschauliche Schreibstil, durch den der Engländer die Imagination, die Einbildungskraft und das Vorstellungsvermögen seiner Leser in ganz neue, zuvor ungeahnte Dimensionen auszudehnen vermag.

Als Bodmer dann Ende des Jahres 1719 nach Zürich zurückkehrt, reift in ihm der Wunsch, ein dem *Spectator* nachempfundenes Wochenblatt in deutscher Sprache herauszugeben, um damit einen Beitrag zur Verbesserung der Sitten, des Geschmacks und des Geistes seiner Landsleute zu leisten. Ganz wie das englische Vorbild soll auch die von ihm geplante deutschsprachige Zeitung die Wohlfahrt der Mitbürger fördern – durch die genaue Beobachtung und die anschließende wortreiche »Ausmalung« wichtiger gesellschaftlicher Ereignisse und Zusammen- **91** hänge. Anfang des Jahres 1720 gründet er deshalb mit einigen Zürcher Freunden die »Gesellschaft der Mahler«, einen Bund gleichgesinnter junger Männer, die gemeinsam ein tragfähiges Konzept für die Gestaltung der neuen Zeitung entwerfen. Bodmers wichtigster Weggefährte bei dieser literarischen Unternehmung ist Johann Jakob Breitinger, ein ehemaliger Mitschüler, der ebenfalls das Carolinum besucht hat.

1721 geben Bodmer und Breitinger ihr von langer Hand geplantes Wochenblatt dann erstmals als hauptverantwortliche Redakteure heraus. Sie nennen die neue Zeitung *Discourse der Mahlern*, da sie ihre stets unter einem Pseudonym abgefaßten Artikel zumeist mit den Namen berühmter altdeutscher Meister unterzeichnen. So nennt sich Bodmer wahlweise Dürer oder Holbein. Gleich diesen großen Künstlern will auch er »nicht dunckel und kaltsinnig mahlen«, sondern seine Texte in hellen und frohen Farben leuchten lassen, um seinen »Eids= Genossen«, insbesondere den Zürcher Bürgern, das ihnen noch fehlende »Feuer der Imagination recht kräftig einzublasen«.

Das Programm der *Discourse* weist im übrigen viele Ähnlichkeiten zum fast zeitgleich in Hamburg erscheinenden *Patriot* auf, was aber kaum verwundert, da ja beide Periodika an dem, wie Bodmer sich ausdrückt, »Erlauchten Zuschauer der Engeländischen Nation« ausgerichtet sind. Aus diesem Grund nimmt Brockes, der Freund des Reimarus und Mitherausgeber des *Patriot*, auch schon 1723 brieflichen Kontakt zu Bodmer auf, um sich mit ihm über ihr gemeinsames Anliegen zu verständigen. Wie der *Patriot* handeln auch die Zürcher *Discourse* das Thema der Kindererziehung in aller Ausführlichkeit ab. Sie orientieren sich dabei ebenfalls an Locke – im 23. Diskurs des Jahres 1722 vor allem an seinen diätetischen Ratschlägen – und hoffen inständig, eine bessere Erziehung bald auch »in unseren Bergen einzuführen«.

Da Bodmer nun – parallel zu seiner Tätigkeit als Herausgeber und Autor der *Discourse* – als Freiwilliger in der Staatskanzlei arbeitet und dort, ohne an einen festen Auftrag gebunden zu sein, seit 1719 auch Einsicht in wichtige Quellen und Dokumente zur Historie der Limmatstadt nehmen kann, vermischt sich sein erzieherisches Interesse ab Mitte der 1720er Jahre mit einer wachsenden Begeisterung für die Geschichte Zürichs. Ihm geht auf, daß die nachahmenswerten politischen und pädagogischen Qualitäten der Engländer, die er seinen Mitbürgern in den *Discoursen* in leuchtenden Farben ausmalt, jenen Bürgertugenden ähneln, die zu früheren Zeiten durchaus schon einmal in Zürich verbreitet waren. So kommt er zu dem Schluß, daß das Propagieren traditioneller Zürcher (und altschweizerischer) Werte dem werbenden Verweis auf Großbritanniens gesellschaftliche Errungenschaften letztlich gleichzusetzen ist.

Als er 1725 zum Verweser der vakanten Professur für vaterländische Geschichte ans Carolinum bestellt wird, eröffnet sich ihm deshalb ein aufregendes neues Betätigungsfeld, das zur Verwirklichung seiner erzieherischen Absichten ganz neue Möglichkeiten bereit hält. An dem Ort, an dem er selbst nicht sonderlich gern zur Schule gegangen ist, kann er die ihm anvertrauten Kinder nun mit eben jener Verve und jenem Verständnis unterrichten, das er einst als Schüler bei seinen Lehrern vermißt hat. Jetzt kann er auch bei Jugendlichen jene Einbildungskraft **93** stärken, die er bislang nur bei den erwachsenen Lesern seiner Zeitung zu erwecken versucht hat. Und er kann ihrem politischen Vorstellungsvermögen durch die anschauliche Beschreibung der eigenen Historie – gerade auch im Vergleich zur englischen Freiheitsgeschichte – ganz neue Bereiche erschließen.

In der Tat zeichnet sich sein Unterricht von Anfang an durch einen libertären Grundzug aus. Der Pfarrer Johann Rudolf Schinz, ein guter Beobachter und Kenner von Bodmers Lehrtätigkeit am Carolinum, bestätigt denn auch (mit einem deutlichen Unterton wohlwollender Zustimmung), daß es der »Lieblings-Discours« des neuen Lehrers sei, von der »Freyheit des Menschen und Bürgers zu reden« – und dies auch noch gepaart mit einer »vorzüglichen Hochachtung für die Demokratie«. Schinz bezeugt zudem eindrücklich, wie sehr Bodmers pädagogische Methode Lockes Erziehungsschrift verpflichtet ist, denn er lehrt, wie der Pfarrer überrascht bekennt, »niemal im Professorton«, sondern »führ[t] nur Gespräche«. Außerdem ist er den Zöglingen der Gelehrtenschule nicht bloß Lehrer, sondern »ihr Freund«. Dadurch gelingt es Bodmer, die Schüler zum lebendigen Mitdenken anzuregen, was es ihm wiederum einfacher macht, »seinen Jüngern« die von ihm angepriesene »politische Wahrheit« während des Unterrichts »einzugiessen«.

Immer und immer wieder aber treibt Bodmer die bohrende Frage um, wie man den jugendlichen Freiheitssinn der Schüler möglichst lange bewahren kann, wie sich ihre politische Phantasie, die sie auch als Erwachsene beim Einsatz für eine freiheitliche Gesellschaft nicht verlieren dürfen, am besten beflügeln läßt. Dabei verfällt er auf den Gedanken, seinen Geschichtsunterricht mit

reich ausgeschmückten Erzählungen über allgemein bekannte Heldengestalten der Zürcher (und Schweizer) Freiheitsgeschichte zu würzen. Männer wie der Handwerker-
führer Rudolf Brun, der Zürich im 14. Jahrhundert ins
Bündnis mit der Eidgenossenschaft führte, oder der Ap-
felschütze Wilhelm Tell, den Bodmer zum gesamtschwei-
zerischen Heros und Repräsentanten der eidgenössischen
Urfreiheit stilisiert, spielen deshalb in seinen Lehrstunden
eine große Rolle. Seine Schüler sollen durch das Exempel
der historischen Gestalten, das sie ergötzt und ihre Einbildungskraft anregt, zu glühenden Liebhabern der Freiheit gemacht werden.

Da Bodmers Erzählkunst – die oftmals einer freien
Nachdichtung der Zürcher Geschichte gleichkommt
und deshalb von ihm selbst auch ganz bewußt als Ge-
schichtspoetik begriffen wird – von der Kraft seines Vor-
stellungsvermögens lebt, beschäftigt er sich zunehmend
mit der Frage, was dichterische Einbildungskraft überhaupt ist und wie sie sich in der Schule kultivieren läßt.
1727 erörtert er diese Zusammenhänge erstmals gemeinsam mit Breitinger in einer eigenständigen Schrift, dem
Traktat *Von dem Einfluß und Gebrauche der Einbil-
dungs=Kraft*. Die Einbildungskraft, ist dort unter anderem zu lesen, müsse notwendig »in den Schulen gelehrt
werden«, und zwar genauso selbstverständlich, wie man
»die Sprachen und die Wissenschaften studirt«. Während
Bodmers Wismarer Kollege Reimarus – der doch ebenfalls Entscheidendes von Locke und Addison gelernt hat –
seine Schüler zu eben dieser Zeit vornehmlich zum vernunftgemäßen Denken erziehen will, sucht der Zürcher
Geschichtslehrer also bei seinen Zöglingen vor allem
die Phantasie zu befördern. Allerdings stellt diese unter-   95

schiedliche Akzentuierung der jeweiligen pädagogischen Arbeit in Bodmers Augen durchaus keinen Widerspruch dar, da man ja, wie er findet, auch als phantasievoller Mensch »den Verstand genug ausgeschliffen« haben kann.

Auch als Bodmers Vertretungsprofessur im Jahr 1731 in eine ordentliche Professur umgewandelt wird, bleiben die Themenkreise Phantasie und Einbildungskraft für ihn von überragender Bedeutung. Besonders interessiert ihn nun, wie ein ausgeprägtes Vorstellungsvermögen den Schülern beim Lernen helfen kann. Tagaus, tagein stellt er deshalb im Unterricht einschlägige Beobachtungen an, doch erst Ende der 1730er Jahre fühlt er sich in der Lage, darüber umfassend Auskunft zu erteilen: In der 1740 in Zürich veröffentlichten *Critischen Abhandlung von dem Wunderbaren in der Poesie*, zeigt Bodmer höchst eindrucksvoll und mit aller ihm zur Verfügung stehenden Expertise, wie beim Menschen der Sinn für das Phantastische geweckt werden kann, für das im Alltag kaum Vorstellbare, für das Wunderbare – und welche besonderen Einsichten eben nur die Einbildungskraft gewährt.

Im Vorwort der *Abhandlung von dem Wunderbaren* klingt zunächst (gleichsam als Bodmers Ceterum censeo) das Leitmotiv all seiner bisherigen Arbeit als Schriftsteller und Pädagoge an: So beklagt Bodmer einmal mehr, daß es seinen Landsleuten seit geraumer Zeit »an einem freyen Geist mangelt«, der doch die alten Schweizer zu ihrem Ruhm und Vorteil stets ausgezeichnet habe. Frage man sich nun, wieso den Zeitgenossen dieses hohe intellektuelle Gut abhanden gekommen sei, müsse man sich eingestehen, daß ihre zu große Selbstzufriedenheit sie gegenwärtig zu »matt« mache. Diese geistige Mattigkeit unterdrücke nämlich die »Lustbarkeiten der Einbildungskraft«, die für den Entwurf einer zeitgemäßen freiheitlichen Perspektive schlicht unverzichtbar seien. Allerdings hegt Bodmer sehr selbstbewußt »die trostreiche Hoffnung«, zur Beseitigung dieses Mangels »nicht wenig beytragen« zu können.

Sein großes Selbstvertrauen verdankt sich ganz gewiß jenen überaus schmeichelhaften Erfahrungen, die er als Geschichtslehrer hat sammeln können. Denn ganz regelmäßig ist es ihm im Unterricht gelungen, seine jugendlichen Zuhörer für die eigene Freiheitsgeschichte zu begeistern, was ja nach seiner Einschätzung die beste Grundlage für ein – auch in die Zukunft weisendes – freiheitliches Bewußtsein der Schüler ist. Wie er in der *Abhandlung von dem Wunderbaren* ausführt, kommt es ihm nun bei dem Versuch, gerade jüngere Zeitgenossen für historische Vorgänge zu interessieren, stets darauf an, jene »Dinge, welche ausser unserer Sphär[e] liegen« – also die Taten »gantz anderer Menschen, als d[er] heut zu Tag lebenden« – so packend zu schildern, daß sie die »Einbildungs=Krafft mit der Neuigkeit und Selzamkeit deren Personen, welche vorgestellet werden« zwangsläufig »belustigen«. »Geschäfte«, »Manieren« und selbst »Kleidungen« der historischen Akteure müssen demnach so lebendig beschrieben werden, daß »die Geschichte derselben« in der Phantasie der Hörer als gegenwärtig empfunden wird.

Um diesem Anspruch gerecht zu werden, darf, ja muß der Historiker mitunter wie ein Poet zu Werke gehen. Denn nur das freie, phantasievolle Ausschmücken der von ihm erzählten historischen Begebenheiten erfüllt die **97**

Vergangenheit mit Leben. Deshalb ist es auch völlig legitim, daß er die unterschiedlichsten Bilder und Eindrücke von gegenwärtigen Geschehnissen in seiner Phantasie so frei zusammensetzt und miteinander verbindet, wie es ihm zur Erstellung eines ansprechenden Abbildes vergangener Ereignisse eben nötig scheint. Sogar die überbordende dichterische Erfindungsgabe eines Milton – den Bodmer wie Addison bewundert und dessen Lobpreis er etliche Seiten seiner Abhandlung widmet – kann ihn bei seiner Arbeit anleiten. Es ist also allein die Schöpferkraft und Phantasie des Geschichtenerzählers, die dafür sorgt, daß auch die Phantasie des Zuhörers angeregt und erweitert wird. Oder, wie Bodmer sich wortwörtlich ausdrückt: Es ist immer die »Einbildungskraft«, die »auf die Einbildungs=Kraft arbeitet«.

Selbstverständlich muß sich der Geschichtschreiber davor hüten, daß er bei dem Versuch, auf die Einbildungskraft seiner Leser oder Hörer möglichst nachhaltig einzuwirken, nicht von seiner Phantasie in solche Bereiche fortgetragen wird, die Bodmer selbst als »abentheuerlich« bezeichnet. Schließlich darf die vom Historiker kultivierte Einbildungskraft ihre letzte Begründung in der historischen Wahrheit niemals verlieren. Denn wenn der »Historicus« die »Wahrheit in der Historie mutwillig verfehlet«, wird er unweigerlich zum »Lügner«. »Und diese Regel«, so Bodmer, »gilt nicht nur in den grössern Theilen der Erfindung, sondern selbst in den kleinsten Stücken«. Deshalb hat er bei sehr bilderreichen Beschreibungen der Geschichte auch immer darauf zu achten, daß seine ausgreifende Phantasie »wahrhaft« ist und nicht den Regeln der Vernunft widerspricht.

98 Welche vorteilhafte Wirkung aber hat nun eine von

Vernunft und Wahrhaftigkeit geprägte Einbildungskraft auf das Lernen, und zwar nicht nur auf das Lernen im Geschichtsunterricht? Bodmers Antwort auf diese Frage, die ihn ja schon seit langem beschäftigt, fällt in der *Abhandlung von dem Wunderbaren* überraschend klar und eindeutig aus. Zum einen hilft die Phantasie dem menschlichen Geist dabei, den Prozeß des Begreifens von bislang unbekannten Zusammenhängen zu beschleunigen: Man lernt mit Hilfe einer trainierten Einbildungskraft ganz einfach schneller, da phantasievolle Menschen besonders experimentierfreudig sind und selbst dort nach Lösungen suchen, wo in dieser Hinsicht weniger erprobte Gemüter frühzeitig kapitulieren. Und als erfahrener Lehrer, der schon oft genug beobachtet hat, »wie langsam der menschliche Verstand von sich selbsten in Erlernung der Wissenschaften und der Künste« ist, wenn er nicht durch die Phantasie ständig neue Impulse erhält, weiß er gerade diesen Vorzug der Einbildungskraft zu schätzen.

Zum anderen dringen Lerneinheiten, die auf die Einbildungskraft anfeuernd einwirken, viel tiefer und dauerhafter ins Gedächtnis ein als ein zu abstrakt und wenig anschaulich vermitteltes Wissen. Dies, so Bodmer, liegt daran, daß ein phantasievoll aufbereiteter Unterrichtsstoff immer schon »das Hertz« gewinnt, »bevor der Verstand Zeit bekommt, sich umzusehen«. Genau dieser Umstand aber, daß die Einbildungskraft wie nur wenige andere »Ursachen und Triebräder« der menschlichen Empfindungen in der Lage ist, »das Hertz an[zu]greifen«, hat noch einen weiteren wichtigen Vorteil: So können Phantasie und Einbildungskraft nämlich auf ein schwaches, verzagtes Herz dahingehend einwirken, daß es lernt, seine verlorengegangene Tatkraft wiederzufin- **99** den, neuen Mut zu fassen und die Vision einer besseren Welt – die gegenwärtig noch als zu phantastisch oder wunderbar erscheinen mag – nicht nur zu entwickeln, sondern langfristig auch zu verwirklichen. Insofern stecken Phantasie und Einbildungskraft also immer voller Hoffnung, die ihrerseits eine ganz eigene Einsicht in die Veränderungsfähigkeit bestehender Verhältnisse gewährt, wie sie die Vernunft allein nicht immer bietet.

Doch Bodmer wäre nicht der an Locke und Addison geschulte Pädagoge, wenn er in seiner *Abhandlung von dem Wunderbaren* nicht auch abschließend etwas über die Freuden des Lernens zum Ausdruck bringen würde, insbesondere über die Freuden des durch die Phantasie bereicherten Lernens. Phantasievoll vorgetragene »Erzehlungen«, die über noch weitgehend unbekannte Geschehnisse, Sachverhalte oder Zusammenhänge aufklären, so Bodmer, »unterhalten und erregen« nämlich immer. Somit sollte jeder, dem ein möglichst vergnüglicher Wissenszuwachs eine Herzenangelegenheit ist, unablässig an die »Einbildungs=Krafft« appellieren, an die eigene und an die seiner Schüler. Denn mit ihrer Hilfe erfährt man etwas ganz Wesentliches über das Lernen: »Es ergetzet uns«.

5. KAPITEL

Aufrichtigkeit

Christian Fürchtegott Gellert oder
Die Reinheit des Lernwillens

LEIPZIG 1744. Wie schon seit einer langen, kaum mehr
zu überblickenden Kette von Jahren und Jahrzehnten,
in denen Europa etlichen sozialen und ökonomischen
Umwälzungen ausgesetzt war, ist die alte kursächsische
Handelsstadt auch jetzt, nahe der Mitte des 18. Jahrhunderts, in einen ganz besonderen, fast unwandelbar
scheinenden Lebensrhythmus eingebettet: Hier finden,
ungeachtet aller politischen Wechselfälle, bereits seit dem
Spätmittelalter Warenmessen statt, und zwar zu Neujahr,
zu Ostern und im Herbst. Es sind diese jeweils 14 Tage
andauernden Messen, die den Leipziger Bürgern Jahr
um Jahr aufs neue vor Augen führen, daß gewisse gesellschaftliche Großereignisse in pünktlicher Regelmäßigkeit
besorgt werden und unweigerlich wiederkehren.

Auch die jüngste Erschütterung des europäischen Friedens, also die im Winter 1740/41 vollzogene Annektie-
rung des zu Österreich gehörigen Schlesien durch den
jungen und ehrgeizigen Preußenkönig Friedrich II. (der
seinen Staat erst seit dem 31. Mai 1740 regiert), hat den
turnusgemäßen Ablauf der Leipziger Messen nicht stören
können. Obwohl Sachsen nahezu vollständig von preußischen und österreichischen Landen umgeben ist und   **101**

Truppen des preußischen Königs sogar durch neutrales sächsisches Gebiet marschiert sind, steht der Leipziger Handel weiter in großer Blüte. Wie in jedem Jahr werden in der an den Ufern der Pleiße gelegenen, mittlerweile 30.000 Einwohner zählenden Stadt Waren aus ganz Europa zur Schau gestellt und in großer Zahl verkauft.

Feilgeboten werden in Leipzig die unterschiedlichsten Handelsgüter, von russischen Pelzen bis hin zu heimischen Lerchen, die man, gerupft, gebraten und mit Eiern und Kräutern zu Pasteten verarbeitet, als vortreffliche lukullische Spezialitäten schätzt. Zu den mit Abstand wichtigsten Waren der Messen zählen jedoch Bücher. Denn Leipzig, seit 1479 ständiger Sitz von zahlreichen Druckereien, ist einer der führenden Orte des Buchdrucks überhaupt. Verlagsbuchhandlungen und Druckereien sind in der sächsischen Handelsmetropole seit Ende des 17. Jahrhunderts konzentriert wie nirgends sonst in Deutschland: Über 20 registrierte Buchhändler sind hier ansässig, und viele weitere planen nach Leipzig überzusiedeln. Nicht einmal mehr Frankfurt am Main, die ehemals führende deutsche Bücherstadt, kann Leipzig als Buchmarkt das Wasser reichen. Die Messekataloge, das wichtigste Informationsmittel der Buchhändler, führen für Frankfurt jetzt nur noch etwa 100, für Leipzig hingegen über 700 Titel an.

Das Publikum, das die drei jährlichen Leipziger Messen besucht und die Bevölkerungszahl der Stadt dabei um ein vielfaches vermehrt, kommt auch in diesem Jahr aus ganz Europa zusammen. Die meisten der auswärtigen Gäste sind Schweizer, Holländer, Italiener und Franzosen; doch auch Besucher aus Spanien, Großbritannien, Dänemark, Polen, Rußland, Griechenland und dem Os-

manischen Reich finden sich in Leipzig ein. Sämtliche
Gasthöfe der Stadt sind an den Messetagen belegt, alle
Kammern und jedes Gewölbe vermietet. Auch die zahlreichen Kaffeehäuser, Trinkstuben, Ausflugslokale und
Lustgärten Leipzigs und der näheren Umgebung sind
zum Bersten gefüllt. Außerdem werden den Messegästen
auf öffentlichen Plätzen eine Fülle von Lustbarkeiten geboten: Schauspiele, Seiltänzereien und Tierschauen mit
Löwe, Tiger, Panther, Elefant und Affen wechseln sich in
bunter Folge ab; Italiener verkaufen Makronen und frische Mandeln; Bänkelsänger singen vor ihrer Leinwand
neue Zeitungen ab; Tanzbären werden vorgeführt. So
kann zu Leipziger Messezeiten jeder, der will, eine ganz
elementare Spektakellust befriedigen. Denn die Stadt verwandelt sich dann in einen Ort, wie ein Leipziger Neu-
bürger in dieser Zeit an seine Familie schreibt, »wo man
die ganze Welt im kleinen sehen kann«.

Doch auch jenen Betrachtern des prallen menschlichen
Lebens, die sich nicht nur für Schaustellerkünste, Spiele
und gute Einkaufsmöglichkeiten interessieren, sondern
ihren Sinn eher auf das Studium der Sitten und der Moral
richten, bieten die drei Leipziger Messen einen einzig-
artigen Anschauungsunterricht. Denn da die in Leipzig
zusammenkommenden Menschen auch ihren religiösen
Neigungen offen nachgehen, kann jeder aufmerkame Beobachter der Messe miterleben, wie die miteinander Handel treibenden Messebesucher an den Wochenenden oder
Feiertagen ihren jeweils unterschiedlichen Gotteshäusern
zustreben, um dort Erbauung, moralische Läuterung und
geistlichen Zuspruch zu finden.

Diese von den Messegästen beanspruchte religiöse
Kultfreiheit ist jedoch alles andere als selbstverständlich, **103**

zumal zu einer Zeit, in der das Prinzip der Toleranz in vielen europäischen Ländern noch längst kein unantastbares Verfassungsgut ist. Auch der seit Reformationszeiten streng lutherische Rat Leipzigs, der das ganze Jahr hindurch in der Stadt sehr erfolgreich über die Reinhaltung des evangelischen Bekenntnisses wacht, gestattet es den Anhängern anderer Konfessionen und Religionen offiziell nicht, ihren Kultus auszuüben. Umgangen wird diese restriktive Religionspolitik des Leipziger Rates zu Messezeiten einzig deswegen, weil die kursächsischen Zentralbehörden in Dresden bemüht sind, alle Beeinträchtigungen eines friedlichen und reibungslosen Messeverkehrs auszuschließen. Zwar kann die Regierung des sächsischen Kurfürsten Friedrich August II. den Leipziger Rat nicht zwingen, seine starre Haltung aufzugeben, weil dies einen unerlaubten Eingriff in die städtische Selbstverwaltung bedeutet hätte. Doch umgeht der Kurfürst, der als König August III. von Polen ja selbst Katholik ist, die Zuständigkeit des Rates immer wieder geschickt und tut alles dafür, um den Kaufleuten fremder Religionsgemeinschaften ihren eigenen Gottesdiest zu ermöglichen.

So hat der sächsische Staat im kurfürstlichen Amtshaus zu Leipzig, das nicht der Botmäßigkeit des Rates untersteht, eine reformierte Kapelle eingerichtet, an der ein deutscher und ein französischer Prediger ihren Dienst versehen. Des weiteren existiert in der am Rande der Stadt gelegenen landesherrlichen Pleißenburg eine katholische Kapelle. Auch den Bekennern der griechisch-orthodoxen Konfession hat der Kurfürst auf diese Weise ein eigenes Bethaus verschafft. Und als die jüdischen Messekaufleute und -händler der Dresdner Regierung mit ihrem künftigen Fernbleiben drohen, falls man ihnen nicht endlich auch eine eigene Kultstätte zur Verfügung stellt, lenkt Friedrich August II. ebenfalls ein und veranlaßt, daß man ihre Gottesdienste zumindest stillschweigend duldet.

Daß Leipzig nun dreimal im Jahr zur Freistatt und zum Festplatz unterschiedlichster Glaubensgemeinschaften werden kann, doch im ganz gewöhnlichen Alltag unbeirrt an seiner strenggläubig-lutherischen Verfassung festhält, zeugt von einer durchaus zwiespältigen Geisteshaltung, die viele Beobachter dieser Vorgänge befremdet – zumal die zu Messezeiten praktizierte Toleranz im wesentlichen aus wirtschaftlichen und nicht aus prinzipiell-moralischen Erwägungen heraus gewährt wird. Da Leipzig der bedeutendste Geldplatz des Landes ist, über kapitalkräftige Handelshäuser verfügt und auch für auswärtiges Kapital attraktiv ist, will der sächsische Staat eben keinen reichen Kaufmann, gleich welchen Glaubens er ist, verprellen. Denn Leipzig, wo schon 1698 (kurz nach Gründung der *Bank of England*) eine Depositenbank errichtet wurde, soll gänzlich ungestört vorführen, was der europaweit in Ausbreitung begriffene Freihandel auch in Sachsen zu leisten imstande ist.

Kritisch beäugt wird die Doppelmoral städtischer und staatlicher Behörden insbesondere von Angehörigen der 1409 gegründeten Leipziger Universität, jener in ganz Deutschland geschätzten Hochschule, die neben dem Buchhandel und den jährlich abgehaltenen Messen als dritte Säule des Leipziger Kulturlebens gilt. Bereits 1736 hat der Sprach- und Literaturtheoretiker Johann Christoph Gottsched, der jetzt einer der bekanntesten Professoren dieser meistbesuchten Universität Mitteleuropas ist, eine Rede veröffentlicht, in der er der »heilsamen Dul-   **105** dung aller Religionen« das Wort redet und diese dauerhaft und keineswegs nur vorübergehend in der Gesellschaft verankert wissen will. Dabei läßt sich Gottsched nicht von wirtschaftlichen Überlegungen leiten, sondern von einem fundamentalen philosophischen Skeptizismus: Weil keine der auf den Leipziger Messen zusammenkommenden Religionsgruppen *beweisen* kann, daß sie im Besitz der Wahrheit ist, plädiert er im Umkehrschluß für die Duldung aller friedliebenden Bekenntnisse.

Aber auch jüngere Mitglieder der Universität melden gegenüber einer doppelten Moral in religiösen Dingen gravierende Bedenken an. Ein besonders kritischer Geist aus der Garde der nachrückenden Leipziger Hochschullehrer ist der 29jährige Magister Christian Fürchtegott Gellert, der sich gerade gewissenhaft darauf vorbereitet, seine ersten »Collegia zu lesen«. Als angehender Privatdozent, der den Leipziger Studierenden die wissenschaftlichen Grundlagen der Poesie, der Beredsamkeit und der Moral vermitteln soll, hat er sich vorgenommen, all jene menschlichen Verhaltensweisen, die Ausdruck von Bigotterie oder Scheinheiligkeit sind, in ihrer ganzen Unehrlichkeit zu entlarven, um ihren äußerst schädlichen Einfluß auf die Entwicklung einer freiheitlichen und humanen Gesellschaft offenzulegen. So früh wie möglich will er die ihm anvertrauten Studenten davon überzeugen, daß sich Aufrichtigkeit immer lohnt und daß ein politisches Gemeinwesen, das in moralischen Angelegenheiten mit zweierlei Maß mißt, dringend reformbedürftig ist. Und weil er durchaus zuversichtlich glaubt, daß sich Menschen zum Gebrauch guter Sitten erziehen lassen, Moral also *erlernbar* ist, ist für ihn im übrigen auch das
106 Lernen per se, das Lernen als geistige Aktivität, eine mo-

ralische Handlung, die sich stets durch die Reinheit und Lauterkeit des Lernwillens auszeichnen sollte.

Die überragende Bedeutung der Aufrichtigkeit und eines reinen Willens für das gemeinsame Leben *und* Lernen der Menschen ist Gellert schon in frühester Jugend in seinem zwischen Chemnitz und Freiberg gelegenen Geburtsort Hainichen aufgegangen. Als Sohn des dort wirkenden lutherischen Pfarrers Christian Gellert hat er die Forderung nach einem lauteren Lebenswandel nämlich nicht nur in den väterlichen Gottesdiensten vernommen, sondern auch in den häuslichen Unterweisungen des Vaters, der es sich nicht nehmen läßt, ihn und seine zwölf Geschwister vor dem Schuleintritt selbst zu unterrichten. Es ist dieser vom frommen, ehrenfesten Vater vorgelebte Lerneifer, der dem jungen Dozenten auch im weltgewandten Leipzig, erst recht im wissenschaftlichen Diskurs der Hochschule, ein nicht zu überbietendes Vorbild redlichen Studierens bleibt. Wohl auch deswegen kokettiert Gellert sogar in vornehmsten Universitätskreisen sehr oft und sehr gerne damit, aus einem kleinen bescheidenen Städtchen »im Erzgebürge« zu stammen, jenem sächsischen Mittelgebirge also, in dem ein besonders schlichter, genügsamer und redlicher Menschenschlag beheimatet sein soll.

Doch Gellert verhehlt deswegen nicht, daß auch er schon gegen das Gebot der Gewissenhaftigkeit beim Lernen verstoßen hat. Schließlich gehört es zur von ihm eingeforderten Aufrichtigkeit unbedingt dazu, auch eigene Fehler unumwunden einzugestehen. Noch als Erwachsener erinnert er sich deshalb sehr bewußt daran, wie er einmal in »jugendliche[r] Übereilung« durch unverzeih- **107** liche Nachlässigkeit bei der Vorbereitung eines Vortrags in eine äußerst peinliche Situation geraten ist. Seine unangenehme Erinnerung bezieht sich auf eine Lebensphase, als er, »ungefehr i[m] 15. Jahr«, erst seit wenigen Monaten die Fürstenschule St. Afra in Meißen besucht, jene von der kursächsischen Regierung finanzierte und deshalb auch sehr renommierte Erziehungsanstalt, in die nur die besten sächsischen Schüler aufgenommen werden. Es ist die Zeit des ersten Heimatbesuchs nach der Immatrikulation in St. Afra. Gellert wohnt wieder im elterlichen Pfarrhaus. Da erfährt er, daß ein kleines Kind aus der Gemeinde, sein Patenkind, verstorben ist. Für Gellert ist dieser traurige Moment zugleich ein Anlaß, seine in Meißen frisch erworbenen literarischen und rhetorischen Fähigkeiten vor einer großen Zuhörerschaft unter Beweis zu stellen. So bittet er den Vater inständig und schließlich auch mit Erfolg darum, den Leichensermon für das Kind halten zu dürfen.

Bei der Vorbereitung der Beerdigungsrede geht der junge Gellert nun mit Feuereifer, doch auch mit großer Überheblichkeit zu Werke. Er ist sich seiner Talente so sicher, daß er glaubt, den mit viel Pathos formulierten Text, auf dessen geschickte Komposition er sehr stolz ist, ohne große Mühen auswendig lernen zu können. Als er dann jedoch während seines freien Vortrags in der Kirche ins Stocken gerät, merkt er, daß er den Sermon viel zu flüchtig memoriert hat. Seine ganze Beredsamkeit verwandelt sich in eine einzige Betäubung. Er erstarrt und muß beschämt auf das Redemanuskript zurückgreifen, das er in einem Hut versteckt bei sich trägt. Zwar glaubt die Kirchengemeinde, das Gedächtnis habe den jungen

Rhetor zwischenzeitlich aus Betrübnis über sein verlorenes Patenkind im Stich gelassen, was manche Trauergäste sogar zusätzlich anrührt. Doch er selbst weiß nur zu gut, daß er eigentlich »ziemlich unverschämt« agiert hat, weshalb er sich über seine mangelhafte Vorbereitung auf die doch Pietät verlangende Beerdigung maßlos ärgert. Immerhin lernt er aus diesem Beispiel, daß man mit all seiner vorgeblichen »Weisheit« niemals so fahrlässig und »so hastig zu[fahren]« darf, wie er es in Hainichen als Jugendlicher in unrühmlicher Manier getan hat.

Der durch diese Erfahrung geläuterte Gellert wendet sich unmittelbar nach Ablauf seiner Meißener Schulzeit dem Theologiestudium zu, das er zwischen 1734 und 1738 an der Leipziger Universität absolviert. Seiner großen Liebe zur Literatur und zur Rhetorik bleibt er allerdings auch in der neuen Umgebung treu. Doch anders als noch in den ersten Jahren in St. Afra, wo er sich in seinem jugendlichen Drang zuweilen wie ein »feuerspeiender Aetna« vorkam, sind seine literarischen und literaturtheoretischen Bemühungen nun sehr viel ernsthafterer Natur. Zwar schreibt er noch immer Vorträge und Gedichte, jedoch mit mehr Bedacht und mit weniger Ungestüm als in den Jahren zuvor.

Mäßigenden Einfluß übt auf ihn vor allem der berühmte Professor Gottsched aus. Gottsched, dessen poetologische Ansichten mittlerweile in der ganzen deutschsprachigen Welt, also auch in der Schweiz, gehört und diskutiert werden, hält es für die Aufgabe jedes seriösen Dichters, in erster Linie den vernunftgemäßen Bau der Welt zu preisen und die dort vorherrschende strenge Gesetzmäßigkeit der Natur abzubilden. Anders als Bodmer, dem Gottsched nachdrücklich widerspricht, läßt er nicht das Wunderbare, sondern nur das nüchtern Wirkliche in **109** der Dichtung gelten. Nicht ausschweifende Phantasie, sondern der ordnende Verstand hat den Poeten anzuleiten. Deshalb bekämpft er auch erbittert Singspiel und Oper, vertreibt sogar in Leipzig den bis dahin unentbehrlichen Hanswurst in feierlicher Handlung von der Bühne. Für Gottsched ist die Literatur eine äußerst ernste Angelegenheit.

Der gewissenhafte Theologiestudent Gellert läßt sich von Gottsched fürs erste tief beeindrucken. Doch bevor er sich dem Universitätsprofessor, neben der Lehre, auch im persönlichen Umgang annähern kann, wird er aus Geldmangel dazu genötigt, die Leipziger Hochschule vorübergehend zu verlassen, um sich als Erzieher und Hauslehrer ausreichende finanzielle Rücklagen zu erwirtschaften. Ab 1739 unterrichtet er in der Nähe von Dresden die jungen Grafen Magnus Heinrich und Rudolph Erdmann von Lüttichau, ab 1740 dann einen seiner Neffen in Hainichen. In diesen Jahren stellt er viele wertvolle pädagogische Reflexionen an. Nebenbei betätigt er sich aber auch immer als Gelegenheitsdichter, zumal die zahlreichen Texte, die er bei Hochzeiten, Taufen, Geburtstagen, Amtsübernahmen oder Trauerfällen für angesehene Bürger und Standespersonen verfaßt, eine wichtige zusätzliche Einnahmequelle sind.

Erst 1741 gelingt ihm die Rückkehr nach Leipzig, wo er mit größtem Einsatz sein Studium fortsetzt und nun auch von Gottsched ausdrücklich dazu ermuntert wird, möglichst anspruchsvolle Lyrik zum Lob einer sittlichen Weltordnung zu verfassen. Tatsächlich steuert Gellert in kürzester Zeit über 50 Gedichte zu der angesehenen literarischen Monatsschrift *Belustigungen des Verstandes und des Witzes* bei, die ganz den Kunstanschauungen

Gottscheds verpflichtet sind. So weist er in dem 1743 veröffentlichten Gedicht *Menschenliebe* das Ideal der Hu-
manität sehr rationalistisch als ein für alle verbindliches
Gebot aus, weil es »die Natur befiehlt« und »die Vernunft
gebeut«.

Doch während Gellert sich als Literat auf der Höhe
der Zeit zu bewegen glaubt, macht er noch im selben Jahr
die folgenreiche Bekanntschaft mit einigen neuimmatri-
kulierten Kommilitonen. Die überzeugen ihn schon bald
vom Gegenteil, so daß er seinen »bis 1743« kultivierten
literarischen »Geschmack« später gar als »schlecht oder
doch sehr unreif« verwirft. Was die neuen Bekannten an
seiner bisherigen Dichtung auszusetzen haben, bezieht
sich nicht auf die von ihm gewählten Themen der Menschlichkeit, der Aufrichtigkeit und des redlichen Handelns,
sondern auf die allzu nüchterne Darstellungsweise dieser
doch herzerwärmenden Tugenden. Denn im Gegensatz
zu Gottsched fordern diese jungen Studenten eine gefühl-
volle Literatur, die auch der Sinnlichkeit, der Phantasie
und der Einbildungskraft genügend Raum geben sollte.

Zu diesen agilen, »durch die Zeit aufgeklärten Freunde[n]«, die seinem literarischen Schaffen ganz neue Impulse verleihen, zählt Gellert neben seinem erzgebirgischen
Landsmann Johann Andreas Cramer aus Jöhstadt vor
allem den Hamburger Johann Arnold Ebert. Beide, Cramer
und Ebert, die acht Jahre jünger sind als er, erschließen
Gellert neue Welten. Ebert, ein Schüler des Reimarus
(der inzwischen aus Wismar in seine Vaterstadt Hamburg
zurückgekehrt ist, wo er nun als Professor am Akademischen Gymnasium lehrt), macht ihn erstmals gründlich mit Locke und Addison vertraut, weckt seine Leidenschaft für die Lektüre des *Spectator* und bringt ihm

111

sogar in »leichter«, weil »freundschaftliche[r]« Lehrart »das Englische« bei. Den Gesprächen mit Cramer verdankt er die Einsicht, daß auch eine sittlich lautere Dichtung durchaus mit der von Bodmer empfohlenen Einbildungskraft gewürzt werden darf, wenn sie Wirkung zeigen soll. Die an Locke, Addison, Reimarus und Bodmer geschulten jungen Studenten zeigen Gellert also, daß sich Redlichkeit und Aufrichtigkeit sehr wohl mit leichter Ironie, kernigem Humor und Phantasie paaren läßt, sowohl im Leben als auch in der Literatur.

Als Cramer und Ebert dann zu Beginn des Jahres 1744 gemeinsam eine neue Zeitschrift herausgeben, die ganz dezidiert als Gegenentwurf zu Gottscheds *Belustigungen des Verstandes und des Witzes* angelegt ist, erklärt sich Gellert zur Mitarbeit bereit. Seine erste größere Arbeit, die er eigens für diese *Neuen Beyträge zum Vergnügen des Verstandes und Witzes* konzipiert, ist das Lustspiel *Die Betschwester*, in dem er einen höchst originellen Ton trifft, der zugleich durch seinen moralischen Anspruch, aber ebenso durch Heiterkeit, große Anschaulichkeit und Phantasie gekennzeichnet ist. In diesem Drama nimmt er genüßlich die Doppelmoral seiner strenggläubigen Leipziger Mitbürger aufs Korn, die er in Gestalt einer alten und reichen lutherischen Witwe, eben der Betschwester, zu Wort kommen läßt. Sich nach außen fromm und rechtschaffen gebend, gehorcht die Frau in ihrem Innersten dem selbstsüchtigen Grundsatz, daß man immer »erst an die Seinigen, an sein Hauß, an sich« denken muß. Zudem verbietet die hartherzige Alte ihrer Tochter die Lektüre von guter englischer Literatur, insbesondere des *Spectator*, da deren Autoren als Engländer »die Calvinistische Religion« haben. Nur weil ihre Habgier am Ende durch Geldgeschenke befriedigt wird, akzeptiert die Witwe schließlich die Vorlieben ihrer Tochter. Parallelen zum Gebaren des Leipziger Rates während der Messezeiten sind im Verhalten der Betschwester nur allzu deutlich erkennbar.

Zwar wird dieses neuartige Lustspiel, das die religiösen Heuchler so lange verlachen soll, »bis wir sie klüger lachen«, erst im zweiten Band der *Neuen Beyträge* abgedruckt, doch hat Gellert bereits mit den Vorarbeiten zu diesem Stück einen schrifstellerischen Weg eingeschlagen, dem er auch in seiner im Herbst 1744 vorgelegten Habilitationsschrift über ein Thema der Literaturtheorie treu bleibt. Als er dann nach seiner Habilitation von der Leipziger Philosophischen Fakultät beauftragt wird, regelmäßige Vorlesungen über Moral zu halten, fließen seine Anschauungen über die Vermittlung von Aufrichtigkeit und Redlichkeit wie selbstverständlich in die von ihm meisterhaft ausformulierten akademischen Vorträge ein, die sich über weite Strecken auch mit dem Erlernen der Moral und der Moral des Lernens befassen.

Gellerts Vorlesungen über Moral, die er den Leipziger Studenten vom »Jahre 1744« an »unausgesetzt« vorträgt, werden von seinen Hörern durchweg als herausragende universitäre Veranstaltungen erlebt. Dies liegt vor allem an seiner vollendeten und überaus ergreifenden Redekunst, die die Studierenden packt, fasziniert und auf seltsame Weise anrührt: Wer den Ausführungen dieses Dozenten lauscht, meint plötzlich sein besseres Selbst zu entdecken. Glaubt man den Berichten Johann Wolfgang von Goethes, einem seiner berühmtesten Hörer aus späterer Zeit, zeichnet sich der zu Herzen gehende Vortrags- **113** stil Gellerts durch einen »etwas hohlen und traurigen Ton« aus, der aber dennoch als höchst »angenehm« empfunden wird, weil er eine echte und aufrichtige »Teilnahme« am Wohl der Studenten erkennen läßt. Derart anziehend wirkt dieser, wie Goethe hinzufügt, »reine Wille« Gellerts, daß das philosophische Auditorium während seiner Moralischen Vorlesungen stets »gedrängt voll« ist. Meist finden sich bei ihm annähernd 400 Hörer ein.

Gellert hat also auf dem Katheder ein Glück, das nur wenige Universitätslehrer haben, denn auch die geschicktesten Professoren werden nicht immer durch einen gut gefüllten Hörsaal belohnt. Außerdem hat er höchst interessierte Zuhörer, was in einem vollgepfropften Auditorium keineswegs eine Selbstverständlichkeit ist. Ein genauer zeitgenössischer Beobachter der deutschen Universitäten, der Schriftsteller Johann Gottlieb Schummel, weiß ein Lied von der üblichen Unachtsamkeit der Studenten zu singen: »Nur die allerkleinste Hälfte kommt, um zu hören und zu lernen: Der größte Haufe aber gafft entweder unachtsam die Wände an, oder schläft den gestrigen Rausch aus, oder plaudert, oder führt sich sonst auf eine unanständige und ungesittete Art auf.« Um so erstaunlicher findet es Schummel, daß Gellert hingegen die »gesittetste und aufmerksamste« Hörerschaft hat, die man sich nur denken kann. Sogar »Kaufleute, Kaufmannsdiener, Künstler« und auch »manchmal Juden« kommen zu ihm, »alle von dem Verlangen getrieben, aus seinem Munde Weisheit zu hören«.

Auch für den Vortragenden selbst sind die Vorlesungen ein ganz besonderes Ereignis. Gellert empfindet die Gegenwart eines ihm und seinen Ansichten gewogenen Publikums als so bereichernd und kostbar, daß er sich entschließt, seine im Laufe der Jahre kaum überarbeiteten Vorlesungsmanuskripte erst nach seinem Tod in Druck zu geben. Tatsächlich werden seine Moralischen Vorlesungen auch erst postum, im Jahr 1770, in Buchform vorgelegt (um dann sogleich ins Französische, Dänische, Niederländische, Polnische, Ungarische, Schwedische und Englische übersetzt zu werden). Somit darf sich jeder, der seinen Ausführungen beiwohnt, glücklich schätzen, Gellerts Lehren von ihm selbst vortragen zu hören. Gefeiert, ja zelebriert wird demnach in seinen Vorlesungen die unvergleichliche moralische Wirkung des gesprochenen, des lebendigen Wortes.

Doch mit welchen Argumenten versucht Gellert nun seine geschätzten Hörer – die er stets als »theuerste Commilitonen« anredet – für einen sittlich einwandfreien, aufrichtigen und redlichen Lebenswandel zu gewinnen? Zunächst einmal appelliert er an ihren »moralischen Instinkt«, der, wie er hervorhebt, den Herzen aller Menschen von Geburt an »eingedrückt« ist. So weist er darauf hin, daß derjeinge, der gegen die doch zutiefst menschliche Neigung, rechtschaffen zu handeln, permanent verstößt, früher oder später »eine Folter des Gewissens« erleben wird, die sein Dasein unglücklich macht. Wie viel befriedigender ist es hingegen, »das Gefühl des ruhigen Herzens« sowie »die Freuden der Unschuld und eines unverletzten Gewissens« zu genießen. Der Mensch »kann gar nicht anders glücklich werden«, als wenn er mit einem »aufrichtigen und rechtschaffenen Herzen« sich selbst und auch andre »froh« macht. Er ist zur »Menschenliebe« geschaffen.

Abgesehen davon, daß sich jede moralisch gute Tat im- **115** mer selbst belohnt, ist ein rechtschaffener Lebenswandel zugleich auch die entscheidende Voraussetzung für beruflichen Erfolg. Denn der »sicherste Weg, zu Reichthum und bürgerlicher Gewalt zu gelangen, bleibt allezeit«, wie Gellert hervorhebt, der Weg der »Aufrichtigkeit« und »Gefälligkeit im Umgang«. Und falls man doch einmal, trotz redlichen Bemühens, die Anerkennung, »die man verdient«, »durch Verleumdungen und List der Menschen« nicht erlangen sollte, bleibt dem Rechtschaffenen immer »die Freude, recht gethan zu haben«, die ihn »auch unter der Last der widrigsten Begebenheiten aufrecht« hält und ihm »bald wieder neue Kräfte« zuführt, auch wenn ihm »die Größe des Unglücks einige entzogen hat«.

Wiewohl Gellert Aufrichtigkeit und Rechtschaffenheit somit als grundsätzlich beglückende und gewinnbringende menschliche Tugenden beschreibt, weiß er doch sehr wohl, daß sie »stets Achtsamkeit und Ueberwindung erfordern«; denn wenn sie uns »so leicht und natürlich« wären, »als der Schlaf oder der Hunger«, würden sie »kein Werk der Freyheit und des Geistes seyn«. Oftmals verspürten wir nur »eine große Trägheit« und ein daraus resultierendes »Unvermögen zum Guten«, dem dann mit aller Entschlossenheit entgegengetreten werden müsse. Dann gelte es, verstärkt auf »den Trieb d[es] Gewissens« zu hören, um sich selbst beherzt zuzurufen: »Lerne es empfinden«, daß der »Wandel mit Aufrichtigkeit« deine tägliche »Pflicht« aber auch »dein Glück ist«.

Gellert zweifelt nicht daran, daß bereits die »gute Absicht«, der »redliche Fleiß« eines gewissenhaften Menschen dazu beiträgt, daß er sich sittlich vervollkommnet. Jeder, wirklich jeder kann sich im rechtschaffenen Handeln üben. Ein moralisch guter Lebenswandel ist erlern-

bar. Unverzichtbar ist es allerdings, »ein weises Mißtrauen« in sich selbst zu hegen, mit »einem forschenden
Verstande« nach noch bestehenden moralischen »Irrthümern« Ausschau zu halten, um sie gemäß einer neuerworbenen »Erkenntniß« für alle Zukunft fahren zu lassen.
Man darf sich nie mit dem Erreichten zufrieden geben,
lernt also nie aus, »denn jeder Tag ist ein neues Leben für
dich«.

Weil Rechtschaffenheit nun erlernt werden kann, beschäftigt sich Gellert in seinen Vorlesungen auch ganz
folgerichtig mit den Voraussetzungen guten Lernens sowie der Praxis des redlichen Wissenserwerbs. So stellt er
fest, daß alle Menschen, ob gewollt oder ungewollt, ihr
Leben lang immer wieder neue Erfahrungen und Entdeckungen machen, die ihre gewohnten Auffassungen,
liebgewordenen Einstellungen oder alten Gewißheiten
mindestens auf die Probe stellen, wenn nicht gar zutiefst
erschüttern. In regelmäßigen Abständen »löschen« auch
die »klärsten Begriffe« ganz »allmählig aus« und wir müssen »unsere Erkenntniß« gründlich »erneuern und reinigen«. Die Menschheit muß sich demnach beständig im
Lernen üben, zumal jeder einzelne Erdenbürger nur »eine
Zeit lang auf einen kleinen ziemlich dunkeln Planeten
gesetzet« ist und in aller Demut erkennen sollte, daß wir
nur über »den Theil vom Lichte« der Erkenntnis verfügen, »der sich für unsern gegenwärtigen Zustand schicket«
und den wir benötigen, um unserer »Bestimmung gemäß
zu handeln«.

Immerhin besitzen wir mit der Vernunft ein »unschätzbares Geschenke«, das uns befähigt, im für unser Leben
nötigen Umfang »Wahrheit und Irrthum« zu unterscheiden. Wir können unseren Verstand zum »eigenen Nach- **117**

sinnen gewöhnen« und ihn auch mit Hilfe guter Freunde, guter Lehrer, oder guter Bücher kontinuierlich schärfen. Gellert verweist in diesem Zusammenhang auch auf die einschlägigen Schriften des »Professors Reimarus in Hamburg, die sich beides durch die Güte des Innhalts und der Schreibart« empfehlen. Und daß der menschliche Verstand bei entsprechendem Lerneifer und Fleiß ganz Erstaunliches herauszufinden vermag, beweisen allein schon die jüngsten Erfolge der besten Naturwissenschaftler, die eine wirkliche »Mannichfaltigkeit der Pflanzen« entdeckt haben, »deren man schon über dreyßig tausend« beschrieben hat und mit deren medizinischen Kräften sehr »viele Krankheiten und Gebrechen der Menschen« geheilt worden sind. »Wer also«, folgert Gellert, »durch die natürlichen Mittel des Unterrichts« und der Erfahrung »verständiger und weiser werden kann, (und dieses können wir alle werden) und diese Mittel versäumet, oder nachlässig gebraucht, der sündiget an seinem Verstande«.

Da der menschliche Verstand jedoch nur dann optimal zur Wissenserweiterung eingesetzt werden kann, wenn er mit peinlicher Gewissenhaftigkeit in Gebrauch genommen wird, warnt Gellert seine Hörer vor einer Anzahl von Eigenschaften, die das vernunftgemäße, redliche Lernen erschweren oder gar behindern. Hüten sollte sich demnach jeder Lernende vor »Uebereilung« im Denken, »um nicht mit seinem Urtheile zu schnell zu seyn«. Auch sollte man seine Lernergebnisse nicht zu rasch veröffentlichen, sondern die neu gewonnenen Anschauungen zuvor von einem kompetenten Kritiker überprüfen lassen, am besten von einem Freund, »der verständig genug ist, die Wahrheit zu erkennen, und großmüthig genug, sie zu sagen«. Weiterhin kommt es darauf an, die an sich gute »Einbildungskraft«, die doch das lebhafte Denken und die Merkkraft des Gedächtnisses sehr fördert, nicht mit zu großer Zügellosigkeit walten zu lassen, sondern sie beständig »unter der Aufsicht des Verstandes« zu halten.

Außer einer falschen Hast sind dem aufrichtigen Lernen aber vor allem auch die egoistischen Begierden der Menschen höchst abträglich: Einerseits Faulheit, die Vermeidung von Anstrengung, der man deshalb zuneigt, »weil es unendlich leichter ist, den Beweis zu schon entdeckten Wahrheiten zu finden, als die Wahrheit selbst zu entdecken«; andererseits falsche Ehrsucht, da der Mensch häufig weiser sein will als andre, »weil er sich übermäßig liebt«. Wer aber nur deshalb »gelehrt seyn« will, »um berühmt und groß, um die Bewunderung der Welt zu werden«, wird einen unredlichen »Kaltsinn gegen fremde Verdienste entwickeln«, der sich dann auch zum Schaden der eigenen Gelehrsamkeit auf den durch Neid korrumpierten Verstand auswirkt. Denn der Trieb nach wissenschaftlicher Ehre, der sich nicht auf eigene, wahre Verdienste stützt, führt zu einem »blöde[n] Auge« und schadet überdies »dem gemeinen Wesen und der Glückseligkeit der Anderen«. Anstrengung, die regelmäßige Distanzierung und Überprüfung alter Ansichten, Anerkennung auch fremder Lern- und Forschungsleistungen, wenn diese besser und weiterführender als die eigenen sind, und ein gewissenhafter Gebrauch des eigenen Verstandes – dies sind nach Gellert die unverzichtbaren Tugenden des redlich lernenden Menschen.

Diese Tugenden können und sollen im übrigen auf möglichst unterhaltsame Weise vermittelt werden. Denn »der Ernst der Moral«, wie Gellert schreibt, »verwirft **119** nicht alle Heiterkeit des Witzes«. Er selbst versteht es ja auch glänzend, sittliche oder unsittliche Charaktere »in satyrischen Gemälden« mit sehr viel Humor darzustellen, etwa so, wie er es ja auch im Lustspiel *Die Betschwester* vorführt. Deshalb verkündet er seinen Studenten auch den Grundsatz: »Der Docent darf in seinen Vorlesungen Munterkeit anbringen«. Und er gibt vor ihnen in aller Aufrichtigkeit zu, das Prinzip des fröhlichen Lernens von Locke und in vielfacher Hinsicht auch von Addison übernommen zu haben, dessen *Spectator* er »vorzüglich lieb[t]«, weil es ein »angenehmes Lehrbuch ist«. Denn, wie Gellert mit Nachdruck betont, »[d] er wird nie arbeitsam gemacht, der nicht mit Lust und Verstand arbeiten lernt«. »Strengt man ihn an«, nur um ihn »zur Arbeitsamkeit zu gewöhnen: so wird man ihn in einen verdrüßlichen Ekel stürzen«.

Nur das mit Lust vermittelte Lernen bereitet dem aufrichtigen Studierenden also Vergnügen, und zwar auch dann, wenn er sich ganz alleine, auf seiner Kammer oder auch außerhalb der Universität, der »lehrbegierigen Erforschung« noch unbekannter Zusammenhänge widmen sollte. Er wird dann nämlich gewahr, daß es »das reizendste Vergnügen« ist, »die Kräfte des Geistes zu üben und verstärken«, daß uns der »Besitz der Einsicht und Wahrheit« zutiefst glücklich macht. Selbst das Erkennen und Verbessern von Fehlern – das ihm deswegen gelingt, weil er ehrlich, redlich und streng gegen sich selbst ist – genießt er »mit tausend Freuden«, da es letztlich seine Erkenntnis vertieft.

6. KAPITEL

Gemeinnützigkeit

Benjamin Franklin oder
Der Ertrag des Lernens

PHILADELPHIA 1749. Fast siebzig Jahre nach ihrer Gründung inmitten der nordamerikanischen Wildnis zählt die ausgedehnte Ansiedlung am Ufer des Delaware River bereits zu den vier größten Städten des britischen Weltreichs, nach London, Edinburgh und Dublin. Eine von den Bürgern mit äußerster Akribie durchgeführte Zählung ihrer Häuser, die zumeist aus leuchtend roten Backsteinen bestehen, hat soeben ergeben, daß hier 12.736 Menschen leben. Philadelphia beherbergt damit deutlich mehr Einwohner als jede andere Siedlung der britischen Kolonien Nordamerikas, einschließlich der beiden älteren und noch vor wenigen Jahrzehnten größeren Städte New York und Boston. Zugleich ist sie die reichste und am schnellsten wachsende Stadt des nordamerikanischen Kontinents. Dank ihrer großen wirtschaftlichen Freiräume können selbständige Kaufleute, Händler oder Rechtsanwälte hier zu erheblichem Wohlstand gelangen. Aber auch einfache Angestellte und Arbeiter bekommen in Philadelphia weitaus bessere Löhne gezahlt als im englischen Mutterland.

Im Hafen am Delaware, von wo aus die offene See, der Nordatlantik, schon nach einigen Meilen leicht zu erreichen ist, wird mehr gebaut als an jedem anderen amerikanischen Ankerplatz. Zwar galt bis vor wenigen Monaten noch Boston als das größte Schiffsbauzentrum der Kolonien, doch hat es diesen Titel jetzt an Philadelphia abtreten müssen, aufgrund der riesigen Nachfrage und wegen der großen Eschenholzvorräte im unmittelbaren Hinterland der Stadt. In der Nähe der mit guten Aufträgen versehenen Werften sind viele Werkstätten angesiedelt, große und kleine Betriebe, Schmieden, Segelmachereien, Gerbereien, Destillerien und Walkmühlen. Die Geschäfte blühen, die finanziellen Zuwachsraten sind sehr beachtlich, und es sind vor allem die mittleren Schichten der Einwohnerschaft, die sogenannten »middling People«, die am meisten von der Prosperität Philadelphias profitieren.

Zuwanderer aus ganz Europa, die schon in ihrer Heimat von den am Delaware vorhandenen Entfaltungsmöglichkeiten gehört haben, strömen ohne Unterlaß in die Stadt. Außer Engländern und Schotten sind dies vor allem Iren und Deutsche. Insbesondere die deutschen Immigranten, die zumeist aus der Kurpfalz und aus ärmeren Landstrichen entlang des Neckars und des oberen Rheins stammen, treffen seit den 1720er Jahren in immer größerer Zahl ein. Unter den fast 40.000 Europäern, die den Atlantik allein im Jahr 1749 von Irland und Amsterdam aus überqueren, um in Philadelphia an Land zu gehen, befinden sich nach den Beobachtungen eines zeitgenössischen nordamerikanischen Chronisten »24 oder 25 Segelschiffe mit deutschen Familien«, die »nahezu 12.000 Seelen« mitbringen. Viele dieser Neuankömmlinge zieht es von Philadelphia aus weiter ins Landesinnere, doch bleiben etliche von ihnen auch dauerhaft am Delaware wohnen.

122

Die große Attraktivität der Stadt, ihr seit Jahrzehnten ungebremster Aufschwung, sind keineswegs Resultate des bloßen Zufalls: Sie sind von William Penn, dem Gründer Philadelphias, von langer Hand und mit weiser Voraussicht geplant worden. Denn wenn es jemals einen Mann gab, der alleine eine ganze Stadt schuf, dann war dies Penn. Sein Lebenslauf ist so schillernd wie beeindruckend. 1644 als Sohn des englischen Kriegshelden Admiral Sir William Penn geboren, entwickelt er als junger Student im Oxford der 1660er Jahre eine profunde Abneigung gegen die für ihn eigentlich vorgesehene Militärlaufbahn. Stattdessen fühlt er sich zur Religionsgemeinschaft der Quäker hingezogen. Die Mitglieder dieser pazifistischen Freikirche werden vom englischen Staat, dessen Regierung zu dieser Zeit noch absolutistische Willkür walten läßt, brutal verfolgt und eingesperrt, da sie jeden Kriegsdienst radikal ablehnen. Als Glaubensbruder der Quäker verbüßt auch Penn mehrere lange Haftstrafen.

Mit dem Tod seines Vaters im Jahr 1670 ändern sich Penns Lebensumstände von Grund auf, denn er erbt den Anspruch auf die Rückzahlung von 16.000 Pfund, die sich der englische König Charles II. in den zurückliegenden Jahren von Admiral Penn geliehen hat. Penn schlägt dem Monarchen nun ein eigenwilliges Geschäft vor: Er ist bereit, dem König seine Schulden zu erlassen, wenn dieser ihm seinerseits Land aus den amerikanischen Besitzungen der Krone überläßt. Dieses Land will Penn zu einem Zufluchtsort für alle religiösen Minderheiten machen, die wie die Quäker wegen ihres Glaubens verfolgt werden. Und das Erstaunliche geschieht: Der König willigt in das Angebot ein und überschreibt seinem dissentierenden Untertan ein westlich von New Jersey gelegenes, waldreiches Territorium, das im Osten vom Delaware begrenzt ist.

Penn nennt den neuerworbenen Grund und Boden wegen seines dichten Waldbestandes »Sylvania«, also ›Waldland‹, und versieht diesen Namen noch – im respektvollen Angedenken an seinen Vater – mit der Vorsilbe »Penn«. Als »Eigentümer« dieser nunmehr »Pennsylvania« genannten englischen Kolonie entscheidet er ferner, daß die zukünftige Hauptstadt seines neuen Landes »Philadelphia« heißen soll: die Stadt der ›brüderlichen Liebe‹. Damit will er kundtun, wie sehr ihm am einträchtigen Miteinander der Menschen gelegen ist, die hier dereinst siedeln sollen. Um möglichst viele europäische Kolonisten für sein Projekt der Bruderliebe zu gewinnen, läßt er in Großbritannien und in Deutschland Flugblätter verteilen, die die Vorzüge des neuen, noch zu errichtenden Gemeinwesens in leuchtenden Farben ausmalen.

Als er im Herbst 1682 erstmals den Atlantik überquert, um sein neues Land selbst zu regieren und den Bau der Hauptstadt anzuleiten, stellt er erfreut fest, daß sich schon viele hundert Siedler eingefunden haben, die mit ihm die Stadt Philadelphia errichten wollen. Er entwirft den Straßenplan, teilt die Grundstücke ein, verkauft den ersten Kolonisten die besten Bauflächen und reserviert daneben noch genügend Ländereien für zukünftige Verkäufe oder Verpachtungen. Dem benachbarten Indianerstamm der Delawaren leistet er für die Besiedlung der vom König übertragenen Gebiete faire Ausgleichszahlungen. Weil er mit den Indianern in Frieden leben möchte und ohnehin kriegerische Auseinandersetzungen verabscheut, trifft er auch keine Maßnahmen zur Errichtung **124** von Stadtmauern oder anderen Befestigungsanlagen.

Der offene, friedliche und tolerante Charakter seiner
Stadt wird von Penn auch juristisch bekräftigt. 1701 er-
läßt er eine *Charter of Privileges*, eine Art Grundgesetz
Pennsylvanias, in der er »jeder Person«, die in seiner
Kolonie und ihrer Hauptstadt lebt, das freie Glaubensbekenntnis garantiert. Denn niemand, so Penn, darf »wegen seiner Gewissensentscheidungen« auch nur ansatzweise »belästigt oder übervorteilt werden«. Diese segensreichen Verfügungen, die sogar die liberalen Religions-
gesetze der zwischenzeitlich im Mutterland vollendeten
»Glorreichen Revolution« übertreffen, locken Massen von
freiheitsliebenden Siedlern aus den unterschiedlichsten
Kirchen und Glaubensgemeinschaften ins Land: Quäker,
Presbyterianer, Baptisten, Herrnhuter, Lutheraner, Calvinisten, Anglikaner und seit Beginn der 1740er Jahre
auch Juden. Sie alle bringen die wirtschaftliche Entwicklung Philadelphias in Schwung: Die vielen neuen Ar-
beitskräfte und der dadurch anwachsende Markt lassen
die Produktion rasch ansteigen, so daß die Kaufleute über
immer mehr Kapital verfügen. Dem wirtschaftlichen
Aufschwung zuträglich ist es überdies, daß in der Kolonie ja scheinbar unbegrenzt fruchtbares Land zu sehr
erschwinglichen Preisen zur Verfügung steht, das von jedermann zu ökonomischen Zwecken genutzt werden
kann.

So stellt sich Philadelphia einem ausländischen Reisen-
den, der die Stadt um die Mitte des Jahrhunderts besucht,
als ein »besonders angenehmer« Ort dar, dessen Wohlstand allein schon dadurch zum Ausdruck kommt, daß
die meisten Straßen gepflastert und überall Bürgersteine
aus karminroten Ziegeln angelegt sind. Außerdem fällt
ihm auf, daß es selbst in England, »wenn überhaupt, nur

125

wenige Städte gibt, die besser mit Laternen der besten Qualität illuminiert sind und deren Nachtwache so gut organisiert ist«. Die Bürger der Stadt sind nicht zuletzt deshalb an einer gut funktionierenden Infrastruktur ihres Wohnortes interessiert, weil diese in ihren Augen die unverzichtbare Grundlage eines für alle gleichen Lebensstandards ist. Wie wenig in Philadelphia der Standesdünkel zählt, läßt sich daran erkennen, daß selbst sehr reiche Kaufleute oder Freiberufler in Stadthäusern allenfalls mittlerer Größe leben, die zudem mit recht schlichten und einfach eingerichteten Geschäftsräumen ausgestattet sind. Die Stadt am Delaware strahlt also im Jahr 1749 ganz offensichtlich einen derart moderaten Bürgersinn und lebendigen Gemeingeist aus, wie er in dieser Zeit an nicht vielen Orten des europäisch-transatlantischen Kulturraums anzutreffen ist.

Wiewohl sich Philadelphias günstige Entwicklung nun in vielerlei Hinsicht auf die glücklichen Umstände der Stadtgründung zurückführen läßt, kann das beeindruckende Gemeinwesen am Delaware doch nur deshalb so gut gedeihen, weil sich immer wieder einzelne Bürger dazu bereit finden, das öffentliche Wohl mit einem Höchstmaß an Eigeninitiative weiter zu befördern. Gerade weil es eine sehr breite Schicht von engagierten Bürgern gibt, die den Ausbau und die stetige Verbesserung der städtischen Einrichtungen mit großem Geschick vorantreiben, ist in der Stadt vieles zum besten bestellt. Keiner der rührigen Einwohner Philadelphias aber hat in der Stadt dermaßen viel bewegt und bewirkt wie der überaus erfolgreiche und gewiefte Verleger, Buchdrucker und Journalist Benjamin

Franklin aus Boston, der nun schon seit einem Vierteljahrhundert in seiner Wahlheimat Philadelphia lebt und mittlerweile ihr angesehenster Bürger ist. Auch verkörpert keiner so vollendet den nordamerikanischen Typus des hart arbeitenden Selfmademan, der sein Leben trotz bescheidener Anfänge durch Fleiß und Beständigkeit zu meistern versteht und, gemäß dem alten Sprichwort, seines eigenen Glückes Schmied ist.

Franklin entstammt in der Tat einem sehr einfachen und biederen Elternhaus. Nichts deutet zur Zeit seiner Geburt darauf hin, daß er sich einmal zu bedeutender Stellung in der Welt emporarbeiten wird. Sein Vater, ein englischer Nonkonformist calvinistischer Prägung, ist noch vor der »Glorreichen Revolution« ins puritanische Boston ausgewandert, um dort seinen von der anglikanischen Kirche abweichenden Glauben ungestört praktizieren zu können. Neben Benjamin, dem jüngsten Sohn, hat er noch sechzehn weitere Kinder zu ernähren. Als Seifensieder und Kerzenzieher, der nur über ein geringes Einkommen verfügt, kann er längst nicht allen seinen Sprößlingen eine geregelte Schulbildung finanzieren. Auch Benjamin Franklin geht nur ein Jahr lang zur Lateinschule. Dann muß er, obwohl er der Klassenbeste ist, diese Lernanstalt schon wieder verlassen, weil der Vater das fällige Schulgeld nicht mehr aufbringen kann.

Seinen weiteren Bildungsgang bestreitet Franklin als Autodidakt. Doch unterstützt ihn sein Vater, der die große intellektuelle Begabung seines Jüngsten erkannt hat und sie nach Kräften fördern will, bei der Auswahl guter Lektüre. Aus seiner eigenen kleinen Bibliothek überläßt er dem wiß- und lesebegierigen Sohn verschiedene gehaltvolle Bücher, von denen vor allem eines den allergrößten Eindruck auf das Gemüt des Jungen macht: **127**

Es ist die Schrift *Bonifacius* (auch *Essays to Do Good* genannt), eine 1710 erschienene Abhandlung des Bostoner Kanzelredners Cotton Mather, die der erst zehnjährige Franklin gewissenhaft durcharbeitet und mit bleibendem Gewinn verinnerlicht.

Mathers im *Bonifacius* ausgebreitete Essays verfolgen ein ganz besonderes Anliegen: Sie weisen ihre Leser, ob jung oder alt, mit beredten Worten darauf hin, daß das Vollbringen guter Taten als »der große Zweck des Lebens zu gelten habe«. »Je mehr Gutes ein Mensch verrichtet«, so Mather, »desto mehr lebt er wirklich«. Kein Tag dürfe verstreichen, ohne daß man Gutes getan oder wenigstens geplant habe. Gleich nach dem morgendlichen Aufstehen müsse sich ein jeder die Frage stellen: »Was kann ich für die Wohlfahrt derer tun, um die ich mich kümmern sollte?« Dabei dürfe man sich nach vollbrachten guten Taten niemals auf seinen Lorbeeren ausruhen. Folglich zeichne sich ein redlicher Mensch durch einen unermüdlich tätigen, großen Gemeingeist aus, einen *publick spirit*, der ihn stets auf das Wohl seiner Mitbürger bedacht sein lasse. Um nun gemeinnützige Taten möglichst effektiv und schnell ausführen zu können, so Mather weiter, sollten sich vor allem »junge Männer« zu »Reformgesellschaften« zusammenschließen, in denen der gemeinsame Aufbau wichtiger gesellschaftlicher Institutionen am leichtesten geplant und bewerkstelligt werden könne.

Franklin fühlt sich von Mathers Aufruf zum gemeinnützigen Handeln unmittelbar angesprochen, doch noch ist er nicht in dem Alter, das es ihm erlauben würde, die frisch empfangenen Anregungen in die Tat umzusetzen – auch wenn er sich dies für die Zukunft fest vornimmt. **128** Vorerst versucht er, seinen schier unersättlichen Lesehunger zu stillen, was nicht ganz leicht ist, da er die Bücher seines Vaters schon nach kurzer Zeit von Anfang bis Ende durchgelesen hat. Eine einzigartige Möglichkeit schier unbegrenzter Buchbeschaffung bietet sich ihm dann im Jahr 1718, als er bei einem seiner älteren Brüder eine Lehre als Buchdrucker beginnt. Als dessen Gehilfe wird er in die Lage versetzt, die ihn besonders interessierenden Neuerscheinungen bei gebührend vorsichtiger Behandlung auszuleihen und nach Arbeitsschluß zu lesen. Lockes in immer neuen Ausgaben veröffentlichte Schriften sowie Addisons *Spectator*, der, wie Franklin findet, »mehr zur Verbesserung des Geistes der *britischen* Nation beigetragen« hat als die Texte »auch nur irgendeiner anderen *englischen* Feder«, zählen zu seiner Lieblingslektüre. Ein echter Büchernarr, ein »bookish lad«, ist der junge Drucker geworden.

Nach fünfjähriger Lehrzeit ist es Franklin allerdings leid, für seinen älteren Bruder, der ihn oft barsch anfährt und herrischer als nötig behandelt, bloße Zulieferdienste zu leisten. Er will verantwortungsvollere Aufgaben übernehmen, will selbst Bücher redigieren oder gar eigenständige Texte verfassen. Als sein Bruder ihm trotz der vorgebrachten Klagen nicht entgegenkommt, entschließt er sich kurzerhand dazu, in den Dienst eines anderen Druckers überzuwechseln. Weil aber keiner der in Boston ansässigen Verleger bereit ist, den unzufriedenen Franklin bei sich einzustellen, geht der aufbegehrende Jüngling im Herbst 1723 ganz aus Boston fort. Über New York gelangt er nach Philadelphia, wo er endlich eine neue, ihm genehme Anstellung als Druckergeselle findet.

Seinem neuen Arbeitgeber, der ihm große Freiräume gewährt, macht er sich schon bald unentbehrlich. Weil er **129** den fünf Lehrlingen der Druckerei täglich neue Kenntnisse beibringt und sich nicht zu schade ist, Druckerschwärze oder fehlende Gießformen selbst herzustellen, entwickelt er sich schnell zum Liebling aller Kollegen. Einer der Mitarbeiter, der um zehn Jahre ältere Hugh Meredith, hält besonders große Stücke auf Franklin. Ihm imponiert, mit welcher handwerklichen Versiertheit der junge Mann aus Boston auch die schwierigsten Arbeitsvorhaben angeht und bewältigt. Nachdrücklich ermuntert er Franklin deshalb dazu, mit ihm gemeinsam eine neue Druckerei aufzumachen. Als Merediths Vater die zur Geschäftsgründung nötige Geldsumme vorstreckt, geht Franklin auf den Vorschlag des Freundes ein. Im Juni 1728 eröffnen die beiden Jungunternehmer in Philadelphia ihr eigenes Geschäft auf der Market Street, unterhalb der Second Street, ganz in der Nähe des Kais.

Schon wenige Wochen nach ihrem Eintritt ins öffentliche Geschäftsleben haben die beiden Drucker so viele Aufträge akquiriert, daß sie auf Monate hinaus beschäftigt sind. Als die Geschäftslage auch noch ein Jahr später gleichbleibend gut ist, entschließt sich Franklin, ein unternehmerisches Wagnis einzugehen: Er gründet eine Zeitung. Am 2. Oktober 1729 gibt er die erste Nummer der *Pennsylvania Gazette* heraus, die innerhalb kürzester Zeit zur meistgelesenen Zeitung der britischen Kolonien Nordamerikas wird. Es sind Franklins journalistische Qualitäten, die der Zeitung zu ihrem großen Erfolg verhelfen, da er ein ungemein witziger und pointenreicher Beobachter des Geschehens in Philadelphia und Pennsylvania ist. Zudem zeichnet sich sein Blatt auch dadurch aus, daß darin ganz unterschiedliche Meinungen vor einem großen Lesepublikum ausgebreitet und geprüft werden. Franklin glaubt nämlich, wie er in einem Editorial schreibt, daß, »wenn Menschen sich in ihren Meinungen voneinander unterscheiden, beide Seiten zu gleichen Teilen den Vorzug genießen sollten, in der Öffentlichkeit Gehör zu finden«. Nur in einem »fairen Wettstreit von Wahrheit und Irrtum« könne nämlich ermittelt werden, welcher der miteinander konkurrierenden Ansichten die größere Plausibilität zukomme. Und nur auf der Grundlage eines freien Meinungsaustausches ließen sich dann Entscheidungen herbeiführen, die für das Gemeinwohl von größtem Nutzen seien.

Schon die mit großer Sorgfalt edierte *Pennsylvania Gazette* beschert Franklin ein beträchtliches Einkommen. Wirklich wohlhabend wird er jedoch, als er ab 1732 mit dem *Poor Richard's Almanack* auch noch eine Kalenderschrift herausgibt, von der er jährlich bis zu 10.000 Exemplare absetzt. Weil sein Kompagnon Meredith, der 1730 als Farmer nach North Carolina abgewandert ist, zwischenzeitlich aus dem gemeinsamen Geschäft ausgestiegen ist, fließt der Erlös aus dem Verkauf des Almanachs ausschließlich in Franklins eigene Tasche. Doch Franklin publiziert diese Schrift nicht nur aus Gründen des Profites: Er nutzt den Kalender, der mit allerlei Sprüchen und Geschichten versehen ist, zugleich zur Belehrung der einfachen Leute, die außer einem Almanach kaum andere Bücher kaufen. Die Botschaft, die er den Handwerkern und Bauern Pennsylvanias in seiner Kalenderschrift verkündet, besteht im wesentlichen in der Aufforderung, mit Fleiß und Sparsamkeit zu einem guten Auskommen zu gelangen, um dann mit dem erwirtschafteten Geld gemeinnützige Taten zu verrichten. So hebt er im *Poor Richard's Almanack* mit an Mather erinnern- **131** den Worten an zentraler Stelle hervor, daß »die nobelste Frage der Welt« lautet: »Welche guten Taten kann ich in ihr verrichten?«.

Franklin beläßt es nicht bei wegweisenden Worten: Er geht den von ihm ermunterten Landsleuten auch selbst mit gutem Beispiel voran. Bereits seit der Zeit seiner Geschäftsgründung trifft er sich mit zwölf engen Freunden zu regelmäßig tagenden Gesprächskreisen, die sich – ganz im Sinne der von Mather vorgeschlagenen »Reformgesellschaften« – mit der Behebung gesellschaftlicher Mängel befassen. Als der Freundeskreis zu dem Schluß kommt, daß Philadelphia dringend eine jedermann zugängliche Bibliothek benötigt, gründen die jungen Männer unter Franklins Anleitung mit der »Library Company of Philadelphia« die erste öffentliche Leihbibliothek Nordamerikas. Diese »Library Company« soll wissensdurstigen Menschen die Gelegenheit geben, sich im Selbststudium weiterzubilden. Die von Franklin und seinen Freunden aufgetriebenen ersten fünzig Subskribenten der Bibliothek, die sich an dem Projekt mit zunächst 40 Shilling Anfangskapital und dann mit einem jährlichen Beitrag von 10 Shilling beteiligen, finanzieren den Ankauf vieler guter Bücher, die überwiegend aus London eingeschifft werden. Das schöne, von Franklin selbst erdachte Motto der Leihbibliothek lautet ganz und gar treffend: Communiter bona profundere Deum est (Gemeinsam Gutes hervorströmen zu lassen, ist etwas Göttliches). Als die Gemeinschaft der Subskribenten dann auf weit über 100 Mitglieder anwächst, erhält die Bibliothek auch finanzielle Zuwendungen seitens der staatlichen Behörden von Pennsylvania.

Außer der Bibliotheksgründung gelingt Franklin und

seinen Freunden noch der gemeinsame Aufbau der ersten professionellen Feuerbrigade Nordamerikas sowie die Organisation jener von auswärtigen Besuchern hochgelobten Nachtwache Philadelphias, in welcher gut bezahlte und achtbare Hausväter ihren regelmäßigen Dienst versehen – was erst durch Einführung einer staatlichen Spezialsteuer möglich gemacht wird. Wieder übernimmt der pennsylvanische Staat also die Schirmherrschaft über ein Reformprojekt, das zunächst von einer Bürgerinitiative unter Franklins Führung angeregt worden ist. Daß Franklin seit 1737 auch Schriftführer des pennsylvanischen Kolonialparlamentes ist und in dieser Position die besondere Aufmerksamkeit und Gunst vieler Staatsbeamter genießt, erleichtert die Realisierung seiner Projekte um ein Vielfaches. Und immer läßt er sich bei seinen Reformbestrebungen von dem Grundsatz leiten, daß »das menschliche Glück« nicht so sehr »durch die nur selten vorkommenden großen Fälle von günstigen Schicksalsfügungen als durch die täglich vorkommenden kleinen Vorteile« hervorgebracht wird.

Selbst als er sich 1748 als erst 42jähriger Mann aus dem aktiven Geschäftsleben zurückzieht und die Leitung seiner florierenden Druckerei an seinen besten Mitarbeiter übergibt, um sich als arrivierter, reicher Bürger fortan die Tage besser einteilen zu können, bleibt er für das Gemeinwohl tätig. Wie er in einem Brief an seine Mutter bekennt, will er nämlich, daß man dereinst von ihm sagt: »Er lebte ein gemeinnütziges Leben« und nicht: »Er starb reich«. So füllt er die gewonnenen Mußestunden mit Lektüre und wissenschaftlichen Studien aus, um zu ermitteln, ob es ihm auf der Grundlage neu erworbener Kenntnisse nicht vielleicht gelingen möchte, »etwas zum 133 gemeinsamen Wohl der Menschheit herzustellen«. Besonders versessen ist er darauf, das Geheimnis der Elektrizität zu ergründen, das als eines der größten naturwissenschaftlichen Rätsel seiner Zeit gilt.

In der »Library Company« erarbeitet er sich zunächst durch ein intensives Bücherstudium den aktuellen Wissensstand der führenden europäischen Physiker, um die von ihnen beschriebenen elektrischen Experimente anschließend in seinem eigenen Haus nachzustellen. Nach und nach ersinnt er auch eigene Versuchsanordnungen, mit deren Hilfe er das Wesen der Elektrizität zu erfassen sucht. Er findet heraus, daß es sich bei allen elektrischen Phänomenen um Spannungs- und Entladungsvorgänge handelt, weshalb elektrische Ladung durch das Mittel der Reibung auch nicht im eigentlichen Sinne produziert, sondern nur gesammelt werden kann.

Ungeachtet dieser für seine Zeit bahnbrechenden Erkenntnisse zeigt er sich in einem im April 1749 verfaßten Brief an den Londoner Wissenschaftler Peter Collinson »ein wenig verärgert« darüber, daß er trotz seines neuerworbenen Wissens noch immer nicht in der Lage ist, »auf diese Weise etwas zum Nutzen der Menschheit zu entdecken«. Seine übergroße Skepsis schwindet jedoch, als er noch im selben Jahr den Nachweis erbringt, daß ein Gewitterblitz ein elektrisches Phänomen ist und daß sich die in Gewitterwolken aufgestaute Spannung immer dort entlädt, wo sie auf Vorsprünge und Spitzen stößt. Aufgrund weiterer, im Herbst 1749 durchgeführter Experimente gelangt er schließlich zu der Auffassung, daß »Häuser« und »Kirchen« mit Hilfe von auf ihnen installierten und dann geerdeten Eisenstangen zukünftig »wirkungsvoll vor dem Einschlag eines Blitzes geschützt werden können«. Und mit dieser so einfachen wie genialen Idee hat Franklin in der Tat eine Erfindung gemacht, die das Wohl der gesamten Menschheit befördert, da sie einer der verheerendsten Naturgewalten ihren Schrecken nimmt: Als Konstrukteur des Blitzableiters wird er gleichsam über Nacht ein weltberühmter Mann.

Daß Franklin überhaupt einen solchen Erfolg als Wissenschaftler feiern kann, verdankt er, wie er selbst nur zu gut weiß, zu einem wesentlichen Teil seiner außergewöhnlichen intellektuellen Begabung. Gerade weil er aber über sehr seltene geistige Talente verfügt, taugt sein eigener Bildungsgang als Autodidakt nur bedingt zum Vorbild für andere. In Franklins Augen ist eine höhere Schulbildung daher immer noch die beste Voraussetzung für eine wissenschaftliche Karriere, weshalb er genau in jenem Moment, als sich sein Ruhm als Physiker weltweit auszubreiten beginnt, in Philadelphia die Gründung einer leistungsfähigen Akademie vorschlägt. Immerhin benötige doch »ein jedes Land«, wie er im August 1749 in der *Pennsylvania Gazette* schreibt, zum Nutzen aller seiner Einwohner einen gewissen »Prozentsatz an gelehrten Männern«.

Wieder schließt er sich mit über fünfzig vermögenden Einwohnern Philadelphias zusammen, um mit ihnen gemeinsam die erste Hochschule Pennsylvanias zu gründen. Alle an dieser Bürgerinitiative beteiligten Personen legen zunächst innerhalb weniger Wochen die bemerkenswert hohe Summe von 2000 Pfund zusammen, um den Ankauf eines geeigneten Schulgebäudes, das man bereits im Herbst 1749 ausfindig macht, realisieren zu können. Sodann werden 22 Mitglieder aus dem Kreis der Akademiegründer als Kuratorenkollegium (*board of trustees*) eingesetzt, um den weiteren Aufbau und Werdegang der Akademie zu beaufsichtigen. Dieses Leitungsgremium wählt Franklin zu seinem Präsidenten, der sofort eine *Satzung der öffentlichen Akademie in der Stadt Philadelphia* verfaßt, die festlegt, daß die Schulaufseher auch über eine weitreichende pädagogische Weisungsbefugnis verfügen: So können sie nicht nur die Lehrer und Schüler auswählen, sondern auch den Lehrplan weitestgehend festlegen. Als Schulgeld fordert Franklin die vergleichsweise geringe Summe von jährlichen 4 Pfund pro Schüler.

Da die neue Akademie unter Franklins Führung ganz bewußt als Erziehungsanstalt mit ausgesprochen multikonfessionellem Charakter angelegt wird, entstammen sowohl die neueingestellten Dozenten wie auch deren Zöglinge ganz selbstverständlich allen in Philadelphia ansässigen Religionsgemeinschaften. Ein für alle verbindliches Glaubensbekenntnis gibt es nicht. Damit ist die Akademie in Philadelphia tatsächlich die erste überkonfessionelle Lehranstalt der britischen Kolonien Nordamerikas, da die drei älteren Colleges in Harvard, Yale und Princeton allesamt religiös gebunden sind. Aber auch in Europa gibt es zu dieser Zeit keine Schule oder Universität mit einer vergleichbaren religiösen Offenheit. Sogar einige Mohawk-Indianer schreiben sich an der philadelphischen Hochschule ein.

Aus der Sklaverei freigesetzte Schwarze, von denen in Philadelphia einige hundert in eher bescheidenen Verhältnissen leben, besuchen die Akademie allerdings nicht. Auch Mädchen sind zur Immatrikulation nicht zugelassen. Obwohl Franklin sich schon 1740 in der *Pennsylva-*

nia Gazette für eine bessere Ausbildung der Schwarzen eingesetzt hat und als verheirateter Familienvater seit 1743 auch die eigene Tochter in aller Selbstverständlichkeit unterrichtet, sind die anderen Mitglieder des Kuratoriums zumindest in dieser Hinsicht noch zu konservativ eingestellt, um sich den fortschrittlichen Gedankengängen ihres Hochschulpräsidenten anzuschließen. Immerhin akzeptieren sie einhellig das von ihm vorgeschlagene Curriculum der Akademie, das er im Oktober 1749 unter dem Titel *Proposals Relating to the Education of Youth in Pensilvania* veröffentlicht.

Im Vorwort dieser programmatischen Erziehungsschrift, die das pädagogische Koordinatensystem der Akademie für viele Jahrzehnte prägen wird, betont Franklin einmal mehr, daß ein Land ohne die Aktivitäten von uneigennützig tätigen und »mit Gemeinsinn ausgestatteten« Menschen nicht gedeihen kann. Deshalb muß jede gute Schule daran interessiert sein, ihren Schülern das Ethos der Gemeinnützigkeit mit Nachdruck zu vermitteln. Doch welche Lernhaltung, welche Lehrmethoden und welche Unterrichtsfächer eignen sich am ehesten dazu, dieses Erziehungsziel zu erreichen? Die vielversprechendste »Methode des Unterrichts«, mit der sich die Umsetzung seiner pädagogischen Pläne am besten und am schnellsten erreichen läßt, findet Franklin in der »Abhandlung über Erziehung« des »großen« und »hochverehrten« Herrn »Locke« beschrieben, den er denn auch ausgiebig auf jeder einzelnen Seite seiner *Proposals* zitiert. Die von Locke propagierte Methode des spielerischen und vergnüglichen Lernens heißt Franklin deswegen für gut, weil sie die natürliche Lust am Lernen, die unersättliche Wißbegierde und schließlich auch den Lesehunger **137** von Kindern und Jugendlichen in ganz unvergleichlicher Weise weckt und erhält.

Die Lehrmethode des »Mr. Locke« läßt sich, wie Franklin glaubt, in jedem von ihm vorgeschlagenen Unterrichtsfach mit Erfolg anwenden. Sollen Schüler im Englischunterricht das genaue Beobachten lernen, um mit Hilfe der so gewonnenen Eindrücke »in ihren eigenen Worten Geschichten zu erzählen, oder zu schreiben«, geschieht dies am leichtesten, wenn ihnen die Kunst der Anschauung auf möglichst unterhaltsame Weise nahegebracht wird. Die Essays eines »Addison«, den Franklin zu »unseren besten Schriftstellern« zählt, sind für diesen Fall eine hilfreiche und beispielgebende Lektüre. Im Fach »Logik«, in dem die »Kunst des vernunftgemäßen Denkens« eingeübt werden soll, wirkt ein freundlicher, den freien Meinungsaustausch befördernder Unterricht oftmals Wunder. Auch die »Einbildungskraft« wird im Rhetorikunterricht am besten im freundschaftlichen und metaphernreichen »Redewettbewerb« trainiert. Und daß in der »Moralerziehung« nur ein milder und menschenfreundlicher Lehrer, der die Schüler mit »Vertraulichkeit und zärtlicher Zuneigung« behandelt, die Tugenden und Regeln »des Anstandes, der Gerechtigkeit und der Integrität« mit hinreichender Überzeugungskraft vermitteln kann, ist ohnehin für jedermann leicht ersichtlich.

Neben dem Sprachen-, Moral- und Philosophieunterricht widmet der Physiker Franklin jedoch auch den mathematisch-naturwissenschaftlichen Fachgebieten Arithmetik, Geometrie, Astronomie, Naturphilosophie, Naturgeschichte und Mechanik seine besondere Aufmerksamkeit. Auch die in diesen Disziplinen zu verwendenden Lehrbücher sollen zunächst einmal »ergötzlich«, *delightful*, sein, damit sie überhaupt »Nutzen bringen« können, ganz gleich ob die Schüler später Kaufleute oder Handwerker werden. Denn die ersteren werden durch einen interessanten und praxisnahen Naturkundeunterricht »die Zusammensetzung vieler Rohstoffe und Waren besser verstehen«, die zweiten aber »ihr Gewerbe oder Handwerk durch den Gebrauch neuer Mixturen und Stoffe verbessern können«. Nur ein vergnüglicher, anschaulicher und möglichst breit gefächerter Unterricht vermag Kinder und Jugendliche also dafür zu gewinnen, in größeren Zusammenhängen zu denken und frühzeitig den praktischen Nutzen noch so abstrakter Lerninhalte in Erwägung zu ziehen.

Bei der beständigen Suche nach dem praktischen Nutzen als dem eigentlichen Ertrag des Lernens sollen die Lehrer ihren Schülern nun, wie Franklin betont, gezielte Anregungen geben. Unter anderem sollen sie im Unterricht »die verschiedenen Berufe« benennen, die von ihren Zöglingen später einmal ausgeübt werden können. Außerdem sollen sie ihnen nach Beendigung der Schullaufbahn auch »beim Eintritt ins Geschäftsleben« mit Rat und Tat zur Seite stehen. Dabei geht es weniger darum, *überhaupt* eine Beschäftigung zu finden, weil das britische Gesellschaftssystem doch, so Franklin, seit 1688 alle »Vorzüge der Freiheit« bietet und Pennsylvania (dank Penns Gründergeschick) noch dazu eine der florierendsten britischen Provinzen ist. Vielmehr sollen die Lehrer den Schülern dabei behilflich sein, ihre jeweils unterschiedlichen Talente am rechten gesellschaftlichen Ort zur größtmöglichen Entfaltung zu bringen.

In diesem Sinne soll sich also der Unterricht an der Akademie in Philadelphia stets um die alles entscheidende **139**

Frage ranken, wie man sich als einzelner, gut ausgebil-
deter Mensch dereinst »mit Ehre« als »für alle nützlich
erweisen kann« und seine gute Erziehung am effektiv-
sten zur Beförderung der »Glückseligkeit«, *Happiness*
des »eigenen Gemeinwesens« einsetzt. Dieses unentwegte
Auf-der-Suche-Sein nach der jeweils besten »Möglichkeit«,
der »Menschheit«, »seinem Land«, oder auch »der eigenen
Familie« zu »dienen«, preist Franklin dann im Schluß-
paragraphen seiner *Proposals* noch einmal besonders:
Nicht allein als »großen Zweck und Ziel des Lernens«
bezeichnet er diese Suche, als *the great Aim and End of
all Learning*, sondern als die unersetzbare Essenz jedes
»wahrhaftigen Lernprozesses«.

Diese Einstellung, die zudem den besten Schutz davor
bietet, »daß Gelehrsamkeit nicht zur selbstgefälligen Pe-
danterie verkommt«, führt bei Franklin letzlich zu der
wohltuenden Erkenntnis, daß das von Locke beschrie-
bene Glück, lernen zu dürfen, gerade auch darin besteht,
für andere und deren Wohlfahrt lernen zu dürfen. Wie
kaum eine andere geistige Aktivität zeichnet sich daher
das gemeinnützige Lernen durch eine besondere moralische »Schönheit«, *Beauty*, aus, die jedem mit Freude lernenden Menschen noch eine zusätzliche und besonders
tiefe Befriedigung verschafft.

7. KAPITEL

Mitgefühl

*Jean-Jacques Rousseau oder
Das besondere Wissen der Tränen*

PARIS 1762. Nur wenig mehr als ein Jahrzehnt ist seit Franklins Akademiegründung in Philadelphia verstrichen, doch hat sich die Welt seither auf dramatische Weise verändert, was an kaum einem Ort der Erde so sehr zu verspüren ist wie in der Metropole des Königreichs Frankreich. Zwar ist Paris mit seinen 600.000 Einwohnern auch weiterhin eine der größten Städte der Welt, deren Bevölkerungszahl nur von der Pekings (wo 900.000 Menschen leben) und Londons (mit jetzt 750.000 Einwohnern) übertroffen wird. Noch immer umfließt die Seine im gewohnten, ruhigen Strom die Ile de la Cité mit ihrer seit Jahrhunderten unvollendeten und dennoch beeindruckend schönen Kathedrale Notre Dame. Nach wie vor bezeichnet sich der französische König Ludwig XV., in der Tradition aller seit dem 15. Jahrhundert regierenden französischen Monarchen, als »allerchristlichster König«, *roi très chrétien*, um damit klangvoll auf seinen universalen Machtanspruch hinzuweisen. Doch die alte Herrlichkeit Frankreichs ist dahin: Seine noch vor wenigen Jahren stolz behauptete Vorrangstellung in der Welt hat es soeben in einem weltweit ausgetragenen Krieg mit Großbritannien verspielt, der sehr leichtfertig vom Zaun gebrochen wurde.

Ihren Anfang genommen hat diese für beide Mächte schicksalhafte und überaus folgenreiche militärische Auseinandersetzung (die als »Siebenjähriger Krieg« in die Geschichte eingehen wird) in den dichten Wäldern Nordamerikas: In den Weiten des 300 Meilen westlich von Philadelphia gelegenen pennsylvanischen Hinterlandes kommt es im Frühjahr 1754 zwischen französischen und britischen Truppen zu ersten Scharmützeln, als die Franzosen dort eine Kette von gut ausgebauten Forts zu errichten beginnen. Diese Festungswerke dienen dem Zweck, das zwischen dem Südufer des Eriesees und dem Ohio River gelegene Land, in dem es bis dahin noch keinen Siedlungsversuch europäischer Kolonisten gegeben hat, vollständig unter französische Kontrolle zu bringen. Zugleich wollen die Franzosen auf diese Weise die langersehnte Landverbindung zwischen ihren weit voneinander entfernt liegenden Siedlungsgebieten in Kanada und Louisiana herstellen, was als weiterer wichtiger Schritt auf dem Weg zur französischen Vormachtstellung in Nordamerika gedacht ist. Als die britischen Kolonisten, die sich durch die Befestigungswerke der Franzosen zutiefst bedroht fühlen, den erst 21jährigen Major George Washington ins Ohiotal senden, um dort unter seiner Aufsicht den Bau eines eigenen Forts durchzuführen, werden er und seine Soldaten von einer französischen Übermacht mit Waffengewalt vertrieben. Anschließend stellt der französische Oberkommandierende das umstrittene Territorium ganz offiziell und im Namen Ludwigs XV. unter das Hoheitsrecht des Königs von Frankreich.

Als die Franzosen dann auch noch die mit ihnen paktierenden Indianerstämme der Ottawa und Shawnee dazu anstiften, in den westlichen Grenzgebieten der britischen Kolonien grausame Gemetzel zu veranstalten, von denen auch radikalpazifistische Gemeinden im pennsylvanischen Hinterland nicht verschont bleiben, sehen sich die britischen Siedler endgültig in ihrer Existenz gefährdet. Von nun an rüsten sie sich auf breiter Front für einen entschlossenen Gegenangriff. Sogar die friedliebenden Quäker bewilligen jetzt im Kolonialparlament von Pennsylvania die erstaunliche Summe von 60.000 Pfund, um die von den Franzosen ausgehende Bedrohung ihrer Lebensgrundlagen abzuwehren.

Im nun einsetzenden Krieg gegen die Franzosen und ihre indianischen Verbündeten, den die britischen Kolonisten als *French and Indian War* bezeichnen, behalten die französischen Truppen bis 1755 die Oberhand. Erst als Großbritannien den Konflikt mit seiner förmlichen Kriegserklärung an Frankreich vom 18. Mai 1756 nach Europa zu verlagern versucht, beginnt sich das Blatt langsam zu wenden. Als vorteilhaft für die britische Kriegsführung erweist sich zudem der am 29. August 1756 erfolgte Kriegseintritt Friedrichs II. von Preußen: Dieser kämpft an der Seite der Engländer gegen die mit den Franzosen alliierten Österreicher, denen er voller Argwohn unterstellt, den zwischen Großbritannien und Frankreich bestehenden Kriegszustand zur Rückeroberung Schlesiens nutzen zu wollen.

Während die Briten durch die Koalition mit dem Preußenkönig zahlreiche französische Armeeinheiten in Europa binden, wo den Franzosen für lange Zeit keine echte Atempause gegönnt wird, stockt der britische Premierminister William Pitt das britische Truppenkontingent in Nordamerika unter größten finanziellen Anstrengungen auf insgesamt 50.000 Mann auf. Der vereinten 143

Kampfkraft dieser britischen Verbände sind die 16.000 französischen Soldaten in Kanada schließlich nicht mehr gewachsen: Am 13. September 1759 nehmen Truppen des Generalmajors James Wolfe die kanadische Hauptstadt Quebec ein; etwa ein Jahr später kapitulieren in Montreal auch die letzten französischen Einheiten vor dem Ansturm der Briten.

Der Verlust Kanadas ist nicht die einzige Schmach Frankreichs in einem Krieg, der mittlerweile globale Ausmaße angenommen hat. Denn auch in Afrika, Asien und in der Karibik, wo sich Briten und Franzosen nicht minder heftig als in Nordamerika und Europa bekämpfen, erleiden französische Kriegsschiffe und Bodentruppen Niederlage auf Niederlage. Bis 1762 erobern britische Einheiten die Zuckerinseln Guadeloupe und Martinique, besetzen alle französischen Stützpunkte in Westafrika und nehmen sämtliche französischen Besitzungen an der südostindischen Küste ein. So einseitig ist das Schlachtenglück verteilt, und derart überwältigend fällt der Sieg für Großbritannien aus, daß die französische Regierung im Juni 1762 unter allen Umständen den Krieg beenden will, zumal das weltweite Ringen den Staatshaushalt ungeheure Summen gekostet hat. Weil auch die Briten einen schnellen Friedensschluß anstreben und dem französischen Gegner mit der in Aussicht gestellten Rückgabe von Martinique und Gouadeloupe ein sehr großzügiges Friedensangebot unterbreiten, kommen die Regierungsvertreter Frankreichs und Großbritanniens schon Anfang November 1762 in Fontainebleau zusammen, um dort die Präliminarartikel eines (endgültig in Paris zu besiegelnden) Friedensschlusses zu entwerfen und zu unterzeichnen.

Seit nun das Ende des auf ganzer Linie verlorenen und in diesen Dimensionen noch nie dagewesenen Krieges absehbar ist, betreiben die Franzosen eine intensive Ursachenforschung. Sie wollen ermitteln, wie es zu einer so umfassenden Niederlage Frankreichs kommen konnte. Manch ein Mitglied der Regierung tröstet sich zwar damit, daß man mit Kanada doch nur öde und kaum einträgliche »Schneewüsten« aufgebe, dafür aber die Zuckerinseln durch geschickte Friedensverhandlungen wiedererlangt habe, deren Ausbeutung ein sehr einträgliches Geschäft verspreche. Auch die übrigen Gebietsverluste seien, abgesehen von den wertvollen Gewürzgebieten Indiens, leicht zu verschmerzen. Doch selbst diejenigen, die die Auswirkungen der Niederlage kleinreden, müssen sich wohl oder übel eingestehen, daß die Franzosen den Briten gerade in den letzten Kriegsjahren hoffnungslos unterlegen waren.

Einige der besonders selbstkritischen Analysten leiten die militärische Unterlegenheit Frankreichs aus der Inferiorität des französischen Gesellschafts- und Wirtschaftssystems her. Dieses hätte allein schon wegen der Schwerfälligkeit seines absolutistischen Verwaltungsapparates dem modernen, freiheitlichen und hervorragend organisierten Staatswesen Großbritanniens zu keiner Zeit Paroli bieten können. Ins Auge gefaßt werden deshalb politische und ökonomische Reformen, die Frankreich Großbritannien stärker angleichen sollen: Geplant ist ein neues Zensuswahlsystem, mit dessen Hilfe Gemeinden von mehr als 4500 Bürgern ihren Magistrat selbst wählen können; außerdem sollen die Steuern gerechter erhoben und wirksamer eingezogen werden, unter anderem mittels Anlage eines neuen Katasters. **145**

Diese bescheidenen Reformvorhaben gehen jedoch vor allem den prominenten französischen Intellektuellen nicht weit genug. Angesichts der noch immer viel zu geringen Entschlußkraft der Regierung Ludwigs XV. sieht der 68jährige Schriftsteller und Philosoph Voltaire – der einen Teil seines Lebens im von ihm offen bewunderten England zugebracht hat – sogar schon die Saat für »eine Revolution« keimen, die, wie er prophezeit, »unfehlbar kommen wird, deren Zeuge zu sein ich aber nicht mehr das Vergnügen haben werde«. Auch die meisten Mitarbeiter der *Encyclopédie ou Dictionnaire raisonné des sciences*, jenes großartigen, seit 1751 in Paris erscheinenden und als Sammlung des gesamten Wissens der Zeit konzipierten Nachschlagewerks, halten den französischen Staat in seiner jetzigen Gestalt für kaum mehr reformfähig. So haben die beiden hauptverantwortlichen Herausgeber der *Encyclopédie*, Denis Diderot und Jean Baptiste le Rond d'Alembert, während des gerade beendeten Krieges wiederholt den Feinden Frankreichs zu ihren Siegen gratuliert. Nur von einem radikalen Um- und Neuaufbau des französischen Gemeinwesens und einer ebenso tiefgreifenden »Umwandlung der Geister« erhoffen sich die beiden Publizisten Besserung.

Ein besonders origineller Autor aus dem Umkreis der Pariser Enzyklopädisten, der sich im Verlauf des Krieges zunehmend von Diderot distanziert hat und in immer eigenwilligeren Gedankengängen Antworten auf die gesellschaftliche Krise Frankreichs formuliert, ist der 50jährige Notenkopist, Musiktheoretiker, Kultur- und Zivilisationskritiker Jean-Jacques Rousseau. Seine politischen Ansichten sind nicht minder revolutionär als die Diderots. Und wie der ehemalige Freund hält er nach dem

»so unglücklich verlaufenen Krieg« nur noch die führenden »Schriftsteller und Philosophen« des Landes für geeignet, »den durch seine Krieger verdunkelten Ruhm des französischen Namens aufrechtzuerhalten«. Doch sein persönlicher Vorschlag zur Verbesserung der Lebensumstände und des Ansehens der Franzosen unterscheidet sich von allen anderen Reformprojekten, die zu dieser Zeit im Königreich Frankreich diskutiert werden, vor allem darin, daß er in der Hauptsache auf eine radikal veränderte Erziehung der nachwachsenden Jugend setzt. Er plädiert für eine Erziehung, die auf alle Formen der körperlichen und seelischen Unterdrückung verzichtet, die – ganz ohne Vorurteile – die natürlichen Triebe und Gefühle der Menschen zur Geltung kommen läßt und gerade dadurch die Grundlagen für die Heranbildung wirklich freier Menschen und Bürger legt. Das voluminöse Buch, in dem er seine pädagogischen Vorstellungen in aller Ausführlichkeit zur Darstellung bringt, erscheint in eben jenem Augenblick im sommerlichen Paris, als die Briten und Franzosen erste Friedensgespräche führen. Rousseau nennt sein Werk »Emile ou de l'éducation« und ahnt nicht, welch eine aufsehenerregende Polarisierung der Geister und Gemüter dieser Text hervorrufen wird.

Obschon Rousseau bereits seit über zwanzig Jahren in Paris (oder in dessen unmittelbarem Umland) lebt und dort auch fortlaufend schriftstellerisch tätig ist, hebt er auf den Titelblättern seiner Bücher doch stolz hervor, daß er Bürger seiner Vaterstadt Genf ist. Damit bekennt er sich zu den jahrhundertealten Traditionen eines freiheitlichen politischen Gemeinwesens. Denn schon seit dem **147**

16. Jahrhundert, als der Reformator Jean Calvin die Stadt an der Rhone zu einem europäischen Missionszentrum des Protestantismus machte, ist Genf mit der dreizehnörtigen Schweiz als »zugewandter Ort« vertraglich eng verbunden. Zugleich suggeriert Rousseau auf diese Weise, daß der spezifisch eidgenössische Republikanismus, dem er offen zuneigt, sowohl dem absolutistischen Staatsverständnis Frankreichs wie auch den monarchischen Strukturen der meisten anderen europäischen Nationen weit überlegen ist. Allerdings hat sich sein jetziges Verhältnis zur Republik Genf, deren freiheitliche Verfassung er als politischer und pädagogischer Vordenker Frankreichs so sehr rühmt, erst auf einer überaus verschlungenen Lebensreise nach Paris herausgebildet.

Schon Rousseaus früheste Erinnerungen an seine Kindheit in Genf sind äußerst zwiespältiger Natur. Einerseits wächst er unter den Fittichen eines fürsorgenden und zärtlichen Vaters auf. Der liest mit ihm Abend für Abend in einer Atmosphäre großer Geborgenheit die unterschiedlichsten Bücher, Romane und Geschichten, wodurch sich der Knabe schon in seinem »fünften oder sechsten Jahr eine außerordentliche Gewandtheit im Lesen und Auffassen« aneignet. Andererseits bricht sich in dieser innigen Idylle auch immer wieder das Gefühl eines unermeßlichen Verlustes Bahn, da der Vater den Sohn regelmäßig unter Tränen daran erinnert, daß dieser seiner geliebten Frau bei der Geburt das Leben kostete. Ohne dem Jungen die Schuld am Tod seiner Mutter zuschreiben zu wollen, überfordert der untröstliche Vater sein Kind mit diesen wiederholt vorgetragenen Klagen doch in hohem Maße und trägt dazu bei, daß Jean-Jacques auch als erwachsener Mensch Stunden echter Seligkeit selten ohne eine Beimischung von nur schwer zu stillender Sehnsucht oder Trauer erlebt.

Daß ein von ihm tiefempfundenes Glück oftmals sehr schnell von heftigen Verlustängsten und einem sich anschließenden Gefühl der Einsamkeit gefolgt wird, bleibt also ein schmerzliches Charakteristikum seines Seelenhaushaltes, an dem sich Rousseau ein Leben lang abarbeitet und reibt. Auf geheimnisvolle Weise tragen auch die äußeren Umstände seines Lebensganges dazu bei, daß es aus der spannungsreichen Dialektik seines Gefühlslebens kaum ein Entrinnen gibt. So muß er bereits als Zehnjähriger völlig unvorbereitet lernen, ohne seinen Vater auszukommen, weil dieser nach einem blutigen Streit mit einem französischen Offizier überstürzt und dauerhaft Genf verläßt, um einem drohenden Gerichtsverfahren zu entgehen.

Rousseau gelangt daraufhin in die Obhut eines Onkels, der ihn aber schon nach kurzer Zeit zusammen mit seinem eigenen Sohn, Abraham Bernard, bei einem Pfarrer in Pension gibt. Dieser vor den Toren Genfs in Bossey wohnende Prediger, ein Monsieur Lambercier, bringt den beiden Vettern die lateinische Sprache sowie alle weiteren, ihrem Alter entsprechenden schulischen Grundkenntnisse bei. Da Lambercier dies auf sehr vergnügliche Weise tut und zudem auf jede Anwendung von Zwang verzichtet, lernt Rousseau sehr gerne, »niemals widerwillig« und stets »ohne Mühe«. Sein Wohlbefinden in Bossey wird zusätzlich dadurch gesteigert, daß er sich mit seinem Cousin ausnehmend gut versteht. Zu ihm entwickelt der elternlose Rousseau nun ein besonders tiefes Vertrauensverhältnis. Jede auch nur vorübergehende Entfernung von ihm empfindet Rousseau als persönliche »Vernich- **149** tung«. So sind die beiden nahezu unzertrennlich. Doch auch diese glückliche Zweisamkeit findet ein jähes Ende, als der Onkel die Knaben unversehens und abrupt voneinander trennt, um Rousseau in Genf zu einem Graveur in die Lehre zu geben.

Wieder muß sich der jetzt dreizehnjährige Rousseau in völlig neue Zusammenhänge einleben. Zwar übt er das Handwerk des Kupferstechers durchaus mit Freude aus. Die »Tyrannei« seines Meisters macht ihm seine Arbeit jedoch schon bald unerträglich, so daß er sich aus seinem Lehrverhältnis so rasch wie möglich zu befreien sucht. Ähnlich wie Franklin, der ja fünf Jahre zuvor seine Lehre in Boston überstürzt abgebrochen hat, flieht Rousseau 1728 aus Genf, um sich in der Fremde nach neuen Verdienstmöglichkeiten umzusehen. Anders als sein amerikanischer Altersgenosse scheitert er jedoch bei dem Versuch, eine feste Anstellung zu finden. Schließlich strandet er im savoyischen Annecy im Haus der Françoise Louise-Eleonore de Warens, einer zum Katholizismus bekehrten Schweizerin, die gegen eine vom König von Sardinien ausgesetzte Pension neue Konvertiten aus dem protestantischen Umland betreut.

Madame de Warens, die an dem entlaufenen Jüngling Gefallen findet, gewährt Rousseau zunächst freie Kost und Logis. Doch bald überredet sie ihn, im piemontesischen Turin, der Hauptstadt des Königreichs Sardinien, in ein Hospiz einzukehren, das für den Unterricht katholischer Katechumenen errichtet wurde. Hier soll er in den Schoß der katholischen Kirche aufgenommen werden. Mangels echter Alternativen läßt sich der junge Rousseau auf diesen Vorschlag ein. Nach seinem in Turin erfolgten Übertritt zum Katholizismus und einer mehrmonatigen

Vagabundage durch die Westschweiz und Frankreich führt ihn sein Weg im Jahr 1731 wieder zurück nach Savoyen zu Madame de Warens, die jetzt in Chambéry lebt. Hier findet Rousseau durch Vermittlung seiner Gönnerin endlich eine dauerhafte Beschäftigung als Schreiber auf dem savoyischen Katasteramt. Zugleich ist er ihr Gehilfe und führt als Privatsekretär die von ihr vernachlässigten Geschäftsbücher. Ab 1732 wird er dann ihr Geliebter. Die Gemeinschaft mit der um zwölf Jahre älteren Frau empfindet der so sehr ergänzungsbedürftige, seiner Einsamkeit stets bewußte junge Mann als glückhafte Wiederherstellung einer verlorengegangenen seelischen Einheit. Nur scheinbar paradox ist es deshalb, wenn er emphatisch feststellt, daß er mit ihr »so völlig glücklich« ist, »als wäre ich allein«.

Immerhin sechs Jahre währt dieser harmonische Zustand. In dieser Zeit betätigt sich Rousseau mit immer größerem Eifer als Autodidakt, erarbeitet sich als emsiger und begeisterter Leser der Schriften Lockes und Addisons (dessen *Spectator* ihm »ganz besonders gefällt«) den philosophischen Wissensstand seiner Zeit und bildet sich sogar selbst zum Musiklehrer aus. Wie er bekennt, trägt das »Vergnügen, zu lernen« entscheidend zu seinem in Chambéry genossenen »Glück« bei. Doch als sich Madame de Warens ab 1738 einem anderen Liebhaber zuwendet, erfährt er in aller Härte die Zerbrechlichkeit jeder menschlichen Bindung. Seines seelischen Gleichgewichts beraubt, verläßt er Savoyen und wendet sich 1740 nach Lyon, wo er sich für ein Jahr als Hauslehrer verdingt, um anschließend nach Paris weiterzuziehen.

In Paris unterbreitet er der Akademie der Wissen- **151**

schaften ein von ihm bereits in Chambéry entwickeltes neues Notensystem, ohne aber die erhoffte Zustimmung zu finden. Seine trotzige Niederschrift einer *Dissertation sur la musique moderne*, für die er sogar einen Verleger findet, trägt ihm allerdings die Bekanntschaft mit dem brillanten Schriftsteller- und Philosophenkreis um Diderot und d'Alembert ein. Von d'Alembert erhält er in der Folge den Auftrag, für die geplante *Encyclopédie* den Artikel über Musik zu schreiben. Alles in allem führt er in Paris aber ein sehr unstetes Leben. Seinen kargen Lebensunterhalt verdient er sich als Notenkopist, Musikarrangeur, Komponist und seit Mitte der 1740er Jahre auch als Sekretär der Adelsfamilie Dupin-Francueil.

1745 lernt er die 23jährige Wäscherin Thérèse Le Vasseur kennen, für die er auf Anhieb eine große Sympathie empfindet. Allerdings ist es nicht das Gefühl der ganz großen Liebe, das den alleinstehenden Rousseau zu der jungen Frau hinzieht, sondern das Bedürfnis nach einer lange entbehrten »intimen Gemeinschaft«, die ihm, wie er betont, »eine Frau eher als ein Mann« bieten kann. Thérèse soll ihm sein »leeres Herz« wieder »ausfüllen«. Aus dem Zusammenleben mit ihr, das Rousseau als »angenehm« beschreibt, geht 1746 ein Sohn hervor. In den folgenden Jahren werden dem Paar noch vier weitere Kinder geboren, die aber, wie schon das erste Kind, allesamt ins Pariser Findelhaus gebracht werden. Als Grund für die Übergabe seiner Kinder an die Findelanstalt nennt Rousseau sein spärliches und unregelmäßiges Einkommen, seine unbürgerliche Existenzweise als mittelloser Literat sowie das Zureden verschiedener »liebenswürdiger und im Grunde sehr anständiger« Bekannter, die ihm versichern, daß das Einliefern von Kindern ins *Hôpital des Enfants-Trouvés* eine ganz gewöhliche »Sitte des Landes« sei.

Tatsächlich werden jetzt, in der zweiten Hälfte der 1740er Jahre, jährlich bis zu 7000 Kinder im Pariser Findelhaus abgegeben, während es noch Ende des 17. Jahrhunderts nur wenig mehr als 500 Kinder pro Jahr waren. Über 100.000 Findelkinder sind in den beiden zurückliegenden Jahrzehnten in Paris der öffentlichen Erziehung überantwortet worden. In den meisten Fällen entstammen die Kinder sogar stabilen Ehen. Weil die Findlingsfürsorge vom französischen Staat großzügig finanziert wird und den wegsetzenden Eltern oftmals wirklich das Geld für eine gute Pflege der Kinder fehlt, ist Rousseaus Ansicht, mit der Weggabe seiner Kinder das für sie Beste getan zu haben, also keineswegs unverständlich. Dennoch regen sich bei ihm ab 1750 schwere Gewissensbisse.

Mehr als einmal sagt ihm eine überfallartig einsetzende »Reue des Herzens«, daß er sich möglicherweise doch von falschen Vernunftschlüssen hat »täuschen lassen«. Immer häufiger glaubt er, mit der »grausamen« Entscheidung, seine Kinder ins Findelhaus zu geben, einen äußerst »verhängnisvollen Schritt« getan zu haben. Er ist nun selbst erschrocken darüber, daß er seinen natürlichen Vaterinstinkt mit Hilfe eines fehlgeleiteten Verstandes hat übertäuben und betrügen können: Er, der doch selbst schon so oft unter Zurücksetzung und mangelhafter Zuwendung gelitten hat, versagt nun seinen eigenen Nachkommen die ihnen zustehende Fürsorge und Liebe. Als er nach einem möglichen Grund für dieses eklatante Fehlverhalten sucht, glaubt er nach und nach zu erkennen, daß die äußerst fragwürdigen, doch allseits akzeptierten Moralvorstellungen der Pariser Gesellschaft, **153** in der er nun schon so lange verkehrt, sein natürliches Mitgefühl korrumpiert haben.

Noch im Jahr 1750 erfährt er durch die Lektüre der Zeitschrift *Mercure de France*, daß die Akademie in Dijon demjenigen einen Preis verspricht, der schlüssig darlegen kann, ob und inwiefern die Wissenschaften und Künste zur Verfeinerung der Sitten beigetragen hätten. Diese Preisfrage bietet Rousseau den willkommenen Anlaß für eine fulminante Generalabrechnung mit der aus seiner Sicht zutiefst verdorbenen Moral der tonangebenden Pariser Kreise. In seiner zur Beantwortung der Dijoner Preisfrage geschriebenen Abhandlung stellt er fest, daß Wissenschaften und Künste, insbesondere die gekünstelte Vernunft, die Wohlfahrt der Menschen nicht etwa befördern, sondern geradezu behindern. Immer häufiger folge man fast schon zwanghaft den neuesten Moden, lasse sich von den Meinungen des Landes »fesseln« *(subjugué)*, statt »seinem eigenen Sinn« *(son propre génie)* zu gehorchen. Aus purem Egoismus werde immer stärker die Kunst geübt, wahre Gefühle und Menschenliebe *(humanité)*, »durch spitzfindige Scheingründe für andere unkenntlich zu machen«. Als spräche er auch zu sich selbst, fordert Rousseau dann am Schluß seiner Abhandlung, daß man wieder stärker »in sich selbst zurückkehren« und auf die Stimme des Gewissens hören solle.

Auch wenn sich Rousseau die Verurteilung der Pariser Gesellschaft in seinem doch stark pauschalisierenden Text recht leicht macht, trifft seine Abhandlung ganz überraschend den Nerv der Juroren und gewinnt den ersten Preis der Dijoner Akademie. Selbst weite Teile des französischen Publikums fühlen sich nach der Lektüre

dieser Schrift, die nur wenige Monate nach ihrer Auszeichnung veröffentlicht wird, berührt und in ihren innersten Regungen wiedererkannt. Man will mehr von
diesem Autor lesen. Und Rousseau legt nach. Bereits 1754
verfaßt er eine weitere Abhandlung, den *Discours sur
l'origine et les fondements de l'inégalité parmi les
hommes*, worin er seine zivilisationskritischen Thesen
erhärtet und zum Teil sogar noch erweitert: Eine irre-
geleitete Vernunft, so Rousseau, unterdrücke mittlerweile in der französischen Gesellschaft die doch zutiefst
menschliche Fähigkeit zum »Mitleid«. Diese Unterdrückung des dem Menschen doch von Geburt an inne-
wohnenden Mitgefühls ist für Rousseau auch ein bedau-
erliches Resultat der schlechten politischen Verfassung
Frankreichs, dessen absolutistischer Staatsaufbau die
»wirkliche Natur des Menschen« nicht frei zur Geltung
kommen läßt. Deshalb widmet er seine zweite Abhandlung auch demonstrativ seinem Vaterland, der Republik
Genf, die für ihn, anders als das Königreich Frankreich,
Heimstatt »eines freien Volkes« und einer »mit Weisheit
gemäßigten demokratischen Regierung« ist. So eindeutig
identifiziert er sich nun wieder mit den Idealen des Genfer
Republikanismus, daß er noch im Jahr 1754 zum Calvi-
nismus zurückkehrt und sich wieder in seine (mit der ersten Konversion aufgegebenen) Genfer Bürgerrechte einsetzen läßt. Auch liebäugelt er jetzt mit der Vorstellung,
für immer von Frankreich nach Genf zurückzuziehen.

Dennoch behält er seinen Wohnsitz in der Nähe von
Paris. Denn die adeligen Familien von Epinay und des
Herzogs von Luxembourg, die Rousseaus Schriften ver-
ehren, bieten ihm nacheinander an, ein Haus auf ihren
vier Meilen vom Pariser Stadtzentrum entfernten Gütern **155**

bei Montmorency zu beziehen, von wo aus er als Literat die Reform der französischen Gesellschaft vorantreiben soll. Hier, im Norden von Paris, arbeitet er zwischen 1756 und 1761 (während in der Welt der Siebenjährige Krieg tobt) in größtmöglicher Zurückgezogenheit an drei umfangreichen Werken, von denen jedes Auswege aus der moralischen Krise Frankreichs aufzuzeigen versucht. In dem zuerst veröffentlichten Buch, der *Nouvelle Héloise* von 1761, erzählt er in Form eines Briefromans die tragische Geschichte »zweier Liebenden«, die nicht zueinander kommen können, weil der dem französischen Standesbewußtsein verpflichtete Vater der Romanheldin, der »Freiherr von Etange«, seiner Tochter »Julie« die Ehe mit ihrem bürgerlichen Geliebten »St.Preux« verbietet. Altständische Konventionen unterdrücken damit echte Gefühle einer reinen, natürlichen Zuneigung.

Verantwortlich für die Unterdrückung des »unwillkürlichen Gefühls« macht Rousseau in seinem Briefroman die politischen Strukturen Frankreichs, das »nicht das Land freier Menschen« ist. Als fatal beschreibt er auch die Vorbildfunktion der Pariser Gellschaft, wo man nichts als »gekünstelte Höflichkeit« und »äffische Sitten« zur Schau stellt. Freiere Menschen und Bürger scheinen ihm hingegen die Schweizer zu sein, die ihr »Land wohl regiert« finden. Aber auch die Briten heben sich wohltuend von den Franzosen ab. Wie schon Bodmer vor über zwanzig Jahren betont hat, findet nun auch Rousseau, daß Großbritannien und die Schweiz die freiheitlichsten Gesellschaftsordnungen ihrer Zeit haben. Das Lob für die Briten fällt in seinem Roman sogar höchst überschwenglich aus: So seien sie deshalb »großmütiger« und auch im Krieg »tapferer« als die Franzosen, weil bei ihnen »ohne Vernunft vernünftelt« wird, weil sie »aus Weisheit leidenschaftlich« sind und weil sie »ein empfindsames Herz« stets in sein Recht setzen. Grundlage für die Großherzigkeit der Engländer seien nicht zuletzt die liberalen britischen Gesetze, die »diejenigen der Natur« nicht aufheben.

Weil die *Nouvelle Héloise* bereits unmittelbar nach ihrem Erscheinen zu einem gigantischen Verkaufserfolg wird, veröffentlicht Rousseau mit seinem *Contrat Social* schon im Folgejahr eine politische Abhandlung, in der er seine im Briefroman gegebenen Fingerzeige nun systematisch ausformuliert. Er postuliert, daß ein Volk nur dann glücklich leben kann, wenn ein »Gesellschaftsvertrag« jedem einzelnen Bürger gestattet, als »Glied des Souveräns« an der Gesetzgebung des eigenen, »freien Staates« mitzuwirken. Wieder verweist er in diesem Zusammenhang als *Citoyen de Genève* auf den Vorbildcharakter der eidgenössischen Republiken sowie auf das mustergültig funktionierende »englische Parlament«, das er als »praktisches Beispiel« für eine demokratisch legitimierte »souveräne Instanz« im Staat preist.

Allerdings bleibt er hinsichtlich der Frage, ob der französische Staat in dem von ihm propagierten Sinn reformierbar ist, äußerst skeptisch. Und so publiziert er jetzt, im Sommer des Jahres 1762, noch ein weiteres Buch in Paris, das er für »die beste und wichtigste meiner Schriften« hält. Denn darin zeigt er, wie der einzelne Mensch sich selbst und seinen Kindern inmitten einer verderbten Gesellschaft auch ohne vorausgegangene politische Reformen ein weitgehend humanes und glückliches Leben ermöglichen kann. Mit dieser Schrift, dem *Emile*, setzt Rousseau vornehmlich auf die Kraft der Erziehung, auf **157**

die Freuden des Lernens, die insbesondere Heranwach-
senden dabei helfen können, jene nach wie vor seltene
Fähigkeit zum echten Mitgefühl herauszubilden. Wichtig
ist Rousseau der *Emile* aber auch deswegen, weil er in
dieses Buch seine traumatischen Lebenserfahrungen ein-
fließen läßt und literarisch verarbeitet.

In seiner großen Erziehungsschrift beschreibt Rousseau
den fiktiven Bildungsgang des imaginären Schülers »Emile«,
dessen Entwicklung er von der Geburt bis zum Erwachsenenalter verfolgt, um anhand der idealtypischen
Darstellung seines allmählichen, pädagogisch geschickt
gelenkten Reifeprozesses das Wesen einer gelungenen
éducation sentimentale offenzulegen. Auf diese Weise
will er zeigen, wie man Kinder am wirkungsvollsten zu
gefühlvollen und wahrhaftigen Menschen heranbildet
und wie man ihnen schon frühzeitig den wichtigsten »Beruf« beibringt, den es gibt: »Leben lernen« *(apprendre
vivre).* Da man, wie Rousseau betont, nur in vollkom-
mener Ungezwungenheit und Freiheit leben lernen kann,
hängt »das Glück der Kinder« genauso wie »das Glück
oder das Unglück der Menschheit« davon ab, ob es gelingt, junge Menschen schon frühzeitig an den rechten
»Gebrauch ihrer Freiheit« zu gewöhnen. Wie aber lernt
man das freie Gefühlsleben? Und welche Erziehungsmethode führt am sichersten zu diesem Ziel?

Rousseau, der ohne Mutter und im Haushalt eines
zwar wohlwollenden, doch unsteten, ihn noch dazu früh
verlassenden Vaters groß geworden ist, hält es zunächst
für geboten, seine Leser an die durch nichts zu ersetzende
Pflicht aller Eltern zu erinnern, die eigenen Kinder möglichst lange selbst zu versorgen und zu erziehen. Unsere

ganze vordergründige »Weisheit«, all unsere aus »Druck
und Zwang« bestehenden Sitten, so Rousseau, dürften
uns zu keiner Zeit von dieser Einsicht abbringen. Sobald
nämlich das Vater- oder Muttersein als »lästig« empfunden werde, finde man auch bald »ein Mittel, sich völlig
davon zu befreien«. Doch die eigenen Kinder in »Pensio-
nate«, »Klöster« oder »Kollegien« zu tragen, könne die
für die Entwicklung eines heilen Seelenlebens so nötige
»Liebe des Elternhauses« niemals ersetzen. Weil Rousseau nun zu allem Unglück auch selbst – trotz der einschlägigen Erfahrungen seiner Kindheit – den eigenen
Nachwuchs ins Findelhaus gegeben hat, fühlt er sich
an dieser Stelle dazu aufgerufen, öffentlich Abbitte zu
leisten: »Weder Armut noch Arbeit, noch menschliche
Rücksichten« könnten Eltern davon entbinden, ihre Kinder zu ernähren und bis zur Volljährigkeit auch selbst
zu erziehen; vernachlässige jemand »solch heilige Pflichten«, sage er ihm aus eigener Erfahrung voraus, daß er
»über seine Schuld bittere Tränen vergießen wird und niemals Trost findet«.

Erst nach diesem Bekenntnis, das zumindest partiell
als Wiedergutmachung der eigenen Fehler gedacht ist,
stellt Rousseau die seiner Ansicht nach vielversprechendste Erziehungsmethode vor, die von Eltern, Tutoren und
Lehrern mit jeweils gleich gutem Erfolg angewandt werden kann. Um Kindern und Jugendlichen eine so befriedigende und fröhliche Lernzeit zu verschaffen, wie er sie
selbst in seiner frühen Kindheit bei seinem Vater, dann
nochmals beim Pastor Lambercier und schließlich auch
als Autodidakt bei Madame de Warens in Chambéry erleben durfte, bietet für ihn kein Werk so gute pädagogische Orientierung wie Lockes *Some thoughts concer-* **159**

ning education. »Seit dem Erscheinen des Buchs von Locke«, so Rousseau, gab es noch nicht wieder eine ähnlich originelle und inspirierende pädagogische Schrift. Als »exakter Denker« ist der »weise Locke, der einen Teil seines Lebens dem Studium der Medizin gewidmet hatte« auch deshalb unübertroffen, weil er bei seinen Erziehungsvorschlägen stets die seelischen und körperlichen Bedürfnisse der Menschen zu berücksichtigen wußte. Da Rousseau also keine »besseren Gründe« noch »vernünftigere Regeln« für eine gute Erziehung aufstellen kann »als die, die man in Lockes Buch findet«, hält er es für unerläßlich, ganz ausdrücklich darauf »zu verweisen«.

Tatsächlich lesen sich viele Passagen des *Emile* wie Paraphrasen zu Lockes Erziehungstraktat. So hält auch Rousseau nur einen solchen Unterricht für zugleich human und wirkungsvoll, der Lernenden ihr natürliches Verlangen nach »Freiheit« zugesteht, was am besten dadurch geschieht, daß man die unverzichtbare Lernarbeit so weit wie möglich zum Spiel macht. Ob im Geometrieunterricht, während der musikalischen Unterweisung oder bei den auch von Rousseau befürworteten Leibesübungen: Nichts »Hübscheres« und »Zweckmäßigeres« kann er sich vorstellen, als solche Spiele, die einen Schüler nicht mehr spüren lassen, »ob er arbeitet oder spielt«. Leitet man Kinder auf diese Weise schon frühzeitig »nur durch Spiele« an, dann lehrt man sie zugleich auch, »sich zu freuen«. Für ihre seelische Entwicklung ist dies von allergrößter Bedeutung. Das oberste Gebot jedes menschenfreundlichen Erziehers sollte daher lauten: »Liebt die Kindheit, fördert ihre Spiele, ihre Freuden und ihren liebenswerten Instinkt«.

160 Angeregt werden durch einen solchen spielerisch-fröhlichen Unterricht dann auch jene intellektuellen Anlagen und geistigen Einstellungen, die für ein erfolgreiches Lernen die unverzichtbare Voraussetzung sind. Zunächst das »Ur-Prinzip der Wißbegier«, das doch eigentlich jedem »menschlichen Herzen ein natürliches Prinzip« ist, sowie der sich daran anknüpfende Wunsch, genaue »Beobachtungen« anzustellen, vor allem »über die Schönheit des Anblicks der Natur«. Ermuntert wird durch eine vergnügliche, freie und großherzige Unterweisung ferner der rechte Gebrauch der gesunden »Vernunft«, vor allem dann, wenn man Kinder über alles nachdenken läßt, »was sie kennen und was mit ihrem augenblicklichen und greifbaren Interesse zusammenhängt«; oder wenn man ihnen Fragen stellt, die ihren Fähigkeiten entsprechen. Schließlich soll ein Schüler »nichts wissen, weil ihr es ihm gesagt habt, sondern weil er selbst es verstanden hat«. Dieses freie Nachdenken kommt auch dem »erwachenden Phantasiebedürfnis« zugute, trägt dazu bei, »daß Emile die Wahrheit liebt«, mit Aufrichtigkeit lernt und überdies »eine Vorstellung von dem Wort *nützlich*« entwickelt, weil er sich beim Lernen ständig fragt: »*Wozu ist das gut*«?

Ganz bestimmte Lernhaltungen sind es also, die Rousseau vermitteln will. Analog zu den Forderungen Lockes kommt es ihm nicht darauf an, »ein Kind zum Gelehrten zu machen«, oder ihm sämtliche »Wissenschaften beizubringen«. In erster Linie soll in ihm der »Sinn« für das Lernen geweckt werden, so daß es »die Lust *(le plaisir)* dazu, oder das Verlangen *(le désir)* danach« in sich aufkeimen spürt. Hierzu gehört beispielsweise der »Wunsch, lesen zu lernen« *(le désir d'apprendre á lire)*. Rousseau möchte aber noch mehr: Sehr viel deutlicher als Locke **161**

insistiert er darauf, daß auch der Erwerb eines ausgeprägten Mitgefühls für den mit Freude Lernenden von
Belang ist. So »erlaubt« er sich, den von ihm übernommenen Gedankengängen Lockes noch einige zusätzliche,
eigene »Beobachtungen« über die Bedeutung des Mit-
leids *(pitié)* und des Mitgefühls *(commisération)* hinzu-
zufügen.

Rousseau erinnert seine Leser zunächst daran, daß
sich nahezu alle Menschen in ihren ersten Lebensjahren
als »ungebrochene Einheit« erleben, als »das absolute
Ganze« *(l'entier absolu)*, versorgt von einem wohlwollenden Umfeld, ohne das Gefühl eines unwiderbringlichen
Verlustes zu kennen. Doch ebenso kommt für alle Menschen unweigerlich der Tag, an dem sie sich erstmals einer
die Grundfesten ihrer eigenen Existenz erschütternden
Einsamkeit bewußt werden. Manche haben eine solche
einschneidende Erfahrung schon in ihrer Kindheit machen müssen, bei einem frühzeitigen Verlust der Eltern
oder eines engen Freundes, vielleicht auch im Fall schwer-
wiegender Untreue einer Vertrauensperson. Doch spätestens mit Beginn der »Pubertät« – ein Zeitpunkt, den
Rousseau als »zweite Geburt« bezeichnet – fühlt sich ausnahmslos jeder Mensch in vordem nicht gekannter Art
ergänzungsbedürftig. Er merkt dann, »daß man nicht
dazu geschaffen ist, allein zu leben«.

Dies ist nun der Moment, den ein lebenserfahrener
Erzieher dazu nutzen muß, »die Saat der Menschlichkeit
in das Herz« eines jungen Menschen »zu säen«, indem er
seinen Zögling darauf hinweist, daß es außer ihm unzählige »Mitmenschen gibt, die das durchleiden, was
[auch sein Herz] durchlitten hat, die die gleichen Schmerzen haben, die es selbst gefühlt hat«. Es ist der Augen-

blick, wo man lernen kann und sollte, daß wirklich »alle« dem »Elend des Lebens unterworfen« sind, »dem Kummer, den Schmerzen, Bedürfnissen und Leiden aller Art«. Der selbst vielfach leidgeprüfte Rousseau folgert daraus, daß erst das Bewußtsein unseres gemeinsamen Unglücks uns wirklich »mitfühlend« machen kann, weil nur das »traurige Bild der leidenden Menschheit« in unserem Herzen »die erste Rührung« zu bewirken vermag, die es je empfunden hat.

Umgekehrt halten erst diese »Tränen der Rührung« – die eben nur der vergießt, der seinen eigenen Kummer in den Leiden der Anderen wiedererkennen kann – besondere Einsichten bereit, die der Verstand alleine nicht bieten kann. Denn erst durch das Erwachen dieser im tiefsten unseres Wesens schlummernden Tränen werden wir in Demut dazu befähigt, zu unseren Mitmenschen eine echte Zuneigung zu fassen und uns auch in Dankbarkeit von ihrer Zuwendung anrühren zu lassen. Erst die Tränen machen uns also »gesellig«, befreien uns füreinander. Aus Tränen entsteht »die Beziehung des Menschen zu seiner Umwelt«, entstehen »Güte, Menschlichkeit, Mitgefühl, Wohltätigkeit, daß heißt alle liebenswerten und sanften Triebe«. Und Tränen der Rührung produzieren sogar ein »Glücksgefühl« eigener Art, da sie für einen Menschenfreund stets »die Begleiter der süßesten Genüsse sind«.

Für Rousseau ist diese Rührseligkeit – die in seinen Augen übrigens nichts Pathologisches hat und deshalb auch nicht dazu führen sollte, das eigene Herz durch den gezielten, »fortwährenden Anblick von Schmerzen und Leiden zu betrüben« und »zu verhärten« – letztlich auch immer ein unabdingbarer Bestandteil und Ingrediens je- **163** ner Lust, die beim genußvollen Lernen erlebt wird. Doch welche Erkenntnisse, welches Wissen vermag nun ein durch die Fähigkeit zur Rührung bereichertes Lernen zu vermitteln? Rousseau bleibt auf diese bedeutsame Frage die Antwort keineswegs schuldig: Die Kenntnis »erhabener Gefühle« erzeugt beim Lernenden einen unvergleichlichen »Weitblick«, eine völlige »Klarheit der Urteilsfähigkeit«, eine bemerkenswerte »Schärfe des Verstandes«, da sie »die Wünsche einer großen Seele in den engen Grenzen des Möglichen zu halten weiß«. Auch prägen sich einem voller Mitgefühl Lernenden »die wahren Prinzipien der Rechtlichkeit, die wahren Vorbilder des Schönen, alle moralischen Bezüge der Wesen untereinander, alle Begriffe der Ordnung« besser ein, als einem ohne diesen Vorzug ausgestatteten Menschen: »Er erkennt den Platz eines jeden Dinges und den Grund, der es von ihm entfernt – er erkennt, was das Wohl bewirkt und was sich ihm widersetzt«. Vor allem aber verspürt er dadurch, daß er durch seine Verbundenheit mit den Mitmenschen »aus sich selbst heraus[gerissen] ist«, eine tiefe innere Freude, *une jouissance intérieure*, da er sich als ein mit und für andere Lernender stets auch als deren »Wohltäter« begreift.

8. KAPITEL

Toleranz

Johann Bernhard Basedow oder
Die Vielgestaltigkeit der Wahrheit

DESSAU 1774. In dem mitteldeutschen Residenzstädchen
an Mulde und Elbe, dem Hauptort und Regierungssitz
des kleinen Fürstentums Anhalt-Dessau (mit seinen sehr
überschaubaren Exklaven Groß-Alsleben, Sandersleben
und Gröbzig), arbeiten die leitenden Minister des Landes
emsig an der Umsetzung einer überaus ehrgeizigen politischen Reformagenda: Anvisiert sind soziale und ökonomische Neuerungen, die den anhaltischen Staat mit seinen knapp 35.000 Einwohnern zur modernsten und
fortschrittlichsten Region des gesamten Reiches machen
sollen. Schon jetzt zieht es viele neugierige Besucher in
den Kleinstaat, der innerhalb wie außerhalb Deutschlands in dem Ruf steht, ein wahres Musterländchen der
Aufklärung zu sein. Christoph Martin Wieland, der
Weimarer Schriftsteller oberschwäbischer Herkunft und
Prinzenerzieher, hält das zwar kleine, doch um so an-
spruchsvollere Anhalt-Dessau sogar für »die Zierde und
den Inbegriff des 18. Jahrhunderts«.

Verantwortlich für die Planung und Durchführung des
großangelegten anhaltischen Reformwerks ist der äußerst
zielstrebige Fürst Leopold III. Friedrich Franz von Anhalt-Dessau selbst. Für manch einen der jüngeren, pro- **165**

gressiv eingestellten deutschen Regenten ist dieser Fürst deshalb auch ein unübertroffenes politisches Vorbild. Wer sich in moderner Staatskunst üben will, schaut jetzt nach Dessau. Allenthalben gilt der Versuch viel, jener Triebfeder auf die Spur zu kommen, die den Dessauer zu seinen entschlossenen Taten motiviert. Darum wünscht auch Wieland seinem fürstlichen Zögling Carl August von Sachsen-Weimar im Jahr 1774 »nichts als das Glück«, wenigstens eine Zeitlang »von einem Fürsten, wie Franz von Dessau, zu lernen, unter seinen Augen zu leben, sein Beispiel vor den seinigen zu haben«, um auf der Grundlage der so gewonnenen Anschauungen geeignete Schlüsse für die Leitung des eigenen Staatswesens zu ziehen.

Seinerseits kommt der vielgepriesene Fürst von Anhalt-Dessau allerdings ebensowenig ohne ein Leitbild zeitgemäßer Regierungskunst aus wie seine jugendlichen Verehrer und Nachahmer vom Schlage des erst siebzehn Jahre alten Herzogs von Sachsen-Weimar. So wie andere zu ihm aufschauen, blickt Fürst Franz nach Großbritannien. Schon lange begreift er dieses durch seine verbrieften Freiheiten früh verbürgerlichte Land als Vorboten eines für ganz Europa wegweisenden, außerordentlich liberalen Staatsverständnisses. Seinen ausgeprägten Sinn für die Vorzüge der politischen Institutionen Großbritanniens haben hochgebildete hugenottische Hofmeister geweckt, die zwischen 1751 und 1756 für die Erziehung des jungen Fürsten verantwortlich gewesen sind. Bereits als Jugendlicher hat Franz daher ganz bewußt den Grundstock für eine reichhaltige Kollektion englischer Werke gelegt, die selbst britischen Besuchern der Dessauer Schloßbibliothek, unter anderem auch dem schottischen Schriftsteller James Boswell, höchsten Respekt abnötigen.

An die praktische Umsetzung der durch die Lektüre englischer Literatur empfangenen Anregungen kann der seit 1758 regierende Fürst Franz jedoch erst nach dem Ende des Siebenjährigen Krieges denken. Zwar nimmt er mit seinem kleinen Land, für das er eine Neutralitätserklärung abgibt, nicht am unmittelbaren Kriegsgeschehen teil, doch muß er dem preußischen König, den er für völlig unberechenbar hält, hohe Kontributionen zahlen, um von diesem nicht militärisch behelligt zu werden. Ohne die an Preußen abgeführten Gelder kann Franz seine Reformprojekte aber nicht in der gewünschten Weise auf den Weg bringen. Daß er einen Teil der von Friedrich II. verlangten Summe mit seinem Familiensilber bezahlt und seinen Verwandten auch keine Apanagen mehr zukommen läßt, verschafft ihm allerdings in schwieriger Zeit weitere große Sympathien aufklärerisch gesinnter Zeitgenossen.

Nach dem Friedensschluß von Paris und dem kurz darauf auch zwischen Preußen und Österreich ausgehandelten Frieden von Hubertusburg ist es dann endlich soweit: Fürst Franz von Dessau beginnt mit der umfassenden Modernisierung des von ihm gelenkten Staates. Durch die Unterstützung innovativer Privatmanufakturen sowie durch die Förderung und Ausweitung des Obstanbaus belebt er den Handel und steigert die Effektivität der anhaltischen Wirtschaft. Zudem läßt er die Straßen des Landes ausbessern, fördert das Armenwesen und kümmert sich um die gehobene medizinische Versorgung seiner Untertanen. Auf die Ausübung der Zensur, zu der ihn die Reichsgesetze eigentlich verpflichten, verzichtet er großmütig. Und bei allem versucht er auch weiterhin von den politischen, sozialen und ökonomischen Entwick- **167** lungen Großbritanniens zu lernen, nicht mehr nur aus Büchern, sondern nun auch aus eigener Anschauung.

Zwischen April 1763 und März 1767 begibt er sich im nun befriedeten Europa auf zwei mehrmonatige Reisen nach England, wo er gemeinsam mit seinem Begleiter, dem engen Freund und Berater Friedrich Wilhelm von Erdmannsdorff, aufmerksam die britische Landwirtschaft, Architektur und Gartenkunst studiert. Im Banne der dort empfangenen Eindrücke nennt er England sogar voller Enthusiasmus sein zweites Vaterland. Dazu paßt, daß Franz und Erdmannsdorff sich ein nahezu perfektes Englisch aneignen, für das sie von den Briten gebührend bewundert werden. Die Früchte der Englandreisen sind in den Worten August Rodes, der als Hofmeister und Geheimer Rat einer der bedeutendsten Männer in Dessau ist, vor allem »geläuterte Begriffe von jedem gesellschaftlichen Verhältnisse«, ein »erhöhtes Gefühl ächter Menschenwürde«, das »besonders in England heimisch ist«, aber auch »gründliche Kenntniß des vervollkommneten Kunstgeschickes und Kunstfleißes der Handwerker, der Manufakturen und Fabriken und des Acker-, Garten-, Deich- und Straßenbaus«.

Insbesondere die anhaltische Landwirtschaft profitiert von den Studien, die der Landesfürst und sein Begleiter in Großbritannien treiben. Kleefelder, die es bislang auf dem Kontinent noch nicht gab, werden jetzt in Dessau mit Hilfe jener Kleesamen angelegt, die Franz und Erdmannsdorff zentnerweise von ihrer ersten Englandreise nach Hause geschickt haben. Auch neue Viehfütterungsmethoden und moderne Ackerbaugeräte werden von der britischen Insel nach Dessau importiert. Brache, Hut und **168** Trift werden abgeschafft, Fruchtwechselwirtschaft, Stall-

und Hordenfütterung eingeführt. Ebenfalls nach eng-
lischem Vorbild wird die Schafzucht gesteigert, unter
anderem durch die Verbesserung der Viehrassen. Alle
diese Maßnahmen einer praktischen Modernisierung
der Landwirtschaft werden, wo immer es sich anbietet,
mit einer Idyllisierung der Landschaft verbunden. Man
glaubt jetzt, in der anhaltischen Feldflur ein sorgsam
kultiviertes Gartenland vor sich zu haben. Auch die
verschiedenen Schloßparks des Fürsten, vor allem die
Wörlitzer Anlagen, werden zu naturnahen »englischen
Gärten« umgestaltet. Immer häufiger beehren deshalb
neugierig gewordene Briten Anhalt-Dessau mit einer Vi-
site. Einem britischen Besucher entfährt dabei bezeichnenderweise der erstaunte Ausruf: »God damn, here is
England«.

Das wohl wichtigste Anliegen des Fürsten aber ist es,
den Respekt vor der Würde aller Menschen, den er auf
seinen Reisen ja als typisch englische Tugend kennengelernt hat, auch in seinem Land nach Kräften zu befördern. Schließlich gelten ihm alle technischen Modernisie-
rungsmaßnahmen nichts oder nur wenig, wenn nicht
auch die Menschlichkeit in Dessau eine dauerhafte Heimstatt findet. Da sich der Grad der in einer Gesellschaft
praktizierten Achtung vor den Mitmenschen nun sehr gut
daran ablesen läßt, wie weitgehend dort die unterschiedlichsten religiösen Bekenntnisse toleriert und respektiert
werden, setzt Franz von Dessau insbesondere in der To-
leranzpolitik deutliche Akzente. Kein anderer deutscher
Territorialstaat bietet seinen Einwohnern größere religiöse Freiheiten als Anhalt-Dessau.

Zwar ist das Land, wie sein Fürstenhaus, in der Mehrheit reformierten, calvinistischen Glaubens, doch machen **169**

die Lutheraner immerhin ein Drittel der Bevölkerung aus. Auch die winzige katholische Minorität genießt das Recht freier Religionsausübung. Ebenso ergeht es im Fürstentum der größeren jüdischen Gemeinde, die annähernd 1000 Personen umfaßt, bei etwa 7000 Einwohnern der Stadt Dessau insgesamt. Während der Regierungszeit des Fürsten Franz dürfen die Juden einen Begräbnisplatz und eine Synagoge einrichten, ihre Gemeindeältesten wählen, Kantoren, Schächter, Schulmeister und weitere Gemeindediener einstellen. Juden sind in Dessau nicht nur im Handelsbereich tätig, sondern auch im produzierenden Gewerbe. Auch bilden jüdische Kaufleute aus Dessau eine der größten Gruppen jüdischer Messegäste im benachbarten Leipzig. Für gewöhnlich stellen sie deshalb den Messerabbiner. Während der Messen verstorbene Juden werden in Dessau bestattet. Sogar die Musikanten und der Koch für die jüdischen Messegäste kommen aus Dessau.

Die in Dessau wie selbstverständlich gewährte religiöse Toleranz, die gerade von den Juden als äußerst wohltuend empfunden wird, ist allerdings sehr stark vom Wollen und Wirken des Landesherrn abhängig. Noch ist er, der die weitgehende rechtliche Gleichstellung aller Konfessionen anstrebt, der alleinige Bürge anhaltischer Religionsfreiheit. Fürst Franz weiß dies auch und möchte deshalb – unabhängig von allen juristischen Reformvorhaben – die Akzeptanz für die Präsenz unterschiedlichster Religionsgemeinschaften dauerhaft im Bewußtsein möglichst vieler Dessauer verankern. Um dies zu erreichen, will er das Dessauer Unterrichts- und Bildungswesen dahingehend reformieren, daß die in seinem Staat zur Schule gehenden Kinder schon in frühester Jugend zur Menschenliebe und Toleranz erzogen werden. Dazu benötigt er einen Schulmann, der höchsten Ansprüchen genügt.

Rousseau, dessen Pädagogik des Mitgefühls der Fürst über alle Maßen schätzt, kann er für dieses Vorhaben nicht gewinnen. Immerhin wird er den Verfasser des *Emile* im Sommer 1775 in Paris aufsuchen, um dort mit ihm nicht nur über die Kunst der Erziehung, sondern auch über den Staat und die Gesellschaft Großbritanniens zu sprechen. Doch engagiert Franz mit dem 50-jährigen Hamburger Johann Bernhard Basedow einen der erfahrensten deutschen Pädagogen, dessen aufrüttelnde Erziehungsschriften mittlerweile in vielen Teilen Europas mit ebenso großem Interesse gelesen werden wie die provokanten Texte Rousseaus. Jetzt, im Dezember 1774, eröffnet Basedow in Dessau nun endlich eine sogenannte »Schule der Menschenfreundschaft«, was dem anspruchsvollen Landesherrn einen Seufzer der Erleichterung entlockt: In meinen Schulen, so Fürst Franz, »war Augias Stall, und mir fehlte ein Herkules. Da kam mir Basedow zur Hilfe. Ich rief ihn nach Dessau. Ich begriff seinen Plan«.

Basedows Erziehungsplan, der den hehren Absichten des Fürsten vollauf entspricht, ist das Ergebnis einer jahrzehntelangen, höchst intensiven Auseinandersetzung mit den Problemen und Anforderungen einer zeitgemäßen Pädagogik. Einschlägige Erfahrungen hat Basedow als Lehrer und Dozent an vielen Erziehungsinstituten sammeln können. Doch am Anfang seiner Karriere als Reformer des deutschen (und europäischen) Bildungswesens steht das eigene Schülerleben. Denn an den Zumutungen und Zwängen des herkömmlichen Schulbetriebs reibt **171** sich Basedow bereits als 15jähriger Pennäler. Sein Vater, ein Perückenmacher, hat ihm schon im Vorschulalter das Lesen und Schreiben sowie die lateinischen Deklinationen und Konjugationen beigebracht. Zu Ostern 1732 wird der Junge dann in die Hamburger Gelehrtenschule des Johanneums aufgenommen. Doch der begabte und ehrgeizige Schüler kann dort nicht so schnell vorankommen, wie er gerne möchte. Mehrfach muß Basedow die Oberprima wiederholen, weil er schwächeren Schülern im laufenden Unterricht Nachhilfe erteilen soll. Sein Gesuch, das Akademische Gymnasium besuchen zu dürfen, wird Jahr um Jahr abschlägig beschieden.

In dieser Zeit müßigen Wartens verzweifelt Basedow fast an dem weiteren Fortschritt seiner Studien. Als er vom Vater aber nicht die Erlaubnis erhält, die Schule zu verlassen, flieht er, ähnlich wie ein Jahrzehnt zuvor auch Franklin und Rousseau, aus seiner Vaterstadt. Von Hamburg reist er ohne Wissen seiner Eltern nach Amsterdam. Gleich nach seiner Ankunft in Holland heuert er auf einem Handelsschiff an. Das Ziel heißt Indien, doch ein schwerer Sturm bringt die Bark noch in der Nordsee zum Kentern. Ein mitreisender Kaufmann, der wie Basedow gerettet wird, überredet den Jungen dazu, doch lieber rasch nach Hamburg zurückzukehren.

Die erleichterten Eltern dringen jetzt darauf, daß ihrem Kind ein besseres Fortkommen ermöglicht wird. Tatsächlich wechselt Basedow denn auch im Sommer 1743 ans Akademische Gymnasium. Hier wird Reimarus sein Lehrer, der ihm nicht nur Sympathie und Verständnis entgegenbringt, sondern auch Lockes Erziehungsschrift als anspornende Lektüre zu lesen gibt. Durch Reimarus lernt Basedow somit erstmals, daß die wahre Kunst der

Kindererziehung darin besteht, diese als *sport and play* zu gestalten. Und Reimarus bestärkt seinen neuen Schüler auch in der Ansicht, daß man den Unterricht nicht durch eine falsch verstandene Schuldisziplin zu einer freudlosen Sache verkommen lassen darf, wenn Kinder und Jugendliche mit Begeisterung und Erfolg Wissen erwerben sollen.

Von Reimarus übernimmt Basedow aber auch jenen wichtigen philosophischen Grundsatz, daß man zu selbstgerechte oder der Vernunft widersprechende Formulierungen des eigenen Glaubensbekenntnisses nicht unüberlegt und ohne gehörige Prüfung für allgemeingültig erklären darf. Basedow, der im lutherischen Religionsunterricht gehört hat, daß man alle »Juden, Türken, Heiden, Ketzer mit ihren Kindern« für »verdammt« und »ewig unglückselig« zu halten hat, fragt sich nun erstmals, »ob wohl das alles wahr seyn sollte«, was man ihn »in der kindlichen Instruction von Gottes Daseyn, Eigenschaften und Richtersprüche gelehrt«. Er bemüht sich, dieses ihn stark beschäftigende Problem möglichst selbständig zu lösen. Noch in seinem letzten Jahr auf dem Gymnasium begibt er sich in Hamburg in eine Privat-Synagoge, um sich über den jüdischen Glauben und jüdische Riten aus erster Hand zu informieren. Hier erlebt er nun, als er zu einem Juden tritt, wie dieser »mit heisser Andacht«, die sich »in Thränen« zeigt, im Talmud liest. Von diesem Zeitpunkt an ist Basedow, den dieses eindrucksvolle Zeugnis lebendigen Glaubens zutiefst ergriffen macht, davon überzeugt, daß auch Andersgläubige auf ihre je eigene Weise einen Zugang zur göttlichen Wahrheit finden können. In dieser seelischen Verfassung geht er zum Studium der Theologie und der Moral nach Leipzig.

173

In der sächsischen Universitätsstadt an der Pleiße schließt er sich schon bald dem Schriftstellerkreis um Cramer und Ebert an, zumal letzterer ja als ehemaliger Schüler des Hamburger Gymnasiums ein alter Bekannter ist. Angeregt durch Ebert und Cramer studiert Basedow in Leipzig die Schriften Bodmers und übersetzt die »vortrefflichen englischen kleinen Stücke« eines »Addison« aus dem *Spectator*. Abgesehen von einigen unauffälligen dichterischen Versuchen tut Basedow sich aber in keiner nennenswerten Weise als Poet hervor. Mehr und mehr verlegt er sich auf den Besuch »Philosophischer Collegia«, wobei ihn Gellerts Vorlesungen über Moral tiefer als alle anderen universitären Veranstaltungen beindrucken. Besonders fasziniert zeigt er sich von der Großherzigkeit und Weite der religiösen Vorstellungswelt, die der Professor Gellert auf so einnehmende, ehrliche und berührende Weise vorzutragen weiß.

Als Basedow nach Ende seines Leipziger Studiums Hofmeister bei der Familie von Qualen auf dem holsteinischen Gut Borghorst bei Kiel wird, hat er ab Sommer 1749 Zeit und Gelegenheit, die von Reimarus und Gellert übernommenen Lebensweisheiten und pädagogischen Ratschläge nun auch im eigenen Unterricht auszuprobieren und weiterzuvermitteln. Trotz schwerer Krankheit, die Basedow ein halbes Jahr ans Bett fesselt, gelingt es dem ambitionierten Junglehrer seinem Schüler Josias von Qualen in nicht einmal drei Jahren soviel beizubringen, daß dieser bereits Ostern 1752, im Alter von nur zehn Jahren, als ein »wohlgeübter Gymnasiast« gelten kann. Nicht nur in der Universalhistorie, Geographie und Mathematik kennt der Junge sich gründlich aus, auch in der

Philosophie, Naturlehre, Moral und Religion verfügt er

über umfangreiche Kenntnisse. Sechs bis sieben Stunden täglich hat sich der kleine Josias von seinem Lehrer Basedow mit großem Vergnügen unterrichten lassen, ohne zu ermüden.

Noch im Jahr 1752 erläutert Basedow in einer in Hamburg veröffentlichten Abhandlung ausführlich, wieso er mit seiner auf Borghorst angewandten »Lehrart des Privat=Unterrichts« einen derart eindrucksvollen Erfolg erzielen konnte. Es sei, wie er betont, in erster Linie dem spielerischen Element der von ihm gewählten Unterrichtsmethode zu verdanken, daß dem Schüler das Lernen durchweg Spaß gemacht habe. So habe er mit seinem Zögling, ohne grammatische Kenntnisse vorauszusetzen, lange Zeit nur in einfachen lateinischen Dialogen parliert, die »anfangs in lauter Spielereien« bestanden, welche den Jungen »belustigten«, so daß »er den Sinn der darinnen vorkommenden Wörter« ausschließlich »durch Rathen lernte«. Auch habe er stets auf Zwang und Schläge verzichtet und damit bewiesen, daß eine gelungene Unterweisung stets auch einen fröhlichen Verlauf nehmen könne. Freude am Lernen, so Basedow, sei eine so wesentliche Voraussetzung für den Lernerfolg, daß ein Lehrer stets darauf achtzugeben habe, wie er seinem Schüler das Lernen zur Lust machen könne. Der Phantasie des Lehrers seien beim Erfinden fröhlicher Lern- und Ratespiele keine Grenzen gesetzt. Als Kronzeugen für die Seriosität der von ihm angewandten Unterrichtsmethode führt er die pädagogischen Schriften Lockes und seines Lehrers Reimarus an.

Der große Erfolg seiner Borghorster Unterrichtsmethode, die im von Dänemark verwalteten Holstein schnell »landkundig« wird, verhilft ihm zu einer gut dotierten **175**

Professur für Moral an der renommierten Ritterakademie zu Sorö auf der dänischen Ostseeinsel Seeland. Hier nun wird es zu seinem wichtigsten Anliegen, seine Studenten zur religiösen Toleranz zu erziehen. Ganz wie sein Leipziger Vorbild Gellert hält Basedow in Dänemark Vorlesungen über Moral, in denen er Aufrichtigkeit und Menschenliebe vor allem in religiösen Angelegenheiten einfordert. In seinem 1756 in Kopenhagen veröffentlichten *Lehrbuch über prosaische und poetische Wohlredenheit* richtet er schwere Vorwürfe an all jene Menschen, die »zum Abscheu an dem Umgange mit fremden Religionsverwandten« aufrufen. Stattdessen solle man in den Schulen in einer überkonfessionellen religiösen Unterweisung das sittliche und tugendhafte Verhalten auch Andersgläubiger respektieren lernen. In welchem zeitgenössischen Staat das Ideal einer vollkommenen religiösen Toleranz schon fast erreicht ist, gibt er in seiner 1758 in Kopenhagen und Leipzig veröffentlichten *Practischen Philosophie* zu erkennen: »Ein Pensylvanien« sei nämlich ein vortreffliches Exempel dafür, daß ein Land »bey zwanzig gleich privilegierten Religionen sehr ruhig und glücklich« sei. Könne man daher nicht endlich auch an jedem Ort Europas den Juden »mit den Christen gleiche Rechte« verstatten, um sie zu »beßre[n] Bürger[n]« zu machen?

Auch nach seiner 1761 erfolgten Versetzung an das königlich dänische Gymnasium in Altona wirbt Basedow im Schulunterricht weiter für religiöse Toleranz. In seinen 1766 publizierten *Betrachtungen über die wahre Rechtgläubigkeit und die im Staate und in der Kirche nothwendige Toleranz* träumt er sogar davon, dereinst »braminische, chinesische« oder auch »mahomedanische«

Religionsangehörige nach Deutschland einzuladen, um ihnen dort demonstrativ sämtliche Bürgerrechte zu bewilligen, sofern die Neuankömmlinge »keine friedensstörerische Mittel« zur Verbreitung ihrer eigenen Glaubensvorstellungen anwenden.

Obschon Basedow als Altonaer Gymnasialprofessor viele Schüler vom Wert einer weitreichenden religiösen Toleranz überzeugen kann, faßt er nun als nächstes Ziel ins Auge, eine ganz neuartige Musterschule der Menschenfreundschaft zu gründen. Nur auf diese Weise werde ersichtlich, wie er am 2. Juli 1768 in einem Brief an den dänischen Premierminister Adam Gottlob von Moltke schreibt, welch heilsame Wirkung eine konsequente Erziehung zur religiösen Toleranz habe, und zwar nicht nur »für eine Stadt oder für ein einziges Land, sondern für die ganze moralische Welt«. Mit seiner ebenfalls 1768 veröffentlichten Schrift *Vorstellung an Menschenfreunde und vermögende Männer über Schulen und Studien und ihren Einfluß in die öffentliche Wohlfahrt* versucht er dann in ganz Europa Interessenten für die Gründung der von ihm anvisierten Modellschule der Toleranz zu finden. Wer immer das »Schulwesen in Europa« zu beeinflussen vermag, ob in Dänemark, Deutschland, Großbritannien oder der Schweiz, soll wissen, daß er, Basedow, gerne mit allen »vernünftigen Patrioten des menschlichen Geschlechts« zusammenarbeitet.

Verstanden wird Basedows Wunsch zuerst in der Schweiz, von wo aus ihm bereits im Sommer 1769 durch den Basler Ratsschreiber und Historiker Isaak Iselin signalisiert wird, daß er dort sehr willkommen ist. Im Folgejahr erwägt Basedow auch ganz ernsthaft, mit seiner ganzen Familie in die Schweiz überzusiedeln, um dort **177** seine pädagogische Arbeit fortzusetzen. Doch Anfang 1771 erreicht ihn noch eine andere Einladung zur Neugründung einer Schule, der er letztlich den Vorzug gibt. Fürst Franz von Dessau, der von seinem Hofmeister Ernst Wolfgang Behrisch darauf aufmerksam gemacht worden ist, daß Basedow eine neue zukunftsorientierte Lehranstalt gründen will, fordert den Altonaer Professor dazu auf, dieses Vorhaben in der anhaltischen Haupt- und Residenzstadt zu verwirklichen. Denn dem Landesherrn gefällt es, daß Basedow in seiner *Practischen Philosophie* geäußert hat, man treffe »in Lockes Buche von der Erziehung« etwas »vollständigeres und ordentlicheres« an, als in jeder anderen Schrift »über dieselbe Sache«. Und nach seinem Herzen gesprochen, ist auch Basedows in der *Vorstellung an Menschenfreunde* getroffene Feststellung, daß man sich in vielen pädagogischen Punkten »der Meinung des Herrn Rousseau« anschließen müsse.

Schon im Juli 1771 sind sich der Fürst und Basedow einig, in Dessau ein völlig neues pädagogisches Institut »zur Tätigkeit zu bringen« und gemeinsam »in Stand zu setzen«. Verzögert wird dieses Projekt allerdings durch ein Jahrhunderthochwasser, das Anhalt-Dessau im Spätsommer 1771 heimsucht. Mehrere Elbdämme brechen, wodurch viele der sorgsam gehegten Felder, Gärten und Dörfer wochenlang unter Wasser stehen. Während Fürst Franz sich um die möglichst rasche Wiederherstellung des anhaltischen Gartenreiches kümmert, arbeitet Basedow, der trotz der widrigen Umstände bereits im Herbst 1771 nach Dessau zieht, ein neues Lehrbuch aus. Mit diesem enzyklopädischen *Elementarwerk*, das als bündige Einführung in die unterschiedlichsten schulischen Wissensgebiete gedacht ist, will Basedow auch sehr jungen

Schülern auf kindgerechte Weise die Bedeutung der religiösen Toleranz vermitteln. 1774 ist es dann endlich soweit: Die neue Schule der Menschenfreundschaft, die Basedow gräzisiert »Philanthropin« nennt, wird in Dessau eröffnet, während zeitgleich und am selben Ort in seiner ersten Auflage das vierbändige *Elementarwerk* erscheint.

Welche Wertschätzung das Philanthropin bei Fürst Franz genießt, wird aus der Tatsache ersichtlich, daß er der Schule schon bald nach ihrer Gründung ein sehr ansehnliches Dessauer Stadtpalais zur Verfügung stellt, dessen großzügige Räumlichkeiten für die weittragenden Erziehungspläne Basedows wie gemacht zu sein scheinen. Aber auch in der anhaltischen und deutschen Öffentlichkeit genießt die Dessauer »Schule der Menschenfreundschaft« in kürzester Zeit ein hohes Ansehen. Sogar aus dem europäischen Ausland schicken Eltern ihre Kinder als Schüler an die neue Erziehungsanstalt. Die Zöglinge des Philanthropins sind in der Regel zwischen 6 und 16 Jahre alt. Zwar werden nur Jungen zur Immatrikulation zugelassen, doch stellt Basedow bei einem öffentlichen Schulexamen seine erst 6jährige Tochter Emilie als lebendigen Beweis dafür, daß schon sehr kleine Kinder, ob Knaben oder Mädchen, flüssig lateinisch oder französisch sprechen können, wenn man ihnen diese Sprachen spielerisch nahebringt.

Die meisten Schüler des Philanthropins sind Lutheraner, doch auch Calvinisten und Katholiken besuchen das Institut in nicht geringer Zahl. Jüdische Schüler, die aus Berlin nach Dessau geschickt werden, sind ebenfalls am Philanthropin immatrikuliert. Und auch die Lehrerschaft **179** setzt sich aus verschiedenen Konfessionen zusammen. Außer Lutheranern und Calvinisten zählen zu den elf dauerhaft angestellten Dozenten noch ein Herrnhuter – der Physiklehrer Christoph Kaufmann – sowie der jüdische Arzt Dr. Peter Samson, der für den Zeichenunterricht zuständig ist. Da es am Philanthropin keinen konfessionsgebundenen Religionsunterricht gibt, kommen Lehrer und Schüler als Schulgemeinde in überkonfessionellen Andachten zusammen, in denen Gebete gesprochen und Lieder gesungen werden, die zum Frieden zwischen den Völkern und zur gegenseitigen Akzeptanz der verschiedenen Religionsgemeinschaften aufrufen. Weil dieses besondere Arrangement der religiösen Unterweisung durchaus den pädagogischen Zielsetzungen der Philadelphia Academy entspricht, unterstreichen einige Lehrer des Philanthropins in ihren Publikationen denn auch die geistige Verwandschaft, die zwischen den von Basedow und Franklin gegründeten Schulen besteht. Der Dessauer Geographielehrer August Friedrich Wilhelm Crome dankt Franklin sogar in einem Brief ganz ausdrücklich für dessen Vorbildfunktion.

Gelehrt wird in Dessau nach den pädagogischen Grundsätzen des *Elementarwerks*, die sich ganz unübersehbar an Lockes Erziehungsvorstellungen orientieren. Es versteht sich also von selbst, daß gleich der erste Abschnitt des Basedowschen Lehrbuchs, der sich an »erwachsene Kinderfreunde« und angehende Lehrer richtet, von »allerley Spielen mit Kindern« handelt. Neben Gedächtnis- oder Suchspielen gibt es vielfältige Vorschläge für ein spielerisches Lesenlernen. »Man muß die Freyheit, nach ihrem Gefallen unschädlich zu spielen, den Kindern zwar nicht einschränken«, betont Basedow, »aber ihr könnt machen, daß sie niemals andere Spiele wählen, als dazu ihr sie reizen wollt«, also auch Buchstabier-, Silben oder Reimspiele, mit denen das Lesenlernen beginnen soll.

Auch sollen sich die Kinder selbst einen Lesekasten basteln, indem sie »von jedem Buchstaben etwa zwanzig groß genug abdrucken lassen, und einen jeden auf sehr dickes Papier kleben«. Schon dieses Anfertigen eigener Unterrichtsmaterialien hat seinen Wert und Sinn, darf aber nicht mehr als »täglich eine halbe Stunde« in Anspruch nehmen. Auf dem Leisten des selbst gebauten Setzkastens lernen die kleinsten Schüler in wenigen Wochen lesen und »hernach auch die Buchstaben hinsetzen, die ein vorgesagtes Wort ausmachen, welches eine Vorübung des nachfolgenden Schreibens ist«. Grundregel dieser täglichen Übung ist das Motto: »Nicht viel, aber mit Lust!«.

Besonders liegt es Basedow am Herzen, Kindern regelmäßig »aus einem Buche etwas Verständliches und Angenehmes vorzulesen«, so daß sie schließlich selber lesen möchten. Im Hauptteil des *Elementarwerks*, der den Schülern zu lesen gegeben werden soll, sind deshalb immer wieder kleine Geschichten enthalten, in denen die Kinder ihre Alltagswelt wiederfinden können, denn Basedow weiß: »Viele der halberwachsenen Kinder wissen noch nicht, wie angenehm und nützlich das Bücherlesen werde. Sie lesen nur ungern, nur auf Befehl und nachlässig. Das sind aber nicht diejenigen, welche nach meinen Anschlägen und bei gutem Gebrauche des Elementarwerkes erzogen und unterrichtet sind. Diese verlangen mehr zu lesen, als man ihnen erlaubt«. Umgekehrt fordert Basedow seine Schüler aber auch dazu auf, eigene kleinere Bücher zu verfassen: **181**

»Selbst zusammenschreiben aber müßt ihr ein kleines Jahrbuch von den Begebenheiten eurer Person und Familie«, denn »es ist oft nicht wenig daran gelegen«, daß man auch scheinbar gewöhnliche Geschichten einmal »auf solche Art niedergeschrieben habe«.

Kinder, die sich auf eine solche vergnügliche und selbständige Weise ihre Welt erschließen, so Basedow, erwerben zugleich einen ausgeprägten Sinn für alle wichtigen Lernhaltungen. Zuallererst ist dies ein beständiges »Wohlgefallen an mancherlei Art der Erkenntnis«, also »Wißbegierde«. Da jede Lerneinheit des *Elementarwerks* mit zahlreichen zur Sache gehörigen Kupferstichen des Berliner Künstlers Daniel Nikolaus Chodowieckis illustriert ist (insgesamt sind im *Elementarwerk* genau 100 Bildtafeln abgedruckt), lernen die Schüler des Philanthropins auch den Wert einer möglichst detaillierten »Anschauung« kennen. Und dadurch, daß die Schüler zum freien Unterrichtsgespräch angehalten werden, üben sie sich auch im vernunftgemäßen »Gebrauch des Verstandes«. Zu den nötigen Eigenschaften guten Lernens, so Basedow weiter, »gehört aber auch die Phantasie« als das Vermögen, uns weiterführende Vorstellungen von noch unbekannten Zusammenhängen zu machen. Von der »Aufrichtigkeit« als der unverzichtbaren Grundlage der »Bildung des Gemüts und der Sitten« handelt gleich ein ganzes Kapitel des *Elementarwerks*. Daß das Lernen stets »zum gemeinschaftlichen Besten« dienen soll, unterstreicht Basedow ebenfalls. Eine allgemeine »Menschenliebe«, welche die schönste Ausprägung des natürlichen Mitgefühls ist, bezeichnet er in einer »Vorerinnerung an Kinderfreunde« gar als »Pflicht und Tugend« jedes Lernenden.

Beherzigt man diese Tugenden der vergnüglichen Unterweisung, so Basedow, lassen sich auch anspruchsvolle Fächer wie Ökonomie oder Physik selbst bei pubertierenden Jugendlichen mit Erfolg unterrichten. So finden sich im Abschnitt über den »Kommerz« auch exzellente Abbildungen des regen Treibens an der Londoner Börse, die den Schülern die besondere Bedeutung der britischen Hauptstadt für den modernen Freihandel vor Augen führen sollen. Und im Naturkundeunterricht, der nach den Vorgaben des *Elementarwerks* erteilt wird und somit auch von den »elektrischen Wirkungen« in der Körperwelt handelt, fertigen die 15- und 16-jährigen Schüler des Philanthropins dann aus Holz, Karton, Papier und Draht eine Modellbaukirche an, die man sogar zur Demonstration eines Blitzeinschlags und der Wirkung des von Franklin erfundenen Blitzableiters nutzen kann.

Wichtigstes Ziel des *Elementarwerks* aber ist die Erziehung zur religiösen Toleranz, weshalb Basedow dieser Thematik beinahe ein Viertel des gesamten Lehrbuchs widmet. Als philosophische Basis für seine großzügigen theologischen Überlegungen dient ihm dabei ein ausführlicher Abschnitt über die Regeln der »Logik«, über »Zweifel und Wissen« und über das Wesen der »Wahrheit«. Einerseits stellt Basedow dort fest, daß »die Wahrheit« zwar die vollkommene »Übereinstimmung unserer Urteile mit beständig gemeinnützigen Regeln der menschlichen Urteile« ist, also das von jedermann nachvollziehbare Resultat korrekt vollzogener Vernunftschlüsse. Andererseits aber hebt er hervor, daß das, was wahr ist, »nicht allemal beständig wahr ist«, schon allein deshalb, weil sich die Grundlagen der Erkenntnis durch neuerworbenes Wissen oft verändern. Doch auch wegen der »Fehl- **183** barkeit unseres Verstandes« müssen wir auf der Hut sein, eine Wahrheit nicht allzu apodiktisch zu formulieren. Weil Basedow seinen Schülern überdies einschärft, wichtige Dinge, »deren Wahrheiten ihr selber untersuchen könnt«, nicht von anderen »für euch untersuchen« zu lassen, hält er es auch für zulässig, daß ein jeder »wahr« nennt, »was er mit einer ihm persönlichen Gewißheit denkt und glaubt«. Da die jeweiligen »Wahrheiten« der verschiedenen Menschen nicht selten miteinander in Einklang zu bringen sind, kann »die Wahrheit« für Basedow auch durchaus »vielgestaltig« sein. Die Wahrheit ähnelt dann einer »vielfältige[n] Wahrscheinlichkeit«.

Diese philosophisch-epistemologischen Lehrsätze verlieren für Basedow auch auf dem Gebiet religiöser Wahrheiten nichts von ihrer Gültigkeit. Somit darf niemand daran gehindert werden, sein persönliches Glaubensbekenntnis öffentlich zu verkünden, solange die Inhalte dieses Bekenntnisses nicht den Verdacht rechtswidriger Gewaltausübung auf sich ziehen. Skandalös ist es daher, daß in Europa immer noch friedliebende Menschen um ihrer Religion willen vom »allervollkommenste[n] Bürgerrecht« ausgeschlossen bleiben. Denn »so eingeschränkt wenigstens ist die Toleranz« in vielen Ländern, »daß es, um alle bürgerlichen Vorrechte zu haben, nicht genug ist, ein ruhiger und tugendhafter Mensch zu sein«.

Als ganz besonders mißlich erlebt Basedow die Situation der Juden. In eindringlichen Worten beschreibt er ihr vielerorts höchst ungerechtes Schicksal: »In einigen Ländern werden Juden gar nicht geduldet, und wenn sie sich heimlich darin aufhalten lebendig verbrannt, wie in Spanien oder Portugal. Anderswo läßt man sie bald diese, bald jene sehr unangenehmen Bedingungen unterschrei-

184

ben, ehe man sie aufnimmt«. Darum werde er, Basedow, auch »allemal nachdenkend, wenn ich an einen Ort komme, wo ein durchreisender Kaufmann aus Hamburg oder Amsterdam wegen eines an den Pässen geforderten Judenzolles sich so nicht nennen darf, wenn ihm etwas Vorhaut fehlt und die Zukunft eines Messias hofft«. Selbst in den jetzt aufgeklärteren Zeiten würden in manch einer deutschen Reichsstadt leider noch immer »Juden gemißhandelt und bedroht«. »Solche Dinge«, so der Verfasser des *Elementarwerks*, »muß ich dir erzählen, liebe Jugend, damit du vor einer solchen Verwunderung bewahrt bleibst, die ein Zeichen der Unwissenheit und einer übeln Erziehung ist«.

Ein Zeichen guter und menschenfreundlicher Unterweisung hingegen ist es, wie Basedow abschließend erneut betont, unterschiedliche »Religionswahrheiten« bereits in der Schule zuzulassen und zu erläutern, insbesondere dann, wenn Kinder aus verschiedenen Konfessionen gemeinsam dieselbe Erziehungsanstalt besuchen. So streicht Basedow in einem Kommentar zum *Elementarwerk* heraus, daß Kinder an einer Schule wie dem Philanthropin schon deshalb frühzeitig zum Wohle von Staat und Gesellschaft »das Menschliche und Bürgerliche zusammen gemeinschaftlich lernen«, damit sie »zugleich in den ersten Jahren sich zur heilsamen Vertragsamkeit gewöhnen können«. Doch auch dem lustvollen Lernen ist die Überzeugung von der Vielgestaltigkeit der Wahrheit höchst zuträglich, da sie einen wertvollen Beitrag dazu leistet, »die Lernbegierde der Jugend zu reizen«. Denn der tolerante, aufgeschlossene und neugierige Lernende »sucht« geradezu unterschiedliche »Vorstellungen« oder »Vermutungen«, um seinen Geist daran zu schulen. Einem sol- **185**

chen Menschen, wie Basedow im *Elementarwerk* resümierend schreibt, ist die Meinungsvielfalt nämlich vor
allem eine sehr »angenehme Nahrung seines Geistes«.

9. KAPITEL

Gottvertrauen

Moses Mendelssohn oder
Die Grenzen der Erkenntnis

BERLIN 1783. Schon 43 Jahre sind seit dem Regierungs-
antritt von Friedrich II. vergangen, fast ein halbes Jahrhundert also, das der preußische Monarch mit großem
Geschick, einem unbeugsamen Willen und viel Fortune
dazu genutzt hat, seinen Staat in langen, teilweise von
ihm selbst angezettelten Kriegen in den Kreis der europäischen Großmächte emporzukämpfen. Sein Ruhm als
verwegener und erfolgreicher Feldherr, der seine Truppen
als König stets selbst befehligt hat, ist inzwischen le-
gendär. Auch jetzt noch, am Ende seines Lebens, lenkt
der inzwischen 71-jährige Herrscher sein Preußen mit
höchster Entschlußkraft und eiserner Disziplin. Er allein
entscheidet, welche Politik in seinen Landen getrieben
wird, und nur seine persönlichen Vorstellungen von einer
effektiven Regierung sind für seine Minister maßgebend.
So verwundert es nicht, daß auch Berlin, die Hauptstadt
und der Lebensmittelpunkt des aufstrebenden preußischen Staates, mittlerweile in ganz besonderer Weise vom
Gestaltungswillen dieses Königs geprägt ist.

   Die einzigartige Aura des Monarchen scheint in Berlin
selbst dann spürbar zu sein, wenn er dort nicht anwesend
ist. Einer der feinsinnigsten Geister Deutschlands hat   **187**

diese fast magische Wirkung des preußischen Königs erst vor kurzem in sehr anschaulichen Worten beschrieben: Goethe, der im Mai 1778 mit dem Weimarer Herzog Carl August auf einer über das »unendlich schön[e]« Dessau führenden Route nach Berlin gefahren ist, meint schon nach einem ersten Gang durch den »Lärm der Stadt« dem »alten Fritz« und seinem »Wesen« recht »nah worden« zu sein, obwohl sich der König zu dieser Zeit gar nicht in seiner Residenz an der Spree aufhält. Ganz offensichtlich werde das »gros[e] Uhrwerk das sich vor einem treibt«, die »Pracht der Königstadt, und Leben und Ordnung«, von der »grose[n] alte[n] Walze F[ridericus] R[ex]«, die diese urbanen »Melodien eine nach der andern hervorbringt«, auch aus der Ferne in beständigem Schwung gehalten.

Doch auch jene Besucher Berlins, die mit einem weniger ausgeprägten Sinn für atmosphärische Schwingungen ausgestattet sind, werden hier auf Schritt und Tritt mit den Ergebnissen einer Stadtplanung konfrontiert, deren Initiator und treibende Kraft der preußische König selbst ist. Zum einen konnte Berlin seine Bevölkerungszahl, die jetzt bei fast 150.000 Einwohnern liegt, seit Anfang des Jahrhunderts nahezu verdreifachen, weil Friedrich II. den preußischen Staat und dessen Hauptstadt durch eine großzügige Einwanderungspolitik flächendeckend »peupliert« hat. Zum anderen zeichnet sich die Spreestadt, die sich räumlich noch immer weiter ausdehnt, durch eine Architektur aus, deren Linienführung ebenfalls samt und sonders den ästhetischen Vorlieben des Königs verpflichtet ist.

Die wichtigste Magistrale des friderizianischen Berlins ist der Boulevard Unter den Linden, eine wahre Prachtstraße, die von repräsentativen Bauten und Stadtpalästen gesäumt ist. Sie verbindet das Residenzschloß mit dem Tiergarten, einem ehemals umzäunten königlichen Jagdrevier, das Friedrich II. nun als waldreiches Promeniergebiet der Öffentlichkeit zugänglich gemacht hat. Auf halber Strecke zwischen Schloß und Brandenburger Tor ist in den vergangenen vier Jahrzehnten das Forum Fridericianum entstanden, ein aus vielen Baustilen zusammengesetztes Gebäudeensemble der Kultur und der Politik. Seite an Seite stehen hier das zunächst als neues Stadtschloß projektierte Palais des Prinzen Heinrich im preußischen Barockstil, die Oper im palladianischen Stil, die katholische Kathedrale als antikisierender Pantheon-Bau und die Königliche Bibliothek als Kopie eines (bislang nur geplanten) Erweiterungstraktes der Wiener Hofburg.

Alles in Berlin, die Anlage der Stadt, ihre Größe, ihr Flair scheint auf den individuellen Geschmack des Königs abgestimmt und von ihm allein die Existenzberechtigung zu empfangen. Doch ist der preußische Monarch trotz seiner schier übermächtigen Präsenz und Dominanz ein Herrscher, der den Berliner Bürgern nicht nur im Tiergarten, sondern auch im übertragenen, geistigen Sinne viel Luft zum Atmen läßt. Weil er sich selbst für unverzichtbar hält und seine Position im Staat nicht im geringsten gefährdet sieht, läßt er seine Untertanen nahezu unbehindert räsonnieren und publizieren: Unter Friedrich II. wird die Zensur in Preußen nur mit äußerster Zurückhaltung ausgeübt.

Ein bedeutender, einmal pro Woche zusammenkommender Berliner Debattierzirkel, der die Gunst der vom König gewährten Freiheiten dazu nutzt, die preußische Politik mit kritischen Kommentaren zu begleiten, ist die 189 sogenannte »Mittwochsgesellschaft«. Diese Vereinigung von Aufklärungsfreunden und Gesellschaftsreformern, die sich als regelmäßig tagende Sozietät erst jetzt, im Jahr 1783, konstituiert hat, zählt neben Schriftstellern und Vertretern des Berliner Bürgertums auch etliche hochrangige preußische Staatsbeamte zu ihren Mitgliedern. Die prominentesten Teilnehmer der Mittwochsdiskussionen sind der Publizist Friedrich Nicolai, der Staatswissenschaftler und Diplomat Christian Wilhelm Dohm, der Finanzminister und Chef des Wirtschaftsdepartements Karl August von Struensee sowie die Justizbeamten Ernst Ferdinand Klein und Carl Gottlieb Svarez. Sie alle sind Parteigänger des Freiherrn Karl Abraham von Zedlitz, der im friderizianischen Beamtenapparat seit 1771 als Kultusminister ranghöchster und einflußreichster Beförderer der Aufklärung ist.

Zentrales Gesprächsthema der Mittwochsdiskutanten ist die 1780 von Friedrich II. befohlene Justizreform, jenes richtungsweisende Unternehmen, mit dem vor allem der Jurist Svarez professionell befaßt ist. Svarez will die anstehende Reform des Justizwesens dazu nutzen, in Preußen ein liberales Rechtssystem einzuführen, dessen höchstes Ziel die Sicherung der bürgerlichen Freiheiten gegen willkürliche Machtsprüche des Königs ist. Welche Staatsverfassung diesem Zweck am ehesten dienlich sein könnte, ist eine bohrende Frage, die in der Mittwochsgesellschaft ausführlich erörtert wird. Die Ergebnisse der sehr lebhaft geführten Debatten werden nun nicht nur intern bedacht, sondern auch in einer neugegründeten Zeitschrift veröffentlicht, deren Herausgeber – Johann Erich Biester, der Privatsekretär des Ministers von Zedlitz, und Friedrich Gedike, Direktor des Friedrichwerder-

schen Gymnasiums – ebenfalls Mitglieder der Mittwochsgesellschaft sind.

Gleich im ersten Jahrgang dieser *Berlinischen Monatsschrift* wird deutlich, welches politische Gemeinwesen
für die Berliner Aufklärer momentan die höchste Anziehungskraft aufweist und echten Vorbildcharakter hat.
Nicht mehr Großbritannien ist es, da diese vormalige
Musternation der Aufklärung soeben ihren ersten Sün-
denfall seit 1688 erlebt hat: Im Kampf gegen die eigenen nordamerikanischen Kolonien, die sich nach Ende
des Siebenjährigen Krieges standhaft geweigert haben,
die von London ohne Konsultation der Kolonialparla-
mente festgesetzten Steuern zur Beseitigung der Kriegs-
schuld zu zahlen, hat die britische Regierung eine unter-
drückerische Härte gezeigt. Ein solches Vorgehen hätten
die vielen Beobachter des Geschehens von einer als weise
und liberal geltenden Großmacht niemals erwartet. Den
vom britischen Monarchen Georg III. 1775 proklamierten
Krieg gegen die amerikanischen »Rebellen« haben die
Kolonisten in Philadelphia deshalb schon 1776 mit einer auch von Franklin mitverfaßten »Unabhängigkeitserklärung« beantwortet. In dieser wird den Bürgern der
nun *United States of America* genannten Exkolonien das
Recht zugestanden, eine Regierung eigenmächtig zu »verändern oder abzuschaffen«, die dem Schutz ihrer Rechte (auch in Steuerfragen) »verderblich wird«. Stattdessen
werden sie dazu legitimirt, »eine neue Regierung zu gründen«, die als Anwalt und Garant der Rechtsgleichheit
»aller Menschen« auftritt. Es sind die politischen Ideale
dieser noch jungen, republikanisch-demokratischen USA,
für die sich die Mitglieder der Mittwochsgesellschaft nun
in der *Berlinischen Monatsschrift* begeistern. **191**

In gewisser Weise werden die amerikanischen Frei-
staaten von den Berlinern als die wahren Erben der Glorreichen Revolution von 1688 wahrgenommen, zumal ja
auch führende Politiker der USA ihren entschlossenen
Widerstand gegen das Mutterland so deuten. Franklins
Schützling Thomas Paine jedenfalls hat in dem 1776 verfaßten Pamphlet *Common Sense* behauptet, das Wesen
der englischen Verfassung von 1688/89 bestehe darin, daß
sich die von den Bürgern gewählten Repräsentanten des
Volkes in »häufig abgehaltenen Wahlen« stets aufs neue
bestätigen lassen müßten, um eine dem »Interesse der
Wähler« entsprechende Politik gestalten zu können. Das
Festhalten am »Überbleibsel monarchischer Tyrannei in
der Person des Königs« habe dagegen nichts mit dem Ein-
treten für die politischen Werte der Glorreichen Revolution gemein. Diese würden von den Amerikanern neuerdings besser geschützt als von den Briten.

Um die Amerikaner als neue Herolde und Garanten bürgerlicher Freiheit zu ehren, veröffentlicht Biester im zweiten Band der *Berlinischen Monatsschrift* vom Juli 1783 ein
Porträt des genialen Naturwissenschaftlers und Politikers
Franklin, der ihm als Personifizierung der Amerikanischen
Revolution gilt. Denn, so Biester, »als die englische Regierung nun [1775] Krieg gegen ihre [amerikanischen] Untertanen beschloss« und »dieser Krieg mit wahrer Tyrannen-
wuth geführt ward«, habe der Erfinder des Blitzableiters
sich so »stark und heftig« für die staatliche Unabhängigkeit der Kolonien eingesetzt, daß der von Washington im
Oktober 1781 bei Yorktown erfochtene Sieg im Unabhän-
gigkeitskrieg auch Franklins aufrüttelnden Durchhalte-
parolen zu verdanken sei. Franklin habe Amerika »Freiheit
von despotischer Unterdrückung« beschert.

Zur Feier des ebenfalls von Franklin ausgehandelten Friedensvertrags zwischen Großbritannien und den USA, der am 3. September 1783 unterzeichnet wird, rücken Biester und Gedike dann im Frühsommer 1783 auch noch eine Ode auf die gerade errungene Freiheit Amerikas in die *Berlinische Monatsschrift* ein, deren Verfasser der Erfurter Professor Johann Friedrich Herel ist. Darin kommt zunächst eine große Enttäuschung über »die sieggewohnte Britannia« zum Ausdruck, die doch das ganze 18. Jahrhundert hindurch als »[b]edrängter Völker schützende Retterin« verehrt worden sei. Zuviel Macht habe sie aber leider stolz gemacht, zur »Herrschsucht« verführt und von ihrer vornehmsten Aufgabe abgebracht, »gleiche Bürger friedlich zu leiten, gern ihr Recht zu schirmen«. Nun aber seien stattdessen Amerikas Republikaner »Europens Jubel«, deren kühnes Beispiel auch den »entferntesten Nationen« zurufe: »Frei ist, wer's sein will«. Rebellisch fordert die Ode deshalb: »Und du Europa, hebe das Haupt empor! / Einst glänzt auch dir der Tag, da die Kette bricht, / Du Edle, frei wirst; deine Fürsten / Scheuchst, und Ein glücklicher Volkstaat grünest«.

Die Mitglieder der Mittwochsgesellschaft und Herausgeber der *Berlinischen Monatsschrift* haben also bemerkenswert klare politische Ziele, zu denen sich auch eindeutige pädagogische Vorlieben gesellen. Denn solange die preußische Verfassung noch nicht dem amerikanischen Ideal entspricht, ist alles daran gelegen, die Schulen so einzurichten, daß die Kinder dort möglichst frühzeitig zu freien Menschen und Bürgern erzogen werden. Vorbild der meisten Berliner Aufklärer ist deshalb die philanthropische Bildungsreform Basedows, über die Gedike schon 1779 ein kundiges Buch geschrieben hat. Auch der **193**

Minister von Zedlitz schätzt die tolerante Pädagogik des Dessauer Philanthropins sehr. So hat er die bereits Mitte der 1770er Jahre vom märkischen Freiherrn Friedrich Eberhard von Rochow und dem Lippstädter Pädagogen Johann Stuve durchgeführten philanthropischen Schulreformen in Reckahn (bei Brandenburg an der Havel) und Neuruppin enthusiastisch begrüßt. Die Toleranz, so scheint es, hat im friderizianischen Preußen immerhin schon eine Heimat gefunden.

Ein »Ehrenmitglied« der Berliner Mittwochsgesellschaft, das in den Jubel über Amerikas Freiheit vorbehaltlos einstimmt und auf Veranlassung Biesters auch über die freie »Bildung« als vorläufig wichtigstes Mittel der »Menschenaufklärung« und »Bürgeraufklärung« einen Aufsatz schreibt (der in der *Berlinischen Monatsschrift* allerdings erst 1784 unter dem Titel »Über die Frage: was heißt aufklären« erscheint), ist der 54jährige jüdische Philosoph und Seidenfabrikant Moses Mendelssohn. Hinsichtlich der in Preußen herrschenden Toleranz ist er jedoch geteilter Meinung. Einerseits weiß er genau, daß Preußen ein toleranterer Staat ist als die meisten anderen europäischen Länder. Andererseits wird die Glaubensfreiheit hier von einem König gewährt, der in dem Ruf steht, daß ihm alles Religiöse eher gleichgültig sei. Die von Basedow gepriesene Vielgestaltigkeit religiöser Wahrheiten ist jedenfalls seine Sache nicht, und auch den Juden gewährt Friedrich II. ihre Privilegien nur halbherzig. Ein tiefes Gottvertrauen aber ist für Mendelssohn die unverzichtbare Grundlage jenes aufklärerischen Rufs nach mehr Bürgerrechten, religiöser Toleranz, Menschenliebe und freiheitlicher Bildung. Deshalb veröffentlicht **194** er noch im Jahr 1783 das theologisch wie pädagogisch gleichermaßen bedeutsame Buch *Jerusalem oder über religiöse Macht und Judentum,* in dem er Gottvertrauen als unverzichtbarste, tröstlichste und verheißungsvollste Eigenschaft jedes toleranten Bürgers und jedes wahren Lernenden beschreibt.

Daß sich Lernen und freiheitliches Denken auf der Basis eines unverbrüchlichen Gottvertrauens abzuspielen habe, ist ein Glaubenssatz, den Mendelssohn schon in frühester Kindheit verinnerlicht hat. Als Sohn des Dessauer Synagogenbedienten Mendel (Menachem) Heymann, zu dessen Pflichten es gehört, rituelle Gebrauchsgegenstände zu fertigen, neue Torarollen zu schreiben und die Gemeindemitglieder jeden Morgen zum Gebet zusammenzurufen, wächst der junge Moses in einem Elternhaus auf, das von tiefer Gottesfurcht und geradliniger Gelehrsamkeit geprägt ist. Vom Vater, der ja als Zehngeboteschreiber ein herausragender Kalligraph ist, empfängt er auch seinen ersten Schreibunterricht.

Mit fünf Jahren wird der Junge in den Cheder, also in die traditionelle jüdische Elementarschule gegeben, wo ihn der Sohn des Dessauer Rabinatsassessors Aron Hirsch unterrichtet. Hirsch lobt die offenkundige »Frömmigkeit«, den ungeheuren »Fleiß« sowie den außerordentlich »klare[n] Verstand« seines neuen Schülers in den höchsten Tönen, da dieser nicht nur schnell die ganze Tora auswendig lernt, sondern auch eigenständig die hebräische Grammatik studiert. Schon im Alter von zehn Jahren verfaßt er in »klare[r] und reine[r] Sprache« hebräische Gedichte. In der an den Cheder anschließenden Jeshiwa – der Talmudschule – erfährt der junge Moses dann durch den Dessauer Landesrabbiner David Fränkel, **195** der die ungewöhnlichen Talente des hochbegabten und strebsamen Jungen sofort erkennt, weitere nachdrückliche Förderung. Fränkel berücksichtigt in seinem Unterricht nicht nur Bibel und Talmud, sondern beschäftigt seinen lernbegierigen Schüler auch mit solchen philosophischen Schriften, in denen die Vereinbarkeit von Religion und Vernunft aufgezeigt wird.

Als Fränkel 1743 auf den Posten eines Oberrabbiners nach Berlin berufen wird, bittet Moses seine Eltern, dem verehrten Lehrer in die preußische Hauptstadt folgen zu dürfen, um dort bei ihm seine Studien fortsetzen zu können. Erst nach wochenlangen Diskussionen erteilt ihm der Vater die gewünschte Erlaubnis. Den Weg von seiner anhaltischen Geburtsstadt Dessau nach Berlin legt der Junge alleine und zu Fuß zurück. Vor seinem Eintritt in die Spreestadt muß er aber – wie alle mittellosen Juden – am Rosenthaler Tor für eine befristete Aufenthaltserlaubnis einen Leibzoll entrichten, die Gebühr für einen polnischen Ochsen. In den Journalen der Wache lautet an diesem Oktobertag 1743 der Eintrag: »Heute passierten das Rosenthaler Tor sechs Ochsen, sieben Schweine, ein Jude«. Dem Torwächter, der ihn nach dem Zweck seines Aufenthaltes in Berlin fragt, antwortet der jetzt Vierzehnjährige schlicht: »Lernen«.

Unter Fränkels Schutz und Fürsorge gibt sich der Neuankömmling in Berlin neben der fortgesetzten Talmudlektüre auch ausufernden autodidaktischen Studien hin. Besonders wichtig wird für ihn in diesem Zusammenhang die Freundschaft mit dem sechs Jahre älteren Aron Salomon Gumpertz, ein nachmaliger Arzt, der ihn beim Erlernen des Französischen und Englischen unterstützt. Die Grundzüge des Lateinischen bringt sich »der kleine

Mauscheh aus Dessau«, wie er sich in seinen hebräischen Briefen zu nennen beliebt, jedoch ganz ohne fremde Hilfestellung bei. Sein Lieblingsschriftsteller in dieser Zeit des intensiven Selbststudiums ist Locke, dessen philosophische und pädagogische Texte er im lateinischen oder englischen Originalwortlaut liest.

Seine immer rascher erworbenen und immer umfangreicheren Kenntnisse auf religiösem und wissenschaftlichem Gebiet tragen ihm die Anerkennung des reichen jüdischen Seidenfabrikanten Isaak Bernhard ein, der ihn als Hauslehrer für seine vier Kinder einstellt und ihm erstmals ein regelmäßiges Einkommen verschafft. Dieses recht ansehnliche Gehalt ermöglicht es dem wissensdurstigen Moses ins Theater zu gehen, Konzerte zu besuchen und Musikunterricht zu nehmen. Durch den beständig anwachsenden Grad seiner Bildung wird er auch für die verschiedenen Kreise christlicher Aufklärer interessant, mit denen ihn der weltläufige Gumpertz bekannt macht: Zusammen mit dem Verleger Nicolai lernt er griechisch, mit dem Schriftsteller Gotthold Ephraim Lessing verabredet er sich zum gemeinsamen Schachspiel. Lessing ist es auch, der sich in seinen Schriften als erster vor einem großen Publikum über die »Redlichkeit« und den vielversprechenden »philosophische[n] Geist« des sich nun Moses Mendelssohn nennenden jüdischen Hauslehrers ausläßt.

Auch als Mendelssohn 1754 Bernhards Buchhalter wird, also vollständig in dessen Geschäft eintritt und aus zeitlichen Gründen nicht mehr unterrichten kann, bleibt er seinen vielfältigen theologischen, philosophischen und pädagogischen Interessen treu. Trotz eines mehr als sechsstündigen kommerziellen Arbeitstages bil- **197** det er sich weiter und verfaßt zwischen fünf und acht Uhr morgens eigene Texte, Rezensionen zumeist, oder auch kleinere Zeitungsartikel. Hin und wieder nimmt er sich sogar die Zeit für anspruchsvolle Übersetzungen längerer fremdsprachiger Texte. So überträgt er im Jahr 1755 Rousseaus Abhandlung über die Ungleichheit unter den Menschen auf Lessings Betreiben ins Deutsche. 1757 bespricht er in Nicolais *Bibliothek der schönen Wissenschaften und freyen Künste* Basedows *Lehrbuch der poetischen Wohlredenheit*, wobei er zu dem Schluß kommt, daß gerade die darin enthaltenen religionspädagogischen Überlegungen ganz gewiß »nicht ohne Nutzen« für »die lernende Jugend« seien.

Mendelssohns ehrgeizigstes erzieherisches Projekt in dieser Zeit ist die Herausgabe der hebräischsprachigen Wochenschrift *Qohelet Musar* (Moralprediger), die in Anlage und Aufbau stark an Addisons *Spectator* angelehnt ist. Diese Zeitschrift, die er ab 1758 ediert, richtet sich ausschließlich an junge jüdische Männer, an Talmudstudenten, denen er ein Mittel an die Hand geben will, sich selbst weiterzubilden. Vor allem will er bei ihnen auch ein Interesse an säkularem Wissen wecken, ohne dessen Kenntnis die Bildung eines jungen Mannes nicht so umfassend ist, wie sie sein könnte und sollte. Geradezu als Bestimmung des Menschen preist Mendelssohn im *Qohelet Musar* das unbehinderte Lernen, die Lust, frei zu denken, die immer tiefer erkennende Anschauung des vielgestaltigen und wohlgeordneten Schöpfungswerks. Denn nur durch diese beständigen geistigen Aktivitäten könne der Mensch die Verbesserung und »Vervollkommnung seiner selbst« bewirken.

198   Daß Frauen genausogut wie Männer dazu berechtigt

und begabt sind, ihr Weltwissen durch intensives Lernen stetig zu erweitern, steht für Mendelssohn außer Frage. Deswegen sorgt er auch dafür, daß seine Verlobte, die jüdische Kaufmannstochter Fromet Gugenheim, Gelegenheit bekommt, bei dem Verleger Joachim Christoph Bode, der als bester Sprachlehrer Hamburgs gilt, französisch zu lernen. Kennengelernt hat Mendelssohn sie 1761 in Hamburg durch Vermittlung von Gumpertz. Nur ein Jahr später, im Juni 1762, heiratet er sie. In Berlin übernimmt er dann selbst die Stelle des Ausbilders seiner Frau und erweitert systematisch ihre Kenntnisse, indem er ihr auch anspruchsvolle philosophische Schriften zu lesen gibt. Und nach wie vor hält er es für wichtig, daß seine Frau mit Freude lernt, daß sie ihrem »Gemüth« durch das Lernen in erster Linie »Ergötzung« verschafft. Als die Eheleute dann ab 1763 zahlreiche Kinder bekommen, erziehen und unterrichten Fromet und Moses Mendelssohn ihren Nachwuchs gemeinsam. Alle Kinder der Berliner Mendelssohns, ob Jungen oder Mädchen, erhalten eine gleich gute Allgemeinbildung, die ihnen stets auf fröhliche und spielerische Weise vermittelt wird. Bezeichnenderweise zieren Mendelssohns Privatbibliothek mehrere pädagogische Schriften zu dieser Thematik, so auch die Bücher Basedows, mit dem er seit 1767 freundschaftlich verbunden ist.

Doch nicht alle seine Kinder erreichen das Erwachsenenalter. Bereits die erste Tochter, Sara, stirbt elf Monate nach ihrer Geburt. Dieses betrübliche Ereignis führt Mendelssohn auf schmerzliche Weise vor Augen, daß das Lernen, das menschliche Streben nach Erkenntnis, auch seine Grenzen hat. Zum einen versperrt das Verhaftetsein des sterblichen Menschen in der Zeitlichkeit den **199** vollen Einblick in den unendlichen Schöpfungsplan; zum anderen ist ein vollständiges Begreifen gerade der leidvollen Weltereignisse kaum vernunftmäßig einzuholen. So wird er in dieser Situation, in der ihm durch den Tod »ein Kind geraubt« worden ist, allein durch sein Gottvertrauen gestärkt, durch die Hoffnung, daß Gott der Seele seiner verstorbenen Tochter noch auf eine geheimnisvolle Weise die Möglichkeit zur Vervollkommnung gewährt, die für des Menschen »Maulwurf-Augen unergründlich« ist. »Es kann sein ich besitze Eigenliebe genug«, räumt der trauernde Vater einem Freund gegenüber ein, »eine jede Lehre zu adoptiren, die meine Gemüthsruhe befördert«, doch könne er einfach nicht glauben, »daß uns Gott auf seine Erde, etwa wie Schaum auf eine Welle gesetzt hat.«

Aus seiner philosophischen Betrachtung des Todes geht 1767 die Schrift *Phädon oder über die Unsterblichkeit der Seele* hervor. Darin argumentiert Mendelssohn, daß die Seele des Menschen nach seinem Ableben nicht plötzlich verschwindet, sondern steten Verwandlungen unterworfen ist. Sie wird weiter vorhanden sein und nach Weisheit, Harmonie und Vollkommenheit streben. »Wer also auf Erden für seine Seele Sorge getragen«, so der Berliner Philosoph, »wer sie sich in Weisheit hat üben lassen«, der ist zur »größten Hoffnung« berechtigt, »auch nach dem Tode in diesen Uebungen fortzufahren, und von Stufe zu Stufe sich dem erhabensten Urwesen zu nähern, welches die Quelle aller Weisheit« ist und welches daher auch alleine die Grenzen aller Erkenntnis festsetzt. Mit einer solchen Klarheit beschreibt Mendelssohn sein Vertrauen in das Wirken des »Ewigen«, daß man von dem mittlerweile zum Prokuristen aufgestiegenen Geschäftsführer der Bernhardschen Seidenfabrik erzählt, er wisse über das Dasein Gottes mit solcher Deutlichkeit zu reden wie über ein Muster für seine Seidenproduktion.

Der *Phädon*, von dem in rascher Folge niederländische, französische, italienische, dänische und russische Übersetzungen erscheinen, macht Mendelssohn zu einer internationalen Berühmtheit. Manche Zeitgenossen allerdings irritiert es, daß ein Jude, der über so große Geistesgaben verfügt wie Mendelssohn, nicht freiwillig zum Christentum übertritt. Der Zürcher Theologe Johann Kaspar Lavater fordert den Berliner Philosophen 1769 sogar öffentlich dazu auf, entweder die theologischen Grundlagen des Christentums zu widerlegen, oder aber unter Überwindung aller Vorurteile selbst Christ zu werden. Mendelssohn, der Lavaters Aufforderung als Zumutung empfindet, weist ihn mit schroffen Worten ab: »Ob ich Vorurtheile für meine Religion habe, kann ich selbst nicht entscheiden, so wenig ich wissen kann, ob mein Odem einen üblen Geruch habe«. Er werde aber an der Religion seiner Väter trotz der indiskreten Zudringlichkeit Lavaters festhalten. Im übrigen seufzt er nur flehentlich: »In welcher glückseligen Welt würden wir leben, wenn alle Menschen die Wahrheiten annähmen und ausübten, die *die besten Christen* und *die besten Juden* gemein haben«.

Wenig Wohlwollen wird Mendelssohn auch von Friedrich II. entgegengebracht. Trotz inständiger Bitten des berühmten Philosophen bescheidet der preußische König dessen Gesuch abschlägig, das Privilegium eines Schutzjuden, das er dem Verfasser des *Phädon* ohnehin erst zwei Jahrzehnte nach seiner Ankunft in Berlin gewährt hat, auch auf seine Nachkommen auszudehnen. Mendelssohns Kinder erhalten also kein permanentes Aufent- **201** haltsrecht in Preußen. Zudem kommt es vor, daß sie auf ihren Spaziergängen durch Berlin aus Niedertracht mit Steinen beworfen und als Juden beschimpft werden. Mendelssohn muß ihnen dann erklären, warum dies geschehe. Doch kann er über solche Diskriminierungen nur klagen und zu sich selber sprechen: »Menschen! Menschen! Wohin habt ihr es endlich kommen lassen?«

Eine konsequente Erziehung zur Toleranz ist also immer noch das Gebot der Stunde. So freut sich Mendelssohn sehr, als Basedow 1774 ausgerechnet in seiner Geburtsstadt Dessau eine Schule der Menschenfreundschaft errichtet, wo jüdische und christliche Schüler frühzeitig Respekt und Achtung voreinander lernen. Deshalb unterstützt der Berliner Philosoph die philanthropische Erziehungsanstalt auch finanziell und vermittelt zudem persönlich einen jüdischen Schüler nach Dessau, den Sohn seines Freundes Aaron Wessely. 1778 wirkt Mendelssohn dann selbst bei der Gründung der Berliner jüdischen Freischule mit, der ersten jüdischen Bürgerschule Europas. Hier werden jüdische Kinder erstmals in aller Selbstverständlichkeit und auf hohem Niveau unter dem Oberbegriff der »Kenntniße des Menschen« in den Fächern Französisch, Mathematik, Geographie, Geschichte und Naturlehre unterrichtet, um ihren Bildungsstand zu heben und ihnen später auch einen rascheren Zutritt in die Welt der christlichen Bürgergesellschaft zu eröffnen.

Als der preußische Verwaltungsbeamte Dohm (der in den 1760er Jahren Basedows Privatsekretär in Altona war) dann 1781 eine Schrift mit dem Titel *Über die bürgerliche Verbesserung der Juden* veröffentlicht, in der er vom Standpunkt des aufgeklärten Staates und im Interesse der Juden für diese gleiche Rechte und Pflichten einfordert, scheint sich das Klima für eine wirkliche Toleranz in Preußen erstmals grundlegend zu verändern, zumal ja auch das preußische Rechtssystem insgesamt reformiert werden soll. Jedenfalls werden in der Berliner Mittwochsgesellschaft ab 1783 die Liberalisierung des Rechtsstaates, die bürgerliche Gleichstellung der Juden und eine allgemeine religiöse Toleranz als untrennbar zusammengehörige Projekte diskutiert. In diese Zeit einer allgemeinen Aufbruchsstimmung fällt nun die Veröffentlichung von Mendelssohns Buch *Jerusalem*, das Juden wie Christen daran erinnern soll, bei allen notwendigen Reformen im staatlichen wie im schulischen Bereich nicht einer weltanschaulichen Beliebigkeit das Wort zu reden, sondern an einem aufrichtigen Gottvertrauen als Fundament einer aufgeschlossenen, humanen, liberalen und lernbegierigen Gesellschaft festzuhalten.

Daß seine Schrift *Jerusalem* als öffentlicher Beitrag zu den aktuellen Debatten der Berliner Mittwochsgesellschaft zu verstehen ist, macht Mendelssohn an verschiedenen Stellen dieses Textes deutlich. So hebt er hervor, daß er sich mit dem Mittwochsdiskutanten Klein, dem »philosophischen Rechtsgelehrten«, der mit der Reform des preußischen Rechtssystems befaßt ist und auch über Fragen der modernen Staatsverfassung nachdenkt, »über diese Materie« ausführlich »unterhalten« hat. Wie viele andere Mitglieder des wöchentlichen Berliner Debattierzirkels hält auch Mendelssohn die noch jungen USA, wo das Problem der Neuordnung des gesellschaftlichen Lebens vielleicht »glücklicher praktisch beygelegt« ist als überall sonst, für einen besonders vorbildlichen zeitgenössischen Staat. Mit größtem Interesse verfolgt er daher 203 die Politik, die von der republikanisch-demokratischen US-Regierung, dem in Philadelphia tagenden »Congreß in Amerika«, seit 1776 betrieben wird.

Ebenso findet die »vortrefliche Schrift« von Dohm seine volle Zustimmung, da in ihr die schulische Toleranzerziehung als besonders wichtiger Schritt auf dem Weg zur angestrebten freiheitlichen Gesellschaft gedeutet wird. Deshalb zeigt Mendelssohn sich auch von den entsprechenden Religionsbegriffen des Dessauer Philanthropins sehr angetan. Mit Vehemenz unterstützt er Dohms und Basedows Pläne und betont, daß er selbst schon seit langer Zeit »für alle Toleranz fordere«, für »Heiden, Juden, Mahometaner und Anhänger der natürlichen Religion«, die er voller Respekt »in einer Zeile zusammen« nennt. Für das Erreichen dieses wichtigen Erziehungsziels seien in erster Linie zwar »öffentliche Anstalten« verantwortlich, also Stadtschulen, aber auch »Kirche, Synagoge oder Moschee« dürften sich diesem pädagogischen Auftrag nicht verschließen.

Wer immer nun mit der Erziehung zur Toleranz und Menschenliebe betraut werde, solle seinen Schülern jedoch auf jeden Fall verständlich machen, daß die aus der Nächstenliebe hervorgehenden »Pflichten gegen Menschen« zuerst »Pflichten gegen Gott seyen, die zu übertreten, schon an und für sich höchstes Elend sey«. Denn vor allem »aus Liebe zu Gott«, so Mendelssohn, sollten wir doch »seine Geschöpfe lieben« und »unsere Nebenmenschen«, gleich welchen Glaubens, achten. Derjenige, der sich redlich und fleißig um »wahre Erkenntniß des Schöpfers« mühe, könne nämlich überhaupt »keinen Menschenhaß in der Seele zurücklassen«, weil Gott doch »nur unser Bestes, eines jeden Einzelnen Bestes« wolle.

Freilich dürfe im Rahmen einer solchen Unterweisung niemals Zwang ausgeübt werden, denn religiöse Anschauungen entstünden »entweder aus freiem Antriebe der Seele«, oder »sind dem wahren Geiste der Religion zuwider«. Kein Lehrer könne jemals »das mindeste Zwangsrecht über Gesinnungen erlangen«. Auf die rhetorische Frage, wer denn dann entscheiden solle, »wenn in Religionssachen Streitigkeiten entstehen«, antwortet Mendelssohn deshalb mit aller Entschiedenheit: »Wem Gott die Fähigkeit gegeben, zu überzeugen«. Und selbst feste Anschauungen können sich, wie er betont, wandeln: »Viele Behauptungen, über die ich heute zum Märtyrer werden möchte«, so der Philosoph, »können mir morgen vielleicht problematisch vorkommen«. Jeder Mensch habe doch schon mehrfach in seinem Leben erlebt, daß er liebgewordene Auffassungen notgedrungen korrigieren mußte, weil er darin plötzlich etwas Fehlerhaftes erblickte. Wer aber »diese Erfahrung in seinem Leben gehabt hat, und noch intolerant seyn, noch seinen Nächsten hassen kann, weil dieser in Religionssachen nicht denkt, oder sich nicht ausdrückt wie er«, den, so ruft Mendelssohn empört aus, »möchte ich nie zum Freunde haben; denn er hat alle Menschheit ausgezogen«. Der Glaube richte sich also »nicht nach unserem Begehrungsvermögen, nicht nach Wunsch und Verlangen, nicht nach Fürchten und Hoffen«, sondern nach unserer individuellen, veränderbaren »Erkenntniß von Wahrheit und Unwahrheit«.

Daß sich das Werben um Gottvertrauen nur im Rahmen einer offenen Diskussion abspielen darf, daß also auch im Schlagabtausch der religiösen Meinungen allein ein geselliger und friedlicher »Wetteifer« die gemeinsame Suche nach Wahrheit bestimmen sollte, ist für Mendels- **205** sohn ausgemacht. Und auch das Streben nach religiöser Erkenntnis, das Lernen auf der Basis eines unbeirrbaren Gottvertrauens, sollte mit Vergnügen, Lust und Freude geschehen, mithin in jener pädagogischen Tradition, die »der gute Locke« begründet hat: Demnach sollte das Lernen die natürliche »Wißbegierde befriedigen« und den Schüler dazu ermuntern, daß er seine Umwelt »anschauend wahrnimmt«; es sollte den »freien, unabhängigen Gebrauch der Vernunft« durch das Zulassen freimütiger Gespräche »üben«, aber auch Phantasie und Erfindungskraft schulen; es sollte die »Liebe zur Rechtschaffenheit« fördern und »von selbst zu gemeinnützigen Handlungen führen«; und es sollte selbstverständlich zu einem wesentlichen Teil von Mitgefühl, Toleranz und Menschenliebe geprägt sein.

Inwieweit aber befruchtet nun ein tiefes Gottvertrauen, das Kindern auch in öffentlichen Schulen auf fröhliche Weise vermittelt werden sollte, das wissenschaftliche Lernen? Welchen Lernvorteil hat ein freiheitlich erzogener, doch frommer Schüler? Für Mendelssohn zeichnet er sich neben einer unbeugsamen Zuversicht vor allem durch eine wohltuende und heilsame Gelassenheit aus, da er Gott gleich in mehrfacher Hinsicht als »Quelle des Trostes« erlebt, aus der er »schöpfen« kann, um sich auch beim Lernen zu »erquicken«. Denn wer immer am Fortschritt seiner Studien verzweifelt, wem die Welt in schlechten Tagen zu einem Rätsel wird, darf die Hoffnung hegen, die »unerforschlichen« Wege Gottes vielleicht dereinst besser zu verstehen. Der Fromme lebt geradezu »für die Zukunft«.

Ein gottesfürchtig Lernender verzagt deshalb auch **206** nicht, sondern erfreut sich an dem begrenzten Wissen, das er zu Lebzeiten erwerben darf. Er weiß, daß ihm »auf dem dunklen Pfade, den der Mensch hier zu wandeln hat«, gerade »so viel Licht beschieden, als zu den nächsten Schritten, die er zu thun hat, nöthig ist«, denn »ein mehreres würde ihn nur blenden«. Stattdessen darf er sich trösten, daß mit diesem Leben nicht alles aus ist, daß ihm »eine endlose Zukunft« bevorsteht, »zu welcher sein Leben hienieden eine Vorbereitung sey, so wie in der ganzen Schöpfung jedes Gegenwärtige eine Vorbereitung aufs Künftige ist«. So ist Lehre und Leben, Lernen und Hoffen »auf das Innigste verbunden«. Und erst diese Verschränktheit von Lernen und Glauben, die zum Wissen um die Grenzen menschlicher Erkenntnis führt, macht es dem Menschen nach Mendelssohn möglich, seinen bescheidenen, täglich neuen Wissenserwerb als Teil der gegenwärtigen Wohltaten der Vorsehung zu »genießen«.

10. KAPITEL

Chancengleichheit

*Mary Wollstonecraft oder
Die Freisetzung aller Talente*

LONDON 1792. Ein ganzes Jahrhundert ist seit der Glorreichen Revolution verstrichen, ein gewaltiger Zeitraum, in dem Großbritannien auf der Grundlage der politischen und ökonomischen Errungenschaften von 1688/89 zum modernsten und mächtigsten Staat Europas herangereift ist. Die verfehlte Politik der 1770er Jahre, die zum Verlust der amerikanischen Kolonien führte, ist Episode geblieben. Das Land hat seine Lektion gelernt, ist aus bitterer Erfahrung klug geworden. Schon im Dezember 1783, unmittelbar nach Unterzeichnung des britisch-amerikanischen Friedensvertrages, hat eine neue, noch immer amtierende Regierung ihre Arbeit aufgenommen. Regierungschef ist jetzt William Pitt, der Sohn des gleichnamigen Ex-Premiers, unter dessen Führung sich Großbritannien im Siebenjährigen Krieg als unumstrittene Musternation der europäischen Aufklärung ruhmreich gegen das absolutistische Frankreich durchsetzen konnte.

William Pitt der Jüngere scheint die politische Begabung seines Vaters geerbt zu haben, denn er verfolgt einen ausgesprochen nüchternen und zugleich weitsichtigen politischen Kurs. Sichtlich beeindruckt von der neuen **209**

US-Verfassung, die einer erstaunlich großen Anzahl der Bevölkerung das demokratische Wahlrecht gestattet, will er nun auch in Großbritannien sehr viel mehr Einwohnern als nur jedem achten Mann das Privileg bescheren, an den Wahlen zum Unterhaus teilzunehmen. Neben diesen weitreichenden Demokratisierungsplänen trägt er sich aber auch mit Gedanken zur weiteren Freisetzung des Handels. Sein Lehrmeister in dieser Hinsicht ist der schottische Ökonom Adam Smith, der in seinem 1776 erschienenen wirtschaftswissenschaftlichen Hauptwerk *An Inquiry into the Nature and Causes of the Wealth of Nations* einen unerschütterlichen Glauben an die sich selbst regulierenden gesellschaftlichen Kräfte und den freien Markt zum Ausdruck gebracht hat. Die von Pitts Regierung angestrebte Liberalisierung der Gesellschaft beinhaltet aber auch solche Ziele, die keinem unmittelbaren ökonomischen, sondern vielmehr einem humanen Zweck dienen. So erörtert das britische Parlament im April 1792 den vom Premierminister mit großer Eloquenz befürworteten Entwurf eines Gesetzes, mit dem der Sklavenhandel erstmals im gesamten Empire verboten werden soll. In den amerikanischen Nordstaaten Vermont, New Hampshire, Connecticut, Massachusetts, Rhode Island und Pennsylvania ist die Sklaverei ja schon vor über einem Jahrzehnt für illegal und verfassungswidrig erklärt worden.

Trotz dieser von Pitt inaugurierten Politik der stetig zu erweiternden Bürgerfreiheiten, die ganz unübersehbar amerikanischen Vorbildern folgt, gehen die nur graduell in Gang gesetzten gesellschaftlichen Reformen etlichen Einwohnern Großbritanniens noch längst nicht weit genug. Insbesondere in der Metropole London, die inzwischen zu einer Millionenstadt herangewachsen ist, entstehen Arbeiterbünde und Gewerkvereine, die sich gegen die üblichen Gehaltsfestsetzungen der Friedensrichter zur Wehr setzen. Viele von ihnen wollen in freien Tarifgesprächen mit den schon länger existierenden Arbeitgeberverbänden bessere Löhne aushandeln. Doch nicht alle Arbeiter begnügen sich mit langwierigen Verhandlungen. Ein besonders radikaler Arbeiterverein, die »London Corresponding Society«, zählt immerhin schon 30.000 Mitglieder, von denen viele eine geradezu aufrührerische Stimmung verbreiten. So sehr gärt es jetzt in der Londoner Arbeiterschaft, daß sich Pitts Regierung noch im Jahr 1792 gezwungen sieht, ein Gesetz gegen »aufwieglerische Zusammenkünfte« zu erlassen, um möglichen Arbeiteraufständen vorzubeugen. Jede politische Versammlung von mehr als fünfzig Personen unterliegt damit ab sofort einer behördlichen Genehmigungspflicht.

Die darin zum Ausdruck kommende Nervosität der eigentlich so liberalen und reformwilligen britischen Regierung hat mit den immer besorgniserregenderen politischen Entwicklungen in Frankreich zu tun, in denen Pitt die tieferliegende Ursache für die Radikalisierung der britischen Arbeiterschaft erblickt. Frankreich befindet sich seit nunmehr drei Jahren im Ausnahmezustand, in eben jenem Prozeß revolutionärer Umwälzungen, den der 1778 verstorbene Voltaire seinem Vaterland ja schon Anfang der 1760er Jahre hellsichtig voraussagte. Nach der im August 1788 erfolgten Einberufung der französischen Generalstände durch den königlichen Staatsrat, der die seit dem Siebenjährigen Krieg schwelende Finanzkrise des Landes endlich unter Beteiligung aller gesellschaftlichen Gruppen zu lösen gedenkt, hat sich der **211**

Dritte Stand, also die Abgeordneten des besitzenden Bürgertums, am 17. Juni 1789 kurzerhand zur verfassungsgebenden Nationalversammlung erklärt. Dieser spontane, gänzlich unerwartete konstitutionelle Staatsstreich hat nicht nur das politische Koordinatensystem des französischen Königreichs grundlegend verschoben, sondern überdies eine regelrechte Reformwut ausgelöst, deren zunehmende Eigendynamik sich immer schlechter zügeln läßt.

So kommt es nach der Erklärung der Menschen- und Bürgerrechte vom August 1789, in der die neue französische Volksvertretung alle Menschen als »von Geburt frei und gleich an Rechten« bezeichnet, noch im selben Jahr zur Abschaffung aller Feudalrechte und Privilegien, zum Erlaß über die Neueinteilung Frankreichs in 83 Departements und zur Verstaatlichung der Kirchengüter. 1790 werden dann auch die Klöster aufgehoben, der Adel abgeschafft und die Feudalgerichte aufgelöst. Ein weiteres Jahr später erlebt Frankreich neben der Abschaffung der Zünfte und Korporationen auch die Verabschiedung einer neuen Verfassung, auf die auch der König, Ludwig XVI., einen Eid leisten muß. Doch spätestens jetzt, im Jahr 1792, wird offenbar, daß die eilig betriebene konstitutionelle Neuausrichtung Frankreichs dem Staat und seinen Bürgern nicht Ruhe und Ordnung bringt, sondern immer weitergehende und zunehmend radikale Forderungen nährt.

Wegen anhaltender Versorgungsschwierigkeiten und einer erheblichen Teuerung kommt es in Paris zwischen Januar und März zu zahlreichen Protesten und Unruhen. Massendemonstrationen in den Tuilerien, der Pariser
Residenz Ludwigs XVI., enden im Sommer gar mit der

Gefangennahme der königlichen Familie und der Suspendierung des Königtums. Stattdessen leitet ab August ein provisorischer Exekutivausschuß die Geschicke des Landes. Mächtigste Figur dieses revolutionären Gremiums ist der zum Justizminister bestellte Georges Jacques Danton. Zur beherrschenden Figur Frankreichs wird damit ein Mann, der seit 1791 als Mitglied der Pariser Stadtverwaltung wesentlich zur deren Radikalisierung und zur blutigen Erstürmung der Tuilerien beigetragen hat. Mit dem Satz: »Es ist Zeit, dem Volk zu sagen, daß es sich in Massen auf den Feind stürze«, ruft Danton seine Landsleute unmißverständlich zur Selbstjustiz auf.

Diese außer Kontrolle geratenen Ereignisse im aufgewühlten Paris sind es, die auch außerhalb Frankreichs mit äußerster Anspannung verfolgt werden. Pitts repressive Maßnahmen gegen die Aktivitäten der Londoner Arbeiterschaft lassen sich somit als Versuch deuten, das Überspringen des revolutionären Funkens von Frankreich nach England unter allen Umständen zu verhindern. Unterstützung erhält seine Politik deshalb auch von dem altgedienten Whig-Politiker und liberalen Parlamentsabgeordneten Edmund Burke, der schon 1790, in der vielbeachteten Schrift *Reflections on the Revolution in France*, vor dem unvermeidlichen Abdriften Frankreichs in Chaos und Diktatur gewarnt hat. Obschon er sich ein Jahrzehnt zuvor offen zu den politischen und ökonomischen Zielen der amerikanischen Unabhängigkeitskämpfer bekannt hat, scheinen ihm die maßlosen und daher viel unberechenbareren französischen Revolutionäre nicht nur das innere Gleichgewicht Frankreichs, sondern auch den Frieden ganz Europas zu gefährden. Ohnehin hält er die britische Verfassung von 1688/89 **213** nach wie vor für das unübertroffene konstitutionelle Ideal, sofern sie nur gewissenhaft beachtet wird. Schließlich biete sie genügend Raum für Reformen. Zwar gesteht Burke durchaus ein, daß ein Staat, der notwendige Veränderungen nicht schonend und effektiv herbeiführen kann, nicht über die nötigen »Mittel zur Selbsterhaltung« verfügt. Doch besteht er eben auch darauf, daß politischer Wandel stets mit Maß, schrittweise und vor allem auf der Grundlage eines allgemeinen Konsenses zu betreiben sei.

Daß Pitt und Burke mit ihren Gesetzesinitiativen und politischen Thesen nicht die Sympathien der radikalen britischen Arbeiter erwerben können, liegt auf der Hand. Beide Politiker schüren eher noch deren Unmut. Voller Trotz erklärt die London Corresponding Society: »Franzosen, ihr seid schon frei, aber die Briten bereiten sich darauf vor, es zu werden«. Und die erst 1792 gegründete »Society of Friends of the People« nennt das zeitgenössische Großbritannien gar voller Verachtung ein »Gefängnis der Oligarchie«. Doch es melden sich in London auch prominente und besonnenere Stimmen zu Wort, die Pitts und Burkes Positionen ebenfalls mit Entschiedenheit und großer Überzeugungskraft zurückweisen.

Der Publizist Paine, einer der geistigen Gründerväter der Vereinigten Staaten von Amerika, der jetzt wieder im heimatlichen England lebt, wirft der britischen Regierung in seiner zweibändigen, zwischen 1791 und 1792 veröffentlichten Schrift *Rights of Man* vor, die seit Mitte der 1780er Jahre mühsam auf den Weg gebrachten demokratischen Reformen plötzlich wieder zu hintertreiben. Statt ängstlich nach Frankreich zu schauen, solle sich die Staatsführung weiterhin mutig für ein erweitertes Wahlrecht einsetzen, einen unentgeltlichen Schulunterricht einführen, die Einkommensteuer staffeln, die staatliche Altersversorgung regeln und Hilfe für werdende Mütter leisten, um der traditionell freiheitlichen Politik Großbritanniens nun auch soziale und egalitäre Züge zu verleihen. Die britische Verfassung von 1688/89 dürfe für die permanente Fortführung gesellschaftlicher Reformen zur Beförderung der Chancengleichheit jedenfalls kein Hindernis sein. »Jede Epoche und jede Generation« habe die Aufgabe, die politischen Entscheidungen der vorausgegangenen Zeitalter und Generationen stets von neuem zu »überdenken«.

Daß Paines regierungskritischer Text schon im Jahr seiner Veröffentlichung mit über 100.000 verkauften Exemplaren den Absatz von Burkes *Reflections* um das Siebenfache übersteigt, zeigt eindringlich, welch unerhörten Anklang der Ruf nach raschen gesellschaftlichen Reformen jetzt auch in Großbritannien findet. Doch von allen Schriften, die im Laufe des Jahres 1792 in London veröffentlicht werden, ist der wohl revolutionärste Text das Buch einer feministischen Autorin, der 33-jährigen Mary Wollstonecraft, die sich mit couragierten und kämpferischen Worten für die Verbesserung der Rechte ihrer Geschlechtsgenossinnen einsetzt. Auch sie hat sich vom radikalen Auf- und Umbruch in Frankreich inspirieren lassen. Immerhin ist in Paris schon 1791 ein Pamphlet der französischen Schriftstellerin Olympe de Gouges erschienen, in dem diese sich über die nun auch zu verwirklichenden »Rechte der Frau und der Bürgerin« ausläßt. Doch anders als de Gouges, die sich vornehmlich für die *politischen* Bürgerrechte der Frauen einsetzt, legt die Engländerin Wollstonecraft in der Schrift *A Vindication of the Rights of Woman* das Hauptaugenmerk auf die **215**

Verbesserung der weiblichen *Erziehung*, auf die umfassende Chancengleichheit der Frauen auch im Bildungswesen und auf die vollständige Freisetzung aller intellektuellen Talente beim wissenschaftlichen Lernen.

Wenngleich die Französische Revolution den unmittelbaren Anlaß für Wollstonecrafts öffentliche Verteidigung der Rechte der Frauen darstellt, hat die englische Autorin ihrem Einsatz für die vollständige Gleichberechtigung der Geschlechter doch schon seit frühester Jugend ganz erhebliche geistige und physische Kräfte gewidmet. Ihr entschlossenes Ringen um gleiche Bildungsmöglichkeiten für Männer und Frauen läßt sich zu einem guten Teil auch als Reaktion auf äußerst schmerzliche, ja traumatische Kindheitserlebnisse verstehen. Obschon sie als älteste Tochter des Londoner Seidenfabrikanten Edward John Wollstonecraft eigentlich in einer wohlhabenden Familie aufwächst, deren wirtschaftliche Mittel dem gesamten männlichen und weiblichen Nachwuchs eine gute Ausbildung ermöglichen könnten, unterstützt der Vater nur die Karrierepläne seines Sohnes Ned, dem er ein Jurastudium finanziert. Im Unterschied zu seinem Berliner Berufskollegen Mendelssohn, der den eigenen Töchtern in den 1760er Jahren einen exzellenten wissenschaftlichen Unterricht zuteil werden läßt, kümmert sich Vater Wollstonecraft zur exakt gleichen Zeit nicht im mindesten um die intellektuelle Fortbildung seiner drei Töchter Mary, Eliza und Everina. Auch das emotionale Verhältnis zu ihnen ist zerrüttet, da die Mädchen wiederholt miterleben müssen, wie er ihre Mutter Elizabeth im alkoholisierten Zustand brutal mißhandelt. Weil sich Mary
bei solchen Zornesausbrüchen des Vaters immer zwi-

schen ihn und die Mutter wirft, um den schlimmen Atta-
cken Einhalt zu gebieten, wird auch sie selbst Opfer seiner Schläge.

Erst als die Familie Wollstonecraft 1768 nach Beverley
in Yorkshire zieht, wo der Vater sein Vermögen durch
den gezielten Ankauf von Land noch weiter vermehren
will, beginnen sich Marys bedrückende Lebensumstände
ein wenig aufzuhellen. Denn in der neuen Umgebung
macht sie die Bekanntschaft mit dem gutmütigen Lehrer
John Arden, der ihr nicht nur die im Elternhaus entbehrte
väterliche Zuneigung zu ersetzen versucht, sondern dem
zehnjährigen Mädchen auch kostenlos ihren ersten formalen Unterricht im Lesen und Schreiben erteilt. Zudem
wird seine Tochter Jane Arden Marys beste Freundin.
Beide Mädchen entwickeln im ländlichen Yorkshire einen engen Bezug zur Natur und einen hohen Grad an
Empfindsamkeit, der auch in Marys gefühlvollen Briefen
an die neue Gefährtin zum Ausdruck kommt.

Diese mehrere Jahre währende, äußerst innige Mäd-
chenfreundschaft findet 1774 ein jähes Ende, als Marys
Vater, dessen Grundstückskäufe sich samt und sonders
als krasse Fehlspekulationen erwiesen haben, mit seiner
Familie nach London zurückkehrt. So mißlich ist seine
wirtschaftliche Situation inzwischen geworden, daß er
seiner ältesten Tochter sogar den Verzicht auf ihren Erb-
teil abringt, um kurzfristig über einen größeren finanziellen Spielraum zu verfügen. Allerdings ist Mary ohnehin
weniger an materiellen Gütern als an anspruchsvoller geistiger Nahrung interessiert, die sie sich in London auch
zu verschaffen weiß: Aus der Privatbibliothek eines älteren benachbarten Ehepaares, Mr. und Mrs. John Clare,
entleiht sie etliche gehaltvolle Bücher, die sie mit großer **217**

Ernsthaftigkeit und Schnelligkeit im Selbststudium durchdringt. Hin und wieder liest sie den Eheleuten aber auch laut vor oder deklamiert mit ihnen gemeinsam besonders schöne Textstellen.

Durch die enge Verbindung mit den literaturbegeisterten Nachbarn lernt Mary 1775 noch eine andere wißbegierige junge Frau kennen, die ebenfalls im Haus der Clares ein- und ausgeht: Fanny Blood, die zwei Jahre älter und daher schon viel gebildeter ist als Mary, nimmt sich ihrer wie eine ältere Schwester an. Sie zeigt ihr auch, wie man mit Nähnadel und Garn umgeht oder mit Wasserfarben botanische Zeichnungen anfertigt, da sie selbst mit solchen kunstvollen Handarbeiten zum spärlichen Lebensunterhalt ihrer armen Eltern beiträgt. Mary bewundert Fannys resolute Lebensführung, ihre praktischen Fähigkeiten und ihren rationalen »männlichen Verstand«, der, wie sie unterstreicht, in keinem Widerspruch zu den eher »weiblichen Tugenden« der Zärtlichkeit und des Mitgefühls steht. »Mit dieser Freundin zusammenzuleben«, schreibt sie, »ist der Gipfel meines Ehrgeizes«.

Als Wollstonecraft jedoch im Alter von neunzehn Jahren das elterliche Haus verläßt, um von ihrem Vater endgültig unabhängig zu werden, zwingt sie die Notwendigkeit des Geldverdienens zunächst dazu, als Gesellschafterin in die Dienste der wohlhabenden Kaufmannswitwe Mrs. Dawson zu treten. Gegen den Willen ihrer Eltern begleitet sie diese vornehme Dame in den bekannten südenglischen Kurort Bath. Mrs. Dawson erweist sich jedoch zunehmend als überaus herrschsüchtige Pedantin, die sich niemals vollständig zufriedenstellen läßt. Als Wollstonecraft daher im Herbst 1781 nach Hause gerufen wird, um ihre schwer erkrankte Mutter zu betreuen, kündigt sie die Stellung bei Mrs. Dawson ohne zu zögern auf und kehrt nach London zurück. Trotz hingebungsvoller Pflege gelingt es ihr allerdings nicht, die Mutter wieder auf den Weg der Gesundung zu führen. Im Frühjahr 1782 stirbt die völlig entkräftete Frau. Während sich der Vater unverzüglich wiederverheiratet, zieht Wollstonecraft zu ihrer Freundin Fanny. Mit Näharbeiten und der Anfertigung von Zeichnungen beteiligt auch sie sich jetzt am mühsamen Broterwerb der Familie Blood.

Doch schon im Folgejahr ergibt sich für sie ein neuer Ortswechsel, der durch äußerst dramatische Begebenheiten verursacht wird: Ihre Schwester Eliza, die nach dem Tod der Mutter geheiratet hat, leidet seit der Geburt ihres ersten Kindes unter anhaltenden postnatalen Depressionen. Elizas psychischer Zustand ist so besorgniserregend, daß sich Wollstonecraft entschließt, die Schwester dem Einfluß ihres Mannes, mit dem sie in keiner harmonischen Ehe zusammenlebt, zu entziehen. Gemeinsam mit der jüngsten Schwester Everina bringt sie Eliza zu Bekannten, wo sich die drei jungen Frauen für einige Zeit versteckt halten. Finanziell unterstützt werden sie nur von Fannys Eltern. Das Kind, das Eliza nach den Bestimmungen des britischen Sorgerechts beim Vater zurücklassen muß, stirbt ein halbes Jahr nach dem Fortgang der Mutter. Wollstonecraft empfindet die ganze »Affäre« als äußerst bedrückend und »schockierend«.

Als sich die Schwestern 1784 wieder aus ihrem Versteck hervortrauen, versucht Wollstonecraft ihr Schicksal nun in ganz neuer Weise in die eigene Hand zu nehmen. Zusammen mit Eliza und Everina gründet sie im Norden Londons, in Newington Green, eine Schule für Mädchen. Mit diesem Engagement will sie sich und ihren Schwe- **219** stern langfristig eine berufliche Selbständigkeit ermöglichen und ökonomische Sicherheit verschaffen. Zwar attestieren ihr die Eltern der Schülerinnen auch sofort und mit Nachdruck, daß sie »eine wunderbare Lehrerin« sei, doch kann sie die neue Stellung nicht lange bekleiden. Denn wieder wird sie durch die Krankheit eines geliebten Menschen aus gerade erst etablierten Lebensverhältnissen abrupt und überstürzt herausgerissen.

Fanny, die kurz nach Wollstonecrafts Schulgründung nach Lissabon fortgezogen ist, um dort zu heiraten, sendet schlechte Nachrichten aus Portugal: Sie ist an Tuberkulose erkrankt. Besonders erschwert wird dieser Umstand dadurch, daß sie bereits seit mehreren Monaten schwanger ist. Trotz der bestehenden Lehrverpflichtungen in Newington Green macht sich die loyale Freundin auf die beschwerliche Reise nach Südwesteuropa, um Fanny beizustehen. Zur Geburt kommt sie noch rechtzeitig: Vier Stunden nach ihrer Ankunft in Lissabon gebiert Fanny eine Tochter. Doch der jungen Mutter kann Wollstonecraft nicht mehr helfen. Am 29. November 1785 erliegt Fanny ihrer tückischen Krankheit. Nach London zurückgekehrt, muß die trauernde Freundin feststellen, daß auch der gewagte Schulversuch gescheitert ist, da die jüngeren Schwestern den Lehrbetrieb ohne ihre Anleitung und Mithilfe nicht professionell genug durchführen konnten. In dieser bedrückenden Situation wird ihr von dem Reverend John Hewlett, der in der Nähe von Newington Green eine eigene Schule leitet, Hilfe angeboten. Er fordert sie dazu auf, ihre Lehrerfahrungen niederzuschreiben und stellt einen wichtigen Kontakt zu dem führenden Londoner Verleger Joseph Johnson her.

220 Die Bekanntschaft mit Johnson, die Wollstonecraft,

wie sie ihrer Schwester Everina schreibt, »aus der Verzweiflung errettet«, markiert den Wendepunkt ihres Lebens: Der verständnisvolle Verleger überzeugt sich rasch von den literarischen Fähigkeiten der talentierten Autodidaktin und veröffentlicht 1787 ihre pädagogische Erstlingsarbeit *Thoughts on the Education of Daughters.* Diese Schrift ist noch sehr dem traditionellen weiblichen Rollenverständnis verhaftet, stellt aber schon die Forderung nach einer »rationalen« Erziehung auch für Mädchen. Locke verpflichtet ist neben dem Titel des Werkes auch der darin enthaltene Appell, Kinder möglichst kindgerecht zu erziehen und dem Spiel in der Schule genügend großen Raum zu lassen. Die Anerkennung, die dieser Erziehungsschrift beim britischen Lesepublikum zuteil wird, trägt der Verfasserin eine gut dotierte Stelle als Gouvernante der Kinder von Lord und Lady Kingsborough in der irischen Grafschaft Cork ein. Der Verleger Johnson wiederum ist von dem Buch so angetan, daß er seine neue Autorin bittet, auch von Irland aus für ihn schriftstellerisch tätig zu bleiben. Schon 1788 kann er mit *Mary, a Fiction* und *Original Stories* zwei weitere Schriften Wollstonecrafts verlegen, in denen sie in autobiographischer Form von ihren jüngsten Erfahrungen in Irland berichtet. Und auch diese beiden Bücher finden viele Käufer.

Ihre unerwarteten literarischen Anfangserfolge ermutigen Wollstonecraft dazu, nach London zurückzukehren, wo Johnson sie nun in außerordentlich großzügiger Weise unterstützt und fördert. Er gewährt ihr ein regelmäßiges Salär, bindet sie als Rezensentin in die Herausgabe der von ihm verlegten Zeitschrift *Analytical Review* ein und beschäftigt sie, nachdem sie im Selbststudium

221

französisch, italienisch und deutsch gelernt hat, auch als Übersetzerin. Gleich ihr erster Übersetzungsauftrag ist die Übertragung einer Schrift des philanthropischen Pädagogen Christian Gotthilf Salzmann, der als Religionslehrer an Basedows Dessauer Philanthropin gewirkt hat und jetzt seine eigene überkonfessionelle Schule im thüringischen Schnepfenthal leitet. Sein *Moralisches Elementarbuch*, von dessen Pädagogik sich Wollstonecraft überaus angetan zeigt, erscheint nach ihrer kongenialen Bearbeitung in Johnsons Verlag unter dem Titel *Elements of Morality*.

Neben pädagogischen Gegenständen greift Johnson allerdings auch eine ganze Bandbreite von hochbrisanten politischen Themen auf. So verlegt er schon seit Mitte der 1780er Jahre Schriften, die sich gegen den Sklavenhandel und jegliche religiöse Diskriminierung richten. Auch Wollstonecraft setzt sich in einer für die *Analytical Review* verfaßten Rezension einer Autobiographie, in der der ehemalige afrikanische Sklave Olaudah Equiano seinen Lebenslauf schildert, am 4. Mai 1789 für die Abschaffung der Sklaverei ein. Der Beginn der Französischen Revolution führt dann zu einer weiteren Politisierung und Radikalisierung von Johnsons Verlagsprogramm. In Johnsons Wohnhaus treffen sich Intellektuelle und Künstler wie William Blake, William Godwin, Johann Heinrich Füssli oder auch Thomas Paine, um die möglichen Auswirkungen der Revolution auf Großbritannien zu diskutieren. Diese leidenschaftlich geführten Debatten regen auch Wollstonecraft zu dezidierten politischen Stellungnahmen an, die in der Öffentlichkeit auf eine erstaunlich große Resonanz stoßen.

222   In ihrem 1790 veröffentlichten Pamphlet *A Vindica-*

tion of the Rights of Men, das als direkte Antwort auf Burkes äußerst skeptische Interpretation der französischen Umwälzungen konzipiert ist, heißt sie die radikalen politischen Veränderungen in Frankreich ihrerseits begeistert (und in der Wortwahl sehr bewußt) als »eine glorreiche Revolution« willkommen. Endlich werde nämlich auch auf dem europäischen Kontinent jenes Maß an bürgerlicher Freiheit verwirklicht, das in Großbritannien schon seit 1688 garantiert sei. In einer besonders wichtigen Hinsicht sei die neue französische Nationalversammlung sogar noch freiheitlicher als das britische Parlament in Westminster, da die jetzt in Frankreich erprobte »Methode der Repräsentantenwahl« sehr viel mehr Menschen am Prozess der politischen Willensbildung beteilige als das entsprechende Verfahren in Großbritannien. Für alle Briten, die sich im eigenen Land schon seit längerem eine Reform des Wahlrechts wünschten, seien die Vorgänge in Frankreich daher vorbildlich und vielversprechend.

In der im Laufe des Jahres 1791 niedergeschriebenen und im Frühling 1792 publizierten Schrift *A Vindication of the Rights of Woman* verknüpft Wollstonecraft dann die Forderung nach einer möglichst umfassenden politischen Partizipation aller Bürger mit dem Aufruf zur Gleichberechtigung der Frauen und der Verbesserung ihrer Erziehung und Bildung. Schließlich gebe es keinen schlüssigen Grund, Frauen von der Teilhabe an politischer Macht auszuschließen oder ihnen den Erwerb wissenschaftlicher Kenntnisse zu versagen. Wer sich für die Freiheit der Menschen und für die Erweiterung der Bürgerrechte einsetze, müsse auch für eine echte Chancengleichheit der Geschlechter Sorge tragen und demzu- **223** folge auch Frauen und Mädchen die Freuden des Lernens gönnen. Mit diesen Thesen, die zwar bei einigen konservativen Kritikern auf erboste Ablehnung stoßen, erwirbt sich Wollstonecraft endgültig die Anerkennung eines erstaunlich großen aufgeklärten Publikums: Noch im Jahr 1792 erscheint ihre *Vindication of the Rights of Woman* in einer weiteren britischen Auflage, werden zwei amerikanische Ausgaben dieser Schrift verlegt, eine französische Übertragung veröffentlicht und eine deutsche Übersetzung von dem philanthropischen Pädagogen Salzmann in Auftrag gegeben. Was aber fasziniert die weltweite Leserschaft an Wollstonecrafts Argumentationsführung? Sind ihre Vorschläge zur Verbesserung der politischen Mitsprache von Frauen wirklich ausgereift? Und vor allem: Welche pädagogischen Maßnahmen favorisiert die Verfasserin der *Vindication of the Rights of Woman*, um auch Mädchen und Frauen die vollständige Freisetzung ihrer geistigen Talente zu ermöglichen?

Einer der wesentlichen Gründe für den großen Erfolg der *Vindication of the Rights of Woman* ist sicherlich Wollstonecrafts mitreißender Schreibstil, der dem Inhalt ihrer revolutionären Botschaft vollkommen angemessen ist. Gleich zu Beginn des Buches preist sie die »bewundernswerte französische Verfassung« als Inspiration auch für Großbritannien, da jetzt in Frankreich mehr Einwohner im Parlament repräsentiert seien als in jedem anderen Land der Welt. Deshalb sollten nun auch die Briten im eigenen Land eine Erneuerung des »gesamten Systems der Repräsentation« ins Auge fassen. Dabei könnten ihre Landsleute die Franzosen allerdings noch an Fortschrittlichkeit übertreffen, wenn sie auch den Frauen gestat-

teten, eigene »Repräsentanten« ins Parlament zu entsen-
den. Schließlich dürften die Frauen von den Männern
politisch nicht länger »gegängelt« werden. Alles deute
darauf hin, daß die Zeit nunmehr reif sei, »eine Revolution« auch auf dem Gebiet der Rechte der Frauen herbeizuführen, um dadurch eine tiefgreifende »Reform der
Welt« zu bewirken.

Obschon der amerikanische Staat New Jersey seinen
grundbesitzenden unverheirateten oder verwitweten Bür-
gerinnen seit 1790 pionierhaft das Wahlrecht gewährt,
ist Wollstonecraft sehr wohl bewußt, daß entsprechende
Forderungen in Europa immer noch allzu häufig »Geläch-
ter erregen« und nur von den aufgeklärtesten Männern
akzeptiert werden. Doch an das Gewissen eben dieser ein-
sichtigen Männer appelliert Wollstonecraft mit großem
Nachdruck, wenn sie um wirkungsvolle und möglichst
breite Unterstützung für die berechtigten Belange der
Frauen bittet. Da die Briten jetzt, im Jahr 1792, ganz offensichtlich aus freien Stücken dazu bereit sind, den jahrhundertealten Sklavenhandel abzuschaffen, müßten sie
doch erst recht dazu in der Lage sein, auch ihren Frauen
sämtliche Menschenrechte zuzubilligen. An die übliche
Wortwahl der britischen Abolitionisten – der Verfechter
der Abschaffung der Sklaverei – lehnt sich deshalb Wollstonecrafts flehentlicher, an die Adresse der Männer ge-
richteter Hilferuf an: »Ich bitte [euch] inständig darum,
die Emanzipation [eurer] Gefährtin zu fördern« und »unsere Ketten großmütig zu sprengen«. Statt die Frauen wie
bisher in »sklavischer Unterwürfigkeit« zu halten, sollten
Männer lieber zukünftig eine »vernunftbetonte [weibli-
che] Gesellschaft« suchen, die ihnen eben nur ganz und
gar freie und selbständige Partnerinnen bieten könnten. **225**

Wollstonecraft weiß allerdings aus eigener Erfahrung nur zu genau, daß Frauen ausschließlich auf der Grundlage beruflicher und ökonomischer Unabhängigkeit zur angestrebten Selbständigkeit gelangen können, selbst wenn die Männer bereit sein sollten, ihnen formal alle politischen und rechtlichen Freiheiten zuzugestehen. Ob sie nun verheiratet oder alleinstehend sind: »[Frauen] werden erst dann frei sein«, so Wollstonecraft, »wenn sie ihren Lebensunterhalt unabhängig von den Männern erwirtschaften«. Deshalb sollen sie auch »eine bürgerliche Existenz im Staat« aufbauen können, sollen als »Ärztinnen, Bäuerinnen oder Ladenbesitzerinnen« mit »erhobenem Haupt« und durch »Fleiß« ihr eigenes Geld verdienen.

Doch noch sind die allermeisten Frauen auf eine solche Lebensweise nicht genügend vorbereitet, da sie bislang lediglich zu gehorsamen Ehefrauen und Müttern erzogen wurden. Noch stellt die Ehe für Frauen die »einzige Möglichkeit in der Welt« dar, einen finanziellen und sozialen »Aufstieg zu schaffen«. Für diese zweifelhafte Karriere im Schlepptau des Gatten wird von ihnen laut Wollstonecraft aber in erster Linie verlangt, »den Appetit des Mannes zu stillen«, sein »Spielzeug« zu sein und ihm eine »hündische Zuneigung« zu bezeugen. Leider schätzten viele Ehemänner ein unterwürfiges Verhalten der Frauen noch immer mehr als einen vernünftigen Gedankenaustausch mit einer verständigen Partnerin. Somit sei die Ehe vielfach nichts weiter als eine Form der »legalisierten Prostitution«, was nicht nur für Frauen, sondern auch für die Männer ein äußerst unwürdiges Los sei. Wieder auf das Vokabular der Abolitionisten zurückgreifend, erinnert Wollstonecraft daran, daß auch eine solche Art der »Sklaverei den Herrn und die Abhängige« in gleicher

Weise moralisch erniedrigt. Für beide Ehepartner wäre es viel erfüllender, wenn »die Frau die Freundin des Mannes« würde und ihre Zweisamkeit von gegenseitigem Respekt geprägt wäre, wenn beide sich »gleich nötig« hätten und doch vollkommen »unabhängig voneinander« wären. Denn nur dann, wenn der »Verstand« in der Ehe einen höheren Stellenwert einnehme als der »Instinkt«, könnten sich Eheleute auch noch im Alter, »wenn der Schnee auf dem Haupt den Busen abkühlt«, mit Zärtlichkeit begegnen. Eine solche gleichberechtigte und vernunftbetonte Ehe sei dann »die glücklichste Einrichtung in der Welt«.

Und nur eine verständige und dem Mann vollständig ebenbürtige Ehefrau könne dann auch eine gute Mutter werden. Immerhin müsse sie doch als Mutter ihre Familie »mit Urteilskraft« und »Verstand« anleiten, um als ehrenvoll behandelte Gefährtin ihres Mannes nicht nur den eigenen Töchtern, sondern auch den Söhnen »Respekt einzuflößen«. Sie allein sei dazu imstande, Mädchen wie Jungen mit großer Nachhaltigkeit zu zärtlichen und gefühlsbetonten Menschen zu erziehen, da eine Mutter gerade in den ersten Lebensjahren der Kinder als vernünftige und liebevolle Bezugsperson durch niemanden ersetzt werden könne. Nur eine liebevolle Mutter, die über ein gesundes Selbstbewußtsein und einen »unaffektierten Verstand« verfüge, könne ihre Familie also gemeinsam mit ihrem Mann glücklich »regieren«.

Doch wie nun sollen Frauen, die gar nicht auf eine selbständige und den Männern ebenbürtige Lebensweise eingestellt sind, ihre bisher vernachlässigten sozialen Kompetenzen erwerben? Wie sollen sie es schaffen, dereinst als berufstätige Gattinnen und Mütter glücklich **227** und erfolgreich zu sein? Wollstonecraft ist sich darüber im klaren, daß eine »Revolution des weiblichen Verhaltens« nicht über Nacht zu haben ist, selbst wenn die Gesetzgeber den Frauen plötzlich mit einem Federstrich alle Privilegien und Rechte der Männer bewilligen sollten. Sie ist vielmehr davon überzeugt, daß nur eine gründliche Reform der Mädchenerziehung dafür sorgen kann, daß sich die Frauen in der britischen Gesellschaft langfristig mit den Männern auf Augenhöhe bewegen.

So fordert sie in einem langen Kapitel über die Aufgaben einer zukünftigen »Nationalerziehung«, daß Jungen *und* Mädchen ab sofort eine für alle verbindliche Elementarschule besuchen sollen, vom frühest möglichen Zeitpunkt an und gemeinsam, da die beiden Geschlechter nur durch staatlich verordnete Koedukation »gegenseitigen Respekt erlernen«. Auch um zu lernen, wie sie »ihren eigenen Verstand gebrauchen« und »für sich selbst denken und handeln« können, müßten Mädchen zusammen mit den Jungen »und nach dem selben [pädagogischen] Modell« erzogen werden. Die besten, für Jungen und Mädchen gleichermaßen brauchbaren Erziehungsgrundsätze aber hätten Locke und Rousseau beschrieben. Deshalb müßten die Ansichten des Genfer Pädagogen hinsichtlich der Erziehung des Knaben Emile einfach »nur auf Frauen übertragen« werden, und auch die von »Mr. Locke sehr klug vorgetragenen Beobachtungen« seien ein unverzichtbares Hilfsmittel für den Unterricht beider Geschlechter. Entscheidend für eine gute und erfolgreiche Unterweisung sei demnach zuallererst die von Locke und Rousseau vertretene Auffassung, daß Kinder »auf vergnügliche Weise« an die zu lernende Materie herangeführt werden sollten, daß anschauliche »Experi-

228

mente«, die wie »Erholung« wirkten, oder »Spiele« an der frischen Luft, Schüler mehr als alle anderen pädagogischen Hilfsmittel stimulierten. Ein zu abstrakter, »trockener« Unterricht, der noch dazu »mit einer zu harten Hand« des Lehrers ausgeführt werde, raube Kindern hingegen unweigerlich »all ihre Engergie und ihren Fleiß«.

Führe man also einen fröhlich-spielerischen Unterricht durch – wie Wollstonecraft dies selbst schon mit beachtlichem Erfolg in Newington Green getan hat – fördere dies auch bestimmte Lerntugenden, denen bei der Ausbildung eines selbständigen Charakters große Bedeutung zukomme: Jungen und Mädchen, die gemäß den Prinzipien von Locke und Rousseau erzogen würden, entwickelten ein kaum zu stillendes »Verlangen zu lernen«, Lust an immer neuer »Anschauung«, an der Ausübung des eigenen »Verstandes« und an der Entwicklung der eigenen »Vorstellungskraft«; sie bemühten sich mit »Aufrichtigkeit« zu denken und »nützlich« für andere zu sein; sie entwickelten eine »Zuneigung zur Menschheit« und würden den unterschiedlichsten Konfessionen gegenüber aufgeschlossen sein, ohne dabei ein fundamentales Gottvertrauen aufzugeben, das gerade Frauen beim Kampf um gleiche Rechte und Bildungschancen »als reine Quelle des Trostes« große Kraft verleihe. Mit einer solchen Einstellung zum Lernen könnten dann in der Elementarschule wie auch auf weiterführenden Schulen in allen unterrichteten Fächern leicht die wesentlichsten und neuesten Kenntnisse erworben werden, ob in »Religion«, »Geschichte«, »Politik«, »Naturgeschichte«, »Botanik«, »Astronomie«, »Mechanik«, »Anatomie« oder »Medizin«. Auch nach Verlassen der Schule werde jemand, der mit Lockes und Rousseaus Methode das Lernen gelernt habe, **229** sich gerne und leicht weiterbilden, vornehmlich durch intensives Lesen, da nichts so sehr »die Stärke der Verstandeskräfte« fördere wie eine gute Lektüre.

Wenn Wollstonecraft nun in der vollkommenen »Gleichheit« der Bildung für Jungen und Mädchen den entscheidenden Schritt auf dem Weg zur Emanzipation der Frau erblickt, welchen gesamtgesellschaftlichen Nutzen hat dann in ihren Augen dieses großangelegte pädagogische Reformwerk? Schließlich will sie mit der Freisetzung der geistigen Talente aller Frauen doch nach eigenem Bekunden eine »Reform der Welt« herbeiführen. Wollstonecrafts Rechnung, die sie zur Beantwortung dieser Frage aufmacht, ist denkbar einfach: Wenn »die eine Hälfte der Gattung Mensch«, die bisher nicht wissenschaftlich gelernt hat, nun auch alle Vorzüge eines guten Unterrichts genießen darf, wird sich der »Fortschritt auf allen Gebieten des Wissens« rasant beschleunigen, werden doppelt so viele Menschen wie zuvor »nützlich für andere« sein, was zu einer »noch aufgeklärteren Gesellschaft« führen wird, in der alle Menschen »tugendhafter und natürlich noch glücklicher« sein werden.

Wichtiger als die Wohlfahrt der Menschheit insgesamt ist Wollstonecraft jedoch das individuelle Glück einer jeden gut ausgebildeten Frau, die durch die Freuden des Lernens nun endlich auch »die Würde eines rationalen Verstandes fühlt, der sich nur vor Gott verbeugt«, eine Würde, die ihr »Menschsein« in unvergleichlicher Weise adelt. Denn das persönliche Glück des Menschen, ob Mann oder Frau, bemißt sich nach dem »Grad des Wissens«, den man »durch den Gebrauch der Vernunft« erlangt hat. Dieses Glücksgefühl, das die schönste »Belohnung des persönlichen Fleißes« beim Lernen ist, ist nun so süß und letzlich auch so nahrhaft, daß Wollstonecraft dafür keinen treffenderen Vergleich zu finden weiß als den schmackhaften Genuß von überaus köstlichem »Honig« – *Honey.*

11. KAPITEL

Selbstdisziplin

Immanuel Kant oder
Die Überwindung der eigenen Trägheit

KÖNIGSBERG 1803. Die alte Universitätsstadt am Pregel, die neben Berlin zweite Haupstadt und eine der wichtigsten Residenzen des Königreichs Preußen ist, liegt trotz ihrer großen Bedeutung als herausragende Stätte der Gelehrsamkeit und Sitz mehrerer Regierungsbehörden in relativer Abgeschiedenheit vor den Toren des weit über Europa hinausreichenden russischen Großreiches. Während manch ein Besucher der Stadt deshalb mit den altbekannten Worten Friedrichs des Großen zu scherzen beliebt, Königsberg könne »besser Bären aufziehen als zu einem Schauplatz der Wissenschaften dienen«, wissen die Einheimischen die Vorzüge ihres an der europäischen Peripherie gelegenen Wohnortes sehr viel besser zu schätzen. Gerade jetzt, vierzehn Jahre nach Beginn der weltverändernden Französischen Revolution, lassen sich die neuesten politischen Entwicklungen West- und Zentraleuropas von hier aus mit vergleichsweise großer Distanz und Nüchternheit betrachten. Aus sicherer räumlicher Entfernung können die Königsberger beobachten, wie sich im Westen des Kontinents das Ancien Régime, die gewohnte europäische Staatenordnung, rasant aufzulösen beginnt.

Dieser tiefgreifende politische Wandel in Europa ist deshalb möglich geworden, weil sich die schlimmsten Befürchtungen des britischen Premierministers Pitt bestätigt haben: Bereits im Februar 1793, unmittelbar nach der hastig betriebenen Hinrichtung Ludwigs XVI., hat das revolutionäre Frankreich zunächst Großbritannien, dann Holland und in der Folge immer weiteren europäischen Staaten den Krieg erklärt, um seine neue republikanische Staatsform nicht nur nach außen abzusichern, sondern auch ins benachbarte Ausland zu exportieren. Eine französische Invasion Englands kann von Pitt zwar 1797 erfolgreich vereitelt werden, doch Holland, die Schweiz und das deutsche Reich halten dem Druck der wie entfesselt kämpfenden Revolutionsheere nicht stand. Die Vereinigten Niederlande werden zur Batavischen Republik umgewandelt, aus der schweizerischen Eidgenossenschaft wird die Helvetische Republik geformt und das Reich verliert sämtliche linksrheinischen Gebiete an die junge Französische Republik. Preußen und Österreich sind zu unentschlossen und letztlich auch zu schwach, um Frankreichs gezieltem Angriff auf die altehrwürdige Reichsverfassung zu trotzen. In separaten Friedensschlüssen überlassen sie dem französischen Gegner bis zum Ende des Jahres 1797 sogar die kurfürstlichen Residenzstädte Köln, Trier und Mainz, die über Jahrhunderte hinweg zu den tragenden Säulen des Heiligen Römischen Reiches zählten.

Um die gegenüber Frankreich im Westen bezeigte Ohnmacht halbwegs zu kompensieren, setzen Kaiser Franz II. und der preußische König Friedrich Wilhelm II. im Osten einen schon länger gehegten Plan in die Tat um: Gemeinsam mit der Zarin Katharina II. teilen sie den völlig wehrlosen polnischen Staat zwischen Österreich, Preussen und Rußland auf. Polen verschwindet vollständig von der Landkarte, Preußen kann sein Staatsgebiet fast verdoppeln. Bei der ab 1801 von Frankreich im Verbund mit Bayern, Baden, Württemberg und Hessen-Darmstadt betriebenen Säkularisation der deutschen geistlichen Fürstentümer fällt für den preußischen Staat dann aus der Konkursmasse des absterbenden Reiches noch einmal ein größerer Gebietsgewinn ab: Unter den Auspizien Napoleon Bonapartes, des neuen Ersten Konsuls der Französischen Republik, wird Preußen durch den sogenannten Reichsdeputationshauptschluß vom 25. Februar 1803 praktisch das gesamte Westfalen zugesprochen. Daß der beachtliche preußische Gebietszuwachs von Frankreich akzeptiert wird, ist der Lohn für Preußens Neutralität und stillschweigende Anerkennung der neuen französischen Vormachtstellung auf dem europäischen Kontinent. So erstreckt sich das saturierte Preußen, der norddeutsche Erbe des zerfallenden Reiches, nun über viele hundert Meilen in einem fast lückenlos miteinander verbundenen Staatsgebiet vom westfälischen Münster bis nach Ostpreußen, eben bis ins abgelegene Königsberg.

Im nordöstlichsten Winkel Preußens und Europas fühlen sich die Königsberger zumindest vorerst gegen alle stürmischen und gewaltsamen Veränderungen ihrer traditionellen Lebensweise gefeit. Und der ganz gewöhnliche Alltag Königsbergs hat einiges zu bieten, ist trotz der Abgeschiedenheit der Stadt alles andere als provinziell zu nennen. Denn mit einer Bevölkerung von annähernd 60.000 Einwohnern ist Königsberg eine echte Großstadt, in der jetzt, drei Jahre nach Ablauf des 18. Jahrhunderts, weit mehr Menschen als in München oder

Frankfurt am Main leben. Ein junger Neuankömmling aus dem stillen Masuren kann sich deshalb gar nicht darüber beruhigen, »[w]ie groß«, »wie gewerbereich« und »wie geräusch und geschäftsvol[l]« die Stadt doch ist. Auch setzt sich Königsbergs Einwohnerschaft aus Angehörigen unterschiedlicher Nationalitäten zusammen. Abgesehen von den Deutschen leben hier Russen, Polen und Litauer überaus verträglich zusammen. Die Stadt beherbergt zudem eine große jüdische Gemeinde, aus Frankreich zugewanderte Hugenotten sowie eine Reihe von holländischen und englischen Kaufleuten. Da alle diese Gruppen ihre eigenen Lebensgewohnheiten und Bräuche kultivieren, können die Königsberger ihre Menschen- und Weltkenntnis täglich erweitern, ohne weit reisen zu müssen.

Geprägt wird die an einer Bucht der Ostsee gelegene Stadt Königsberg auch durch ihren internationalen Handelshafen, der ihr erst recht ein kosmopolitisches Flair verleiht. Der Hafen verbindet ganz Osteuropa mit Deutschland und vielen anderen nord- und westeuropäischen Ländern. Vor allem mit Schweden, Dänemark und Großbritannien wird hier ein reger Handel betrieben. In Königsberg tauschen britische Kaufleute Rum und Gewürze aus ihren Kolonien gegen wahre Massen von russischem Getreide; andere bedeutende Güter aus Osteuropa sind Holz, Leder und Felle, während aus dem Westen als wichtigste Waren noch Salz, Fisch, Leinen, Kupfer, Zink, Blei und exotische Früchte eingeführt werden.

Doch nicht nur Handel und Kommerz, auch Kultur und höhere Bildung sind in Königsberg beheimatet. Die Stadt verfügt über ein festes Theater, ein sehr gutes Schauspielhaus, in dem auch französische und italienische Opern aufgeführt werden. Zahlreiche ortsansässige

Drucker, Buchhändler und Verlage stellen einen reichen Vorrat an belletristischer und wissenschaftlicher Literatur zur Verfügung, und als eines der deutschen Pressezentren kann Königsberg seine Einwohner stets mit aktuellen und gut recherchierten politischen Nachrichten aus aller Welt versorgen. Der umfassenden Erziehung des eigenen Nachwuchses haben sich immerhin fünf Lateinschulen verschrieben: Das besonders renommierte Collegium Fridericianum (mit fakultativen Fächern und zusätzlichem Unterricht in polnischer Sprache), die Altstädtische Schule, die Kneiphöfische Dom- und Kathedralschule, die Löbenichtschule und die Schule des königlichen Waisenhauses. Und die schon 1544 gegründete Albertus-Universität, deren geistige Anziehungskraft bis weit ins Baltikum reicht, lockt außer preußischen Landeskindern auch immer neue Studenten aus Kurland, Livland, Estland und Rußland herbei, die mit bemerkenswerter Offenheit empfangen werden.

Daß Königsberg bei dieser Vielfalt an Bildungsmöglichkeiten über ein geistiges Klima verfügt, in dem auch überregional bedeutsame Persönlichkeiten heranreifen und wirken können, liegt auf der Hand. Scharfsinnige Beobachter und Interpreten der europäischen Zeitläufte, deren Ansichten weit über Königsberg hinaus diskutiert werden, finden sich nicht nur im Kollegium der Universität, sondern auch im äußerst fortschrittlich eingestellten Stadtbürgertum. So hat der langjährige Bürgermeister und Stadtpräsident von Königsberg, Theodor Gottlieb Hippel, bereits 1792 ein Traktat *Über die bürgerliche Verbesserung der Weiber* verfaßt, das in einigen Passagen, in denen den Frauen eine wesentliche Beteiligung an den Staatsgeschäften eingeräumt wird, nicht weniger modern ist als Wollstonecrafts zeitgleich erschienene *Vindication of the Rights of Woman*.

Progressive Wirtschaftstheorien, die ebenfalls in ganz Deutschland erörtert werden, konzipiert in Königsberg der Universitätsprofessor Christian Jakob Kraus, Inhaber des Lehrstuhls für Praktische Philosophie und Kameralistik. Als Anhänger der von Smith propagierten Freihandelslehre, hat er bereits im Rahmen einer Studienreform dafür gesorgt, daß niemand in Ostpreußen Beamter werden kann, der nicht mit den Ideen des *Wealth of Nations* vertraut ist. Seinen staatswirtschaftlichen Vorlesungen legt er deshalb auch seit Mitte der 1790er Jahre die einschlägigen Texte des schottischen Nationalökonomen zugrunde, die er seinen Hörern in eigener Übersetzung und auch mit kritischen Kommentaren – so über den Kapitalbegriff oder das Wert- und Preisproblem – nahezubringen versucht. Großen Zulauf und Zuspruch erhält Kraus wohl auch deswegen, weil seine an Smith orientierte radikal-liberale Ökonomie in den Augen der meisten Zeitgenossen den Weg für in Preußen längst überfällige wirtschaftliche Reformen weist. Auch viele konservative Bürger, die vor den Auswüchsen der Französischen Revolution entsetzt zurückweichen, können sich für die von Kraus vorgetragene Forderung nach mehr wirtschaftlicher Freiheit und Gleichheit, für freien Markt und gleichen Zugang zum Eigentum, für Fortschritt und Überwindung der altständischen Ordnung erwärmen.

Die mit Abstand größte Berühmtheit unter den Königsberger Intellektuellen ist jedoch der europaweit bekannte und mittlerweile im achtzigsten Lebensjahr stehende Philosoph und Universitätsprofessor Immanuel Kant. Wie seine Freunde Hippel und Kraus hat auch er sich über die seit der Französischen Revolution immer offenkundiger zutage tretenden emanzipatorischen und ökonomischen Probleme der Zeit in Wort und Schrift geäußert. Allerdings geht er mit dem Verlauf der Revolution längst nicht so hart ins Gericht wie die meisten seiner deutschen Zeitgenossen, denen der französische Freiheitsdrang seit dem von Danton eingeleiteten Terror und den von Napoleon geführten Feldzügen in eklatanter Weise fehlgeleitet zu sein scheint. Für Kant ist die Französische Revolution auch jetzt noch, über eine Dekade nach dem Sturm auf die Bastille, eine »Begebenheit«, die »zu groß und zu sehr mit dem Interesse der Menschheit verwebt« ist, als daß man sie leichtfertig verteufeln könnte. »Ein solches Phänomen in der Menschheitsgeschichte«, findet er, »vergißt sich« auch deswegen »nicht mehr«, weil es trotz aller »Greueltaten« doch immerhin »eine Anlage und ein Vermögen in der menschlichen Natur zum Besseren aufgedeckt hat«: Die Befähigung zur »Reform der Verfassung eines Volkes«, also zur konstitutionell sanktionierten Selbstregierung von bislang bevormundeten Staatsbürgern, zur entschlossenen Selbstbefreiung von absolutistischer Willkür.

Kant würdigt damit den kollektiven Kraftakt, den die Französische Revolution in seinen Augen darstellt, als einen im Grunde gelungenen Versuch der politischen Selbstaufklärung von bis dato unmündigen und permanent gegängelten Menschen. Die Revolution ist somit zugleich ein gigantisches Projekt der menschlichen Selbsterziehung, also ein eminent pädagogisches Experiment allergrößten gesellschaftlichen Maßstabs – von dem sich Kant nur allzugerne faszinieren läßt. Denn die schwierige Kunst der Erziehung, die dem Menschen dabei behilflich **239**

sein soll, in Freiheit das Gute aus sich selbst herauszu-
bringen, um seiner Bestimmung gerecht zu werden, ist
geradezu ein Lebensthema des nunmehr greisen Philosophen. So wundert es nicht, daß er jetzt, im Jahr 1803,
als seine letzte große Publikation ein Buch *Über Pädagogik* in Druck geben läßt, mit dem er der Nachwelt seine
gesammelten Überlegungen zum guten Lernen dauerhaft
verfügbar machen will.

Wie beim im selben Jahr wie Kant geborenen Basedow ist
auch in der Biographie des Königsberger Philosophen zu
beobachten, daß eine insgesamt enttäuschende Schullaufbahn den ersten Auslöser für eine lebenslange Beschäftigung mit pädagogischen Fragen darstellt. Nur äußerst
ungern erinnert sich Kant an seine Schulzeit auf dem Collegium Fridericianum. Denn diese doch eigentlich sehr
angesehene Lateinschule, die der hochbegabte Junge nach
dem Besuch der Elementarschule des Königsberger St. Ge-
orgs-Hospizes im Alter von acht Jahren beziehen darf, erweist sich für ihn schon bald als strenge, ja düstere Lehranstalt. Alle seine Lehrer, mit Ausnahme eines einzigen,
versuchen durch die Anwendung von übergroßer Strenge
und körperlicher Züchtigung Disziplin zu halten, deren
Befolgung eines der wichtigsten Erziehungsziele der Schule
ist. Zudem sind seine Tage strikt durchreglementiert und
fast ausschließlich mit Schularbeiten angefüllt. Der Unterricht, der um sieben Uhr morgens beginnt und um vier Uhr
nachmittags endet, wird von Montag bis Samstag abgehalten; nur zu Ostern, Pfingsten und Weihnachten gibt es einige wenige freie Tage für die Schüler. Selbst an Sonntagen
verfügt der junge Kant nicht über ausreichend Freizeit,
240   da er morgens in die Kirche und nachmittags in den Reli-

gionsunterricht gehen muß. »In der Schule herrscht ein Zwang, Mechanismus und ein Gängelwagen der Regeln«, resümiert Kant später, was den Kindern und Jugendlichen »oft alle Kühnheit selbst zu denken« nehme und »die Genies« verderbe. Erst als er sich im September 1740 als Student der Philosophie an der Königsberger Albertus-Universität immatrikuliert, kommt diese von ihm als Drangsal empfundene Periode seines Lebens zu einem Ende.

An der Albertina blüht er sichtlich auf. Aus »Wißbegierde«, wie er einem Kommilitonen anvertraut, arbeitet er jetzt freiwillig mindestens ebensoviel wie zuvor aus Zwang. Er ist bestrebt, »von allen Wissenschaften Kenntnisse zu nehmen, keine auszuschließen«, selbst »wenn man dabei auch nicht sein Brot suchte«. Der umfassende Wissenserwerb, das freie und endlich auch lustvolle Lernen, ist für den Studenten Kant also keineswegs an die Frage geknüpft, wie die an der Universität erworbene Allgemeinbildung wohl dereinst beruflich genutzt werden möge. So belegt er Vorlesungen über Logik und Metaphysik, Ethik und Naturrecht, Rhetorik und Geschichte, Naturgeschichte und Physik. Sein Lieblingsdozent ist der einnehmende und freundliche Professor Martin Knutzen, der in seinen Veranstaltungen ständig auf Locke verweist und die Studenten dazu anhält, die Schriften des englischen Philosophen möglichst gründlich zu durchdringen. Kant weiß aber neben der nun mit Freuden geleisteten Lernarbeit auch die freie Zeit zu schätzen, über die er nun in ausreichendem Maß verfügt. Zur Erholung vom Studium betreibt er deshalb mit höchstem Vergnügen das Billardspiel, und zwar mit einem derartigen Geschick, daß sich bald kein Herausforderer mehr findet, der gegen ihn anzutreten wagt.

241

Nach Beendigung seiner Studienzeit verläßt Kant Königsberg vorübergehend, um sich im Umland der ostpreußischen Hauptstadt nach einer geeigneten Stelle als Hauslehrer umzusehen. Durch eine erfolgreiche Tätigkeit als Hofmeister will er sich langfristig für höhere akademische Lehrämter empfehlen. Zunächst unterrichtet er zwischen Herbst 1748 und Herbst 1751 die Söhne des calvinistischen Pastors Andersch, der seinen Predigerdienst in der unweit von Königsberg gelegenen Stadt Judtschen versieht. Danach begibt er sich in den Dienst eines Herrn von Hülsen, dessen Söhne er auf einem etwa 70 Meilen südwestlich von Königsberg gelegen Gutshof bei Arnsberg erzieht. Obwohl er selbst an seinen pädagogischen Qualitäten zweifelt, halten ihn seine Brotherren für einen ausgesprochen anregenden, guten und menschenfreundlichen Lehrer. Sie lassen Kant deshalb neben den Lehrverpflichtungen auch viel Zeit für private Studien, denen er sich mit Hingabe widmet. Sogar Vorarbeiten für eine Magisterarbeit stellt er in diesen Jahren ländlicher Zurückgezogenheit an.

Im August 1754 kehrt Kant nach sechsjähriger Abwesenheit wieder nach Königsberg zurück, wo er umgehend seine Dissertation zum Erwerb des angestrebten Magistergrades in Philosophie niederschreibt. Diese Arbeit, in der er die physikalische Beschaffenheit des Feuers beschreibt, kann er bereits am 17. April 1755 einreichen. Nach einer zusätzlichen öffentlichen Prüfung erhält er vier Wochen später auch den Doktorgrad zugesprochen. Um jedoch an der Universität lehren zu können, muß er noch eine weitere Dissertation anfertigen. Dieser Aufgabe entledigt er sich noch im selben Jahr mit einer Abhandlung über den Satz des Widerspruchs und den Satz des zureichenden Grundes, also über zwei der wichtigsten Grundsätze zeitgenössischer Logik. Ab Herbst 1755 hält er als frischgebackener Privatdozent seine ersten Vorlesungen.

Von Anfang an wird ihm durch seine Hörer bescheinigt, daß er ein hervorragender Universitätsdozent ist, der seine Ausführungen »nicht allein gründlich, sondern auch freimütig und angenehm« und noch dazu mit »lebhafte[m] Schwung« vorzutragen weiß. Er liebt es, seine Vorlesungen durch unterhaltsame Abschweifungen so interessant wie möglich zu gestalten, gibt mit trockenem Humor »ohne den kleinsten Zug der Arroganz« manche köstliche Anekdote zum besten, die das ganze, stets bis auf den letzten Platz gefüllte Auditorium unweigerlich zum Lachen bringt. Sein freier Diskurs ist durchgehend »mit Witz und Laune gewürzt«, wobei er allerdings darauf achtet, daß seine humorigen Erzählungen stets zur Sache gehören und zur Veranschaulichung des behandelten Gegenstands dienen. Schließlich will er sich mit Hilfe des fröhlichen Vortragsstils ja vor allem verständlich machen, will wichtige philosophische Inhalte vermitteln, weshalb er Fragen, in denen die Studenten um Klärung bitten, niemals zurückweist, sondern immer bereitwillig beantwortet.

Bei all dem ist es sein vordringlichstes Erziehungsziel, jungen Menschen das selbständige Denken schmackhaft zu machen. Die Studierenden sollen nicht etwa auswendig gelernte Gedanken »nachsprechen«, sie sollen den eigenen Verstand gebrauchen, wie es ja auch schon Reimarus verlangt hat, von dem Kant stets voller Hochachtung spricht. »Sie werden bei mir nicht Philosophie lernen, aber – philosophieren«, ruft er seinen Hörern deshalb zu. Er will, **243**

daß sie ihr Wissen »forschend« erwerben und nicht »dog-
matisch«, daß sie sich mit Freude am Unterricht beteiligen
und immer aufgeschlossen für neue Ideen sind. Diese Methode des Lernens empfiehlt sich in allen Fachgebieten,
über die er Vorlesungen zu halten hat, also in den philosophischen Teildisziplinen der Logik, Metaphysik, Ethik,
Mathematik, Physik, Mechanik, Hydrostatik, Aerometrie
und Hydraulik. Dabei regt er die Studenten unentwegt
dazu an, neue Informationen miteinander zu vernetzen
und in Gedanken unter verschiedenen Rubriken zu ord-
nen, um auf diese Weise ein möglichst umfassendes Welt-
bild zu erstellen.

In den frühen 1760er Jahren erwacht bei Kant dann
sehr plötzlich und mit Macht ein bleibendes Interesse an
politischen Fragen. Es ist die ihn tief berührende Lektüre
von Rousseaus *Emile*, die seinen Sinn dafür schärft, daß
die Erziehung zum freien Gebrauch der Vernunft und
zum selbständigen Wissenserwerb am ehesten in einer
freiheitlichen Bürgergesellschaft geleistet werden kann,
wie sie in Großbritannien am vorbildlichsten eingerichtet
ist. Es ist deshalb wohl auch kein Zufall, daß er ab 1765
seinen Bekanntenkreis um viele englische Freunde erweitert, von denen zwei schon bald zu seinen engsten Vertrauten gehören: Joseph Green und Robert Motherby.
Mit diesen beiden Männern, die zu den führenden Persönlichkeiten der in Königsberg ansässigen englischen
Kaufmannskolonie zählen, unterhält sich Kant fortwäh-
rend über »Engelland«, über die Vorzüge der britischen
Verfassung und über ökonomische Fragen. Bei der florierenden Firma Green, Motherby & Co. hat er auch den
größten Teil seines Geldes angelegt. Unterschiedlicher
244 Meinung sind Kant und seine englischen Freunde nur in

der Frage des ab Ende der 1760er Jahre einsetzenden amerikanischen Freiheitskampfes. Während Green die Partei der britischen Regierung ergreift, erwärmt sich Kant für das selbstbewußte Auftreten der von Franklin repräsentierten Kolonisten Nordamerikas, in denen er die Vorboten einer noch liberaleren politischen Ordnung erblickt.

Als Kant 1770 zum Professor (der Logik und Metaphysik) ernannt wird, liest er seinen neuen Interessen gemäß auch regelmäßig über politische Themen, so über das allen freiheitlichen Verfassungen zugrundeliegende Naturrecht. 1776, im Jahr der amerikanischen Unabhängigkeitserklärung, hält er dann auch erstmals eine erziehungswissenschaftliche Vorlesung, in der er die in seinen Augen modernste, toleranteste und freiheitlichste Erziehungslehre neuerer Zeit, nämlich die von Basedow entwickelte und auf Locke zurückgehende philanthropische Pädagogik, in den höchsten Tönen lobt: »Die jetzigen Basedowschen Anstalten«, doziert er voller Enthusiasmus, seien das »größte Phaenomen, was in diesem Jahrhundert zur Verbeßerung der Vollkommenheit der Menschheit erschienen ist«. Auch außerhalb der Universität wirbt er für den in Dessau praktizierten spielerisch-fröhlichen Unterricht. In Zeitungsartikeln preist er Basedow dafür, daß es ihm gelungen sei, erstmals eine echte, der Natur und allen bürgerlichen Zwecken gemäße Erziehungsanstalt zu begründen, »wodurch eine ganz neue Ordnung menschlicher Dinge anhebt«. Überdies vermittelt Kant den Sohn seines Freundes Motherby nach Dessau. Der dessauischen Schulleitung berichtet er in diesem Zusammenhang von dem »Herzensantheil, den ich an Dero vortreflichem Philanthropin nehme.«

245

So sehr Kant nun das vergnügliche Lernen aus Vorliebe und Neigung im Sinne der Basedowschen Pädagogik befürwortet, so sehr ist ihm zunehmend bewußt, daß es selbst für den mit Freude lernenden Menschen Situationen gibt, in denen er sich auch einmal dazu zwingen muß. Für Kant persönlich sind dies jene Momente, in denen er universitäre Pflichtveranstaltungen durchzuführen hat. Obwohl er seine Kollegien, die er wegen des anregenden Austauschs mit den Studierenden als eine Art des forschenden Lernens erlebt, doch eigentlich gerne erteilt, muß er seit seiner Ernennung zum Professor auch solche Vorlesungen abhalten, für die nicht nur der Inhalt, sondern auch die Uhrzeit vorgeschrieben ist. So beginnen seine Vorlesungen nun immer um sieben Uhr morgens, wobei ihm das frühe Aufstehen nicht leicht fällt. Außerdem muß er weit mehr Studenten unterrichten als jemals zuvor. Nur mit äußerster Disziplin kommt er den gewachsenen Verpflichtungen nach. Wenn er sich allerdings im Hörsaal befindet, ist er ganz in seinem Element: Auch Ende der 1770er Jahre spenden ihm seine Studenten noch »großen Beifall« und erfreuen sich daran, daß er seine Vorlesungen mit »untermischte[n] Geschichten und Anekdoten von allerlei Leuten und Ländern würz[t]«.

Allerdings bleibt die Frage nach der Vereinbarkeit von Lust und Pflicht für ihn ein gewichtiges Problem, dem er in den 1780er Jahren sogar einen Hauptteil seiner Schaffenskraft widmet. Denn nachdem er sich 1781 in der europaweit rezipierten *Kritik der reinen Vernunft* mit hohem theoretischen Aufwand über die Möglichkeit apriorischer Erkenntnis ausgelassen hat, arbeitet er in den Folgejahren in erster Linie über die Frage, inwieweit
246 die Vernunft den menschlichen Willen zur Verrichtung

bestimmter Handlungen nötigen kann und sollte. In der 1788 veröffentlichten *Kritik der praktischen Vernunft* kommt er zu dem Schluß, daß »Lust« zwar stets der unabdingbare »Grund eines Wohlgefallens« an einer Handlung ist, daß daneben aber die zur Pflichtausübung mahnende »Vernunft« als »Bestimmungsgrund« einer obligatorischen Tätigkeit unentbehrlich bleibt.

Kant publiziert diese philosophischen Einsichten auch in populärwissenschaftlicher Form, um sie einem möglichst breiten Publikum verständlich zu machen. Besonders gut gelingt ihm dies in dem bereits 1784 in der *Berlinischen Monatsschrift* veröffentlichten Beitrag *Beantwortung der Frage: Was ist Aufklärung?* In diesem Artikel kommt er sowohl auf die Freuden als auch auf die Pflichten des Lernens zu sprechen. Die Menschen verfügten zwar von Natur aus über den Hang zum »freien Denken«, schreibt er dort, und strebten »von selbst« mit Vergnügen danach, ihre »Erkenntnisse zu erweitern«, um beständig »in der Aufklärung weiterzuschreiten«. Dies sei sogar ihre »ursprüngliche Bestimmung«. Doch hätten sie immer wieder auch mit purer »Faulheit« zu kämpfen, die ihrem Lernprozeß nicht selten im Wege sei. Aus einem solchen Zustand der Lethargie könnten sie sich dann nur durch die entschlossene »eigene Bearbeitung ihres Geistes« wieder »heraus[w]ickeln«. Auch zum fröhlichen Lernen führe also an manchen Tagen nur eine höchst disziplinierte »Entschließung«.

Eine zu politischer Selbstaufklärung führende Entschlußkraft bewundert Kant nach 1789 bei den französischen Revolutionären. Im Jahr 1793, als sich der Charakter der Revolution dramatisch zu verändern beginnt, räumt er zwar ein, daß die begonnene republikanische 247

Staatsveränderung nun rohe und teilweise auch gefähr-
liche Züge bekomme, doch reiften Menschen für die politische »Vernunft« eben »nie anders, als durch *eigene*
Versuche«. Und noch 1795, zwei Jahre nach Frankreichs
Kriegserklärung an Großbritannien, bleibt Kant in seiner
Abhandlung *Zum ewigen Frieden* dabei, daß die bürgerliche Verfassung in jedem Staat nicht anders als »republikanisch« sein soll.

Ab 1799 beginnt Kant sein weit vorgerücktes Alter immer schwerer zu fühlen. Seine Kräfte lassen kontinuierlich nach. Er geht kaum noch aus dem Haus. Als das
18. Jahrhundert dann vollständig verstrichen ist, blickt
er noch einmal sehr bewußt auf diese von ihm selbst
als »Zeitalter der Aufklärung« gefeierte Epoche zurück.
Er überprüft, welche seiner in dieser Zeit entstandenen
Manuskripte noch nicht veröffentlicht worden sind, ord-
net dementsprechend seine Papiere und übergibt den ihm
bedeutsam erscheinenden Teil des literarischen Nach-
lasses jüngeren Kollegen an der Philosophischen Fakultät,
die sich um dessen Drucklegung kümmern sollen. Er
selbst ist nun zu schwach, um diese Aufgabe zu bewälti-
gen. Als seine letzte Schrift läßt er jetzt, im Frühjahr
1803, durch seinen Schüler und Vertrauten Friedrich Theodor Rink ein schmales Bändchen über Pädagogik herausgeben, dessen Inhalt allerdings von um so größerem
Gewicht ist.

In der Vorrede zu dieser Schrift, der Rink den Titel *Immanuel Kant über Pädagogik* gibt, hebt der Herausgeber
ausdrücklich hervor, daß es sich bei der von ihm edierten
Schrift nicht allein um die Summe der Kantschen Ansichten über Erziehung handelt, sondern gewissermaßen

auch um eine Rückschau auf die wesentlichsten Lehr-
und Lernprinzipien des gerade vergangenen 18. Jahrhunderts, zu denen der greise Königsberger Philosoph ja einen entscheidenden Beitrag geleistet hat. Jetzt, zu Beginn
des 19. Jahrhunderts, werde die Aufklärungspädagogik
zwar einerseits von dem Schweizer »[Johann Heinrich]
Pestalozzi« – dessen 1801 erschienenes Buch *Wie Ger-
trud ihre Kinder lehrt* auch in Preußen begeisterte Leser
gefunden hat – entschlossen fortgeführt und dabei in
»eine neue interessante Richtung« getrieben (da dieser
Zürcher Schüler des Professors Bodmer nun auch arme,
einfache Menschen aus der Landbevölkerung mit aufklärerischen Erziehungsprinzipien vertraut machen will).
Doch gebe es seit einigen Jahren auch »mancherlei Ein-
wendungen«, ja deutlichen Widerstand gegen die weite
Verbreitung des sinnlich-spielerischen Anschauungsun-
terrichts. Ohne ihn beim Namen zu nennen, denkt Rink
hier sicherlich auch an den seit 1802 als Rektor des
Joachimsthalschen Gymnasiums zu Berlin wirkenden
Schulmann Bernhard Moritz Snethlage, der die von Kant
verehrte philanthropische Pädagogik jüngst als »Schnick-
schnack« denunziert hat. Snethlage ärgert es nämlich,
daß junge Leute in der Schule »hüpfen und springen und
guter Dinge« sein dürfen, wo das Lernen doch ein ganz
und gar ernstes, vor allem mit Anstrengung und Arbeit
verbundenes Geschäft sei. Könne es einen da wundern,
so der Berliner Schulleiter, daß philanthropisch erzogene
junge Leute in diesen revolutionären Zeiten immer auf-
wieglerischer würden und »je nachdem ihr Kopf ist, alles
verbessern und nach ihren Einfällen reformieren wollen«?
Gerade solche, seit der Französischen Revolution immer
häufiger vorgetragenen Einwände gegen das spielerische **249**

und vergnügliche Lernen, will das Buch *Immanuel Kant über Pädagogik* nun beantworten und entkräften.

Schon auf den ersten Seiten dieser eingängig formulierten Schrift wird erkennbar, daß Kant grundsätzlich nur das freie, spielerische Lernen als geeigneten Weg zur Bildung der Menschen gelten läßt, ungeachtet aller daran geübten Kritik. Kinder sollen »spielen«, sollen sich in größtmöglicher Freiheit Wissen aneignen, weil sie nämlich auf diese Weise viel gründlicher lernten als unter »Drohungen, Strafen u.s.w.«. Denn wenn das von Natur aus »fröhliche Herz« der Kinder immer »strenge im Schulzwange gehalten« werde, müsse es gewiß »bald niedergeschlagen« sein. Stattdessen müsse es vielmehr dazu ermuntert werden, gleichsam »von selbst [zu] lernen«, wozu »gewisse Spiele« dienten, »bei denen es Freiheit hat, und wo das Kind sich bemüht, immer dem andern etwas zuvor zu tun«.

Demnach wäre es beispielsweise leicht möglich, »daß das Kind von selbst schreiben lernte«. Man dürfte dann nur, »wenn das Kind Brot will, sagen: Kannst du es auch wohl malen?« Es würde dann eine ovale Figur malen. Wenn man ihm dann sagte, »daß man nun doch nicht wisse, ob es Brot oder Stein vorstellen solle: so würde es nachher versuchen, das B zu bezeichnen, u.s.w.« und »so würde sich das Kind mit der Zeit sein eignes ABC erfinden, das es nachher nur mit andern Zeichen vertauschen dürfte«. Bäten Erzieher die ihnen anvertrauten Kinder nur stets »mit Freundlichkeit« um die Verrichtung solcher Aufgaben, würden diese sich ihnen in den seltensten Fällen verweigern und gerne »das Lesen und Schreiben« lernen.

250 Von einer spielerischen Unterweisung könnten aber

auch in allen anderen Fächern sogar die im Alter fortge-
schrittenen Jugendlichen profitieren. Dieser Unterricht
sei dann allerdings so durchzuführen, wie es die bisher
bedeutendste deutsche »Experimentalschule«, das Des-
sauische Institut Basedows, eindrucksvoll vorgemacht
habe. Aber auch Rousseau und »der berühmte Franklin«
hätten innovative pädagogische Theorien für den Unterricht mit älteren Kinder publiziert, denen man in diesem
Zusammenhang folgen könne. Zudem müsse man immer
darauf achten, daß das spielerische Lernen stets exemplarisches Lernen bleibe, daß man also in jedem einzelnen
Fach nicht unbedingt »einen großen Umfang von Kenntnissen« erwerbe, sondern lieber wenig lerne, »aber dieses
Wenige gründlich«. Wisse man »von allem etwas Gründliches« und habe man beizeiten mit Freude das Lernen
gelernt, könne man auf dieser Grundlage dann auch noch
als Erwachsener »gleichsam aus sich selbst«, als Autodidakt, ein Leben lang von Lernerfolg zu Lernerfolg
voranschreiten.

Zu einem dauerhaft gelingenden Lernen würden selbstverständlich auch jene Lerntugenden beitragen, die Kinder sich im spielerisch-fröhlichen Unterricht schon frühzeitig und wie von ungefähr aneigneten. Außer dem von
natürlicher Wißbegierde geleiteten Wunsch, permanent
»von selbst zu lernen«, und dem ebenfalls von Natur aus
vorhandenen Verlangen, sich den Lernstoff möglichst anschaulich vorzustellen, seien dies der bewußte Gebrauch
von »Verstand« und »Einbildungskraft«, der Anspruch,
beim Lernen »Wahrhaftigkeit« walten zu lassen, dem
Wohl der bürgerlichen Gesellschaft zu dienen, »Menschenliebe gegen andere« zu zeigen, dabei »die Verschie-
denheit der Religionen« zu tolerieren, ohne zu vergessen, **251**

daß ein gesundes Gottvertrauen dem Lernenden unvergleichliche »Stärke« und »neuen Mut zur Besserung« verleiht. Diese Einstellungen zum Lernen sind von Jungen wie Mädchen zu beherzigen, da nach Kant jedes Individuum, ob Mann oder Frau, nur durch Bildung wirklich »Mensch« werden kann.

Nun ist sich der erfahrene Hochschullehrer Kant aber trotz seiner prinzipellen Parteinahme für eine vergnügliche Form der Unterweisung darüber im klaren, daß man von Kindern, Jugendlichen und Studenten nicht an jedem Tag erwarten kann, »wie im Spiele« zu lernen. Denn regelmäßig genug sei der Mensch »so sehr zur Untätigkeit geneigt«, zum Faulenzen aufgelegt und vom »Laster der Trägheit« befallen, daß ihn nicht einmal die Aussicht auf einen fröhlichen Unterricht zum Lernen bewege. In solchen Momenten der Lethargie könne nur ein kurzfristiger »Zwang« den Menschen zum fortgesetzten Wissenserwerb bewegen. Allerdings weiß Kant auch, daß dieser Zwang eines der »größesten Probleme der Erziehung ist«. Denn wie kann man einen Schüler daran gewöhnen, hin und wieder »einen Zwang seiner Freiheit zu dulden«, wo man ihn doch eigentlich von jenem unübertrefflichen Vergnügen überzeugen will, das mit dem freiwilligen Lernen verbunden ist?

Der Vorschlag, den Kant zur Lösung dieses in der Tat schwierigen Problems unterbreitet, läuft darauf hinaus, daß jede pädagogische Zwangsmaßnahme vor den davon betroffenen Schülern begründet werden muß. Einem Kind ist also nach Möglichkeit begreiflich zu machen, daß auch »Vergnügungen« durchaus »mit Strapazen verknüpft« sind und daß ihm die wahren Freuden letztlich entgehen, »wenn es nicht tut, was man will, daß es lernen soll«. Außerdem sollte es darauf hingewiesen werden, daß es sich die ständige Bereitschaft zum erfüllenden Lernen »durch öftere Wiederholung desselben« auch recht leicht »angewöhnen« kann. Und ebenso wichtig ist Kant der Fingerzeig, daß das Lernen immer auch eine »Pflicht« des Menschen ist, nicht etwa, um gut in der Welt voranzukommen, sondern um seine »Naturanlagen proportionierlich zu entwickeln« und »zu machen«, daß er »seine Bestimmung erreiche«, indem er durch beständige Selbstaufklärung »das Gute aus sich selbst herausbring[t]«.

Ohne solche Erklärungen, so Kant, sei jede zum Lernen nötigende Form der Erziehung »bloßer Mechanismus«, den man deswegen auch nur »grausam« nennen könne. Es müsse also immer gewährleistet bleiben, daß die beim Lernen eingeforderte »Disziplin nicht sklavisch sei«. Nur dann sei zu hoffen, daß sich ein Schüler im Zustand der Lustlosigkeit auch einmal durch Selbstzwang oder Selbstdisziplin zum Lernen motiviere, statt durch äußeren Druck, daß er »sich selbst den Plan seines Verhaltens« entwerfe, um diesen dann ebenso freiwillig wie strikt zu befolgen. So verstanden sei die Disziplin dann eine notwendige und überaus hilfreiche »Tugend«, die das »Lernen aus Neigung« um eine wichtige Dimension erweitere, ohne es dabei grundsätzlich in Frage zu stellen, denn gerade diese »Neigungen müssen so viel als möglich erhalten werden«.

Trotz aller Einsicht in die zeitweilige Notwendigkeit von vernünftigen und begründbaren Maßnahmen der (Selbst-)Disziplinierung bleibt Kant also unverrückbar davon überzeugt, daß Kinder – und Erwachsene – nur dann dauerhaft gut und gerne lernen, wenn sie das Ler- **253**

nen zuvor ganz bewußt mit einem Gefühl der Lust als
eine tief befriedigende und den eigenen Horizont erwei-
ternde Tätigkeit erlebt haben. Das Lernen auch als Pflicht
zu beschreiben, ist also nur dann sinnvoll, wenn das Befolgen dieser Pflicht einen echten »Genuß« verheißt, wenn
das Lernen auch an und für sich, ohne einem beruflichen
Zweck zu dienen, glücklich macht. Und eben diese Botschaft will Kant auch nach Ablauf des Zeitalters der Aufklärung als dessen wichtigstes pädagogisches Erbe an
die nächsten Generationen weitervermitteln. »Das fröhliche Herz allein«, so der Königsberger Philosoph, kann
den Menschen zum steten Wissenserwerb antreiben, und
nur eine mit Freuden gewonnene Weisheit kann »Menschen glücklich machen«. Und so sei es »entzückend«,
sich vorzustellen, daß »die menschliche Natur« durch
das beständige Lernen immer besser »werde entwickelt
werden«. Denn: »Dies eröffnet uns den Prospekt zu einem
künftigen glücklichern Menschengeschlechte«.

Epilog oder
Unser pädagogisches Erbe der Aufklärung

Zweihundert Jahre nach Kants hoffnungsvollem Ausblick auf eine durchs Lernen »glücklicher« gewordene Menschheit lesen sich die pädagogischen Visionen des Königsberger Philosophen wie ein radikales Kontrastprogramm zu den Zielen einer ausschließlich ökonomischen Kriterien verpflichteten europäischen Bildungspolitik. Denn wenn Kant das mit einem »Gefühl der Lust« verbundene Lernen als unverzichtbares Mittel zur Bildung und Bewahrung eines »fröhlichen Herzens« beschreibt und zugleich als wesentliche »Bestimmung« des Menschen charakterisiert, ist dies etwas fundamental anderes als die gegenwärtig verbreitete Auffassung, daß man sich vor allem deshalb stetig weiterzubilden habe, um auf dem Weltmarkt von morgen bestehen zu können.

War der preußische Philosophieprofessor nun ein Schwärmer und Schöngeist, dessen Vorstellungen heute als überholt eingestuft werden müssen, weil er für eine Form der Allgemeinbildung warb, die sich nicht an den speziellen Erfordernissen des Arbeitsmarktes orientiert? War er ein realitätsblinder Idealist, weil er seine Schüler und Studenten dazu ermunterte, auf den unterschiedlichsten Wissensgebieten selbständig, mit Eifer und mit Lust Kenntnisse zu erwerben, selbst »wenn man dabei auch nicht sein Brot suchte«? Sicher ist, daß Kant mit diesen Thesen jedenfalls nur das aussprach, wiederholte 255 und zuspitzte, was im Verlauf des 18. Jahrhunderts auch alle anderen bedeutsamen Aufklärer vor ihm verkündet hatten, weil sie, wie er selbst, von den Ideen Lockes, des großen Pioniers der Aufklärungspädagogik, zunehmend gepackt, begeistert und überzeugt waren.

Erinnern wir uns: Keiner der in diesem Essay vorgestellten elf Protagonisten einer aufklärerischen Erziehungsreform wollte je in Abrede stellen, daß ein beständiges Lernen für ein gelingendes Leben in der bürgerlichen Gesellschaft von allergrößtem Nutzen sein würde. Locke selbst war sich sicher, daß die nach seinen pädagogischen Grundsätzen erzogenen Kinder »überall Beschäftigung finden« würden; Mitte des 18. Jahrhunderts bezeichnete Gellert das mit Lust und aufrichtiger Freude betriebene Lernen als »sichersten Weg, zu Reichtum und bürgerlicher Gewalt zu gelangen«; und auch am Ende des Zeitalters der Aufklärung beschrieb Mary Wollstonecraft einen fröhlich-spielerischen Anschauungsunterricht, in dem nun auch Mädchen und junge Frauen in den unterschiedlichsten Fächern »für sich selbst denken und handeln« lernen sollten, als unverzichtbare Vorbereitung auf eine selbständige, wirtschaftlich gesicherte »bürgerliche Existenz im Staat«. Dennoch fiel es niemandem von ihnen ein, die Relevanz des unablässigen Lernens ausschließlich – oder auch nur in erster Linie – ökonomisch zu begründen.

Im Gegenteil: Läßt man sich die außergewöhnlich sinnlichen und hochpoetischen Worte, mit denen sie Kindern wie Erwachsenen die unaufhörliche Wissenserweiterung schmackhaft machen wollten, einmal ganz bewußt auf der Zunge zergehen, spürt man, welche intellektuelle und emotionale Bedeutung die Aufklärer dem Lernen beimaßen. So war die permanente Weiterbildung für Basedow und Mendelssohn eine unvergleichlich »angenehme Nahrung des Geistes« und ein wohltuender »Genuß« für die »Seele«. Für Addison, Reimarus und Wollstonecraft war das Lernen als köstliche Atzung von Vernunft und Verstand an manchen Tagen so herzhaft wie ein würziges *Relish*, dann wieder so *suavis*, so süß, wie Honig – *Honey*. Locke und Franklin erblickten im beständigen Wissenserwerb ein *thing of delight*, eine Sache einzigartiger Wonne, voller moralischer Schönheit – *Beauty*. Bodmer, Gellert und Kant waren sich wiederum einig, daß das Lernen uns als »das reizendste Vergnügen« so wie kaum eine andere Tätigkeit »ergetzet« und »entzückt«. Und für den gerührten Rousseau lösten all diese Wirkungen geistiger Regsamkeit eine einzige innere Freude aus, eine *jouissance intérieure*.

Diese hymnischen, ja geradezu verzückten Äußerungen über das Lernen wurden nun nicht von irgendwelchen weltfremden Scholastikern im Elfenbeinturm ausgesprochen, sondern von sehr energischen, pragmatischen und zudem rastlos tätigen Persönlichkeiten des öffentlichen Lebens, die sich in ihren bürgerlichen Berufen als Arzt, Journalist, Lehrer, Drucker, Komponist, Verleger, Seidenfabrikant, Schriftsteller und Universitätsprofessor täglich neu beweisen mußten. Auch hatten längst nicht alle von ihnen eine Akademie besucht. Franklin und Wollstonecraft konnten nicht einmal auf eine geregelte Elementarschulbildung verweisen, weshalb sie sich in ihrer Kindheit und Jugend unter erheblichen Mühen als Autodidakten weiterbildeten. Jenes enthusiastische und überschwengliche Lob des fortwährenden Lernens, in das die Aufklärer von Locke bis Kant in nahezu gleichlautenden **257**

Wendungen einstimmten, entstammte also unisono den Mündern alltagserprobter Gesellschaftsreformer, die sogar zum Teil, wie Franklin sich ausdrückte, »in Armut und Dunkelheit« aufgewachsen waren.

Und diese lernbegeisterten Aufklärer leisteten Außerordentliches. Zum einen erreichten sie mit ihren erstaunlich weit verbreiteten, leidenschaftlich argumentierenden Schriften Personenkreise, denen bis dahin die immense Bedeutung eines lebenslangen Lernens noch gar nicht aufgegangen war. Addisons *Spectator*, der im gesamten 18. Jahrhundert unzählige Menschen aus allen gesellschaftlichen Schichten zum eigenständigen Wissenserwerb ermunterte, ist hier wohl an erster Stelle zu nennen. Doch über diese ganz allgemeine Verbesserung des Lernklimas hinaus bewirkten sie auch eine sehr konkrete Neuordnung und tiefgreifende Umgestaltung des institutionalisierten Bildungswesens, dessen jahrhundertealter »Schulstaub«, wie Basedow es einmal plastisch ausdrückte, von ihnen zu einem erheblichen Teil beseitigt werden konnte. Basedow selbst bereitete für dieses aufwendige Unternehmen die Bahn, indem er in Dessau seine »Schule der Menschenfreundschaft«, das Philanthropin, gründete, das Kant voller Respekt als »Stammutter aller guten Schulen« bezeichnete. Tatsächlich wurde die unter tätiger Mithilfe der anhaltischen Landesregierung durchgeführte Dessauer Schulreform zum Ausgangspunkt der ersten modernen Bildungsreform, und dies nicht nur in Deutschland, sondern auch in Dänemark, in der Schweiz, in Ungarn und ansatzweise auch in vielen anderen Ländern Europas. Jenseits des Atlantiks war es Franklins Philadelphia Academy, die für das höhere Bildungswesen **258** der Vereinigten Staaten bleibende Maßstäbe setzte. Als erste Hochschule der noch jungen USA wurde sie 1779 in den Rang einer Universität erhoben, deren Curriculum und Philosophie des Lernens in der Folge gerade für solche amerikanische Universitäten vorbildlich wurde (und blieb), die ein der Allgemeinbildung verpflichtetes Studium generale für Studenten aller Fachrichtungen obligatorisch machten. Bis heute zählt Franklins Akademie unter ihrem seit 1791 gebräuchlichen Namen *University of Pennsylvania* zu den führenden Universitäten der USA.

Vergleicht man nun die Wünsche und Leistungen der pädagogisch anspruchsvollsten Aufklärer mit den Zielen und Ergebnissen heutiger europäischer Bildungspolitik, fallen sofort wesentliche Unterschiede ins Auge, die Anlaß zur Sorge geben können. Zwar haben die Themenkreise Bildung, Erziehung, Schule und Lernen im vergangenen Jahrzehnt eine ganz außergewöhnliche Konjunktur erlebt, die noch immer anhält und die durchaus an die hohe Zeit des pädagogischen Reformeifers im 18. Jahrhundert erinnert, was prinzipiell zu begrüßen und gutzuheißen ist. Doch haben sich die Vorzeichen, unter denen die Bedeutung des lebenslangen Lernens heute diskutiert wird, im Vergleich zu den im Zeitalter der Aufklärung gehegten pädagogischen Hoffnungen gravierend verändert. Was heute von Bildungspolitikern, aber auch von Lehrern und Eltern immer häufiger betont wird, ist leider nicht das Glück, lernen zu dürfen, sondern die Pflicht, unentwegt lernen zu *müssen*, um dem eigenen Land (oder den eigenen Kindern) unter allen Umständen einen Standortvorteil (oder Karrierevorsprung) in der globalisierten Welt zu verschaffen. Ein solches Denken, das die Freuden des Lernens allenfalls am Rande thema- **259** tisiert, ist jedoch aus verschiedenen Gründen problematisch. Drei Beispiele mögen zur Illustration dieses Sachverhaltes genügen.

Erstens ist es ein bizarrer Ausdruck des gegenwärtigen Zeitgeistes, daß sich hierzulande immer mehr Eltern dafür erwärmen, ihren Nachwuchs bereits im Vorschulalter Chinesisch lernen zu lassen, entweder in privaten Sprachschulen oder mit Hilfe von eigens zu diesem Zweck angestellten Au-pair-Mädchen aus Taiwan. So soll kostbare Zeit genutzt werden, um die noch leicht formbaren Kleinsten für den Weltmarkt der Zukunft tauglich zu machen, der, wie man annimmt, von der Volksrepublik China dominiert werden wird. Selbstverständlich können nur die wohlhabenderen Eltern solche extravaganten Lerneinheiten finanzieren, und natürlich gibt es in Europa nach wie vor verschwindend wenig Kinder und Jugendliche, die Chinesisch als erste Fremdsprache lernen. Doch allein die Tatsache, daß zahlungskräftige Eltern ihren Kindern allen Ernstes einen Sprachenunterricht zumuten, der möglicherweise gar nicht den Interessen, Fähigkeiten und Neigungen der Kinder entspricht, ist erschreckend. Daß sie sich dabei fast ausschließlich von der Hoffnung leiten lassen, deren »Anpassungsfähigkeit« an die Erfordernisse des Weltmarktes sicherzustellen, beweist exemplarisch, wie wenig bei der, ja auch im europäischen *Memorandum über Lebenslanges Lernen* erhobenen Forderung nach einer »von der Wiege an« zu fördernden »Beschäftigungsfähigkeit«, an das Wohl und an die freie Entfaltung unserer Kinder gedacht worden ist. Überdies ist es mehr als zweifelhaft, ob ein solcher frühkindlicher Unterricht vom gewünschten Erfolg gekrönt sein wird.

260 Aber unabhängig von der Frage, welche private Vor-

schulerziehung Eltern im Zeichen der Globalisierung
für wichtig halten, lassen sich, zweitens, auch im öffentlichen Schulwesen Entwicklungen beobachten, die von
einer höchst unbedachten Reaktion auf einen wachsenden ökonomischen Druck künden. So wird die momentan in Deutschland betriebene Verkürzung der gymna-
sialen Schulzeit von neun auf acht Jahre gerne damit
begründet, daß den auf diese Weise schneller zum Abitur
gelangenden Schülerinnen und Schülern nun ein beacht-
licher Wettbewerbsvorsprung in globaler Hinsicht verschafft werde. Weil die verantwortlichen Bildungspolitiker jedoch bei der Umsetzung dieser Maßnahme in den
seltensten Fällen darauf geachtet haben, die auf neun
Jahre ausgelegten Lehrpläne zu entschlacken, den neuen
Gegebenheiten anzupassen und zu modernisieren, leiden
gerade die jüngsten Gymnasiasten unter einer teilweise
nicht mehr zumutbaren Arbeitsbelastung. Da nun grundsätzlich gar nichts gegen eine Verkürzung der Schulzeit
spricht, käme es also darauf an, den Unterrichtsstoff
möglichst bald zusammen mit der Unterrichtszeit zu re-
duzieren. Dies dürfte dann besonders leicht fallen, wenn
man den Schülern ein konsequent fächerübergreifendes
und interdisziplinäres Lernen ermöglichte, wenn man
also beispielsweise in einem zeitlich begrenzten Projekt
das Thema Umweltschutz zugleich aus naturwissenschaftlicher und gesellschaftswissenschaftlicher Perspektive erörterte. Dabei käme es dann nicht so sehr darauf
an, eine Fülle an Details zu vermitteln, als vielmehr eine
gute und motivierende Anleitung zum selbständigen Lernen zu geben. Eine in dieser Weise umgesetzte Verkürzung der Schulzeit wäre dann der beste Beweis dafür, daß
nicht Überarbeitung, sondern ein exemplarisches und lei- **261**

denschaftliches Lernen – mit genügend großen Freiräumen für die Erprobung der kindlichen und jugendlichen Kreativität – die beste Vorbereitung für die Herausforderungen des Berufslebens bietet, weil es nämlich zuerst als tiefe Befriedigung und persönliche Erfüllung empfunden wird.

Das dritte Beispiel eines unter ökonomischem Druck betriebenen Lernens betrifft die Wirklichkeit der beruflichen Weiterbildung im Alter, der sich gegenwärtig immer mehr Mitbürger stellen müssen. Schon gibt es 64jährige, die in Weiterbildungskursen ihre Fähigkeiten zur Nutzung neuester Informationstechnologien ausbauen, nicht um sich freiwillig neue Kenntnisse anzueignen, sondern um – zumindest in der Theorie – für den Arbeitsmarkt interessant zu bleiben. Vielleicht werden bald auch Menschen, die das siebzigste Lebensjahr überschritten haben, diesen Weg gehen müssen. Dann würde das von der Europäischen Kommission skizzierte Ideal eines den eigenen Arbeitsplatz sichernden Lernens »bis zum Grab« tatsächlich in greifbare Nähe rücken. Möglicherweise ist für einen Menschen, dessen Rente (aus den unterschiedlichsten Gründen) nicht sicher ist, eine berufliche Weiterbildung im Alter wirklich unvermeidlich, zumal ja für uns alle der Zeitpunkt der Pensionierung immer weiter hinausgeschoben wird. Dies ist dann aber eine frustrierende Perspektive, die den davon betroffenen älteren Menschen wohl kaum jenes Glücksempfinden bescheren wird, daß darin besteht, lernen zu *dürfen*. Daß sich aber gerade ältere Menschen durchaus nach solchen glücklichen, erfüllten und ihrem Konzentrationsvermögen entsprechenden Lernerlebnissen sehnen, stellen all

262 jene Studierenden unter Beweis, die sich gegenwärtig in beträchtlicher Zahl im Alter von sechzig, siebzig oder gar achtzig Jahren an Universitäten – oder auch Volkshochschulen – zum Studium einschreiben. Diese älteren Menschen lernen durchweg freiwillig. Ihnen bietet das Rentenalter wertvolle Lernzeit, über die sie im Berufsleben nicht verfügten. Sie bezeugen, daß die Motivation, ein Leben lang lernen zu wollen, in erster Linie anderen Antriebskräften entspringt als dem Bestreben, Arbeitsplätze zu sichern. Sie führen mehr als andere Personengruppen vor, daß ein *erfülltes* Lernen, ob in der Jugend oder im Alter, immer nur ein Lernen in Freiheit sein kann.

Genau diese Erkenntnis führt uns nun wieder zurück zu den Aufklärern, die das glückliche Lernen in Freiheit als eines der unschätzbarsten Privilegien des Menschen priesen, ja sogar als seine vornehmste Bestimmung und als hervorragendstes Zeichen seiner Würde. Was der in diesem Essay vorgenommene Gang durch die Geschichte des 18. Jahrhunderts nun stufenweise aufgedeckt hat, ist die unübersehbare Tatsache, daß das aufklärerische Bestreben, Lernen als Glück erfahrbar zu machen, von Anfang an unauflöslich mit dem Kampf um die Verwirklichung einer freiheitlichen, menschenfreundlichen und demokratischen Bürgergesellschaft verknüpft war. Ausnahmslos alle der hier beschriebenen Aufklärer verstanden sich demzufolge als pädagogisch *und* politisch wirksame Gesellschaftsreformer, weshalb sie die drei großen freiheitlichen Staatsumwälzungen des Zeitalters der Aufklärung in England, Amerika und Frankreich auch mit großen Sympathien beobachteten, unterstützten oder – wie Locke und Franklin – gar aktiv betrieben. Franklin war dann sogar Mitunterzeichner der US-Verfassung von 1787, die noch heute gültig ist und wie kaum ein anderes **263**

Dokument des 18. Jahrhunderts unter Beweis stellt, wie sehr die Ideen und Taten der Aufklärer bis in die Gegenwart hineinwirken und unser modernes Verständnis von Freiheit und Demokratie bestimmen.

Weil Locke, Addison, Reimarus, Bodmer, Gellert, Franklin, Rousseau, Basedow, Mendelssohn, Wollstonecraft und Kant ihr pädagogisches Engagement also als festen Bestandteil ihres leidenschaftlich betriebenen Einsatzes für eine freiheitliche Bürgergesellschaft verstanden, erblickten sie in den von ihnen als vorbildlich beschriebenen Einstellungen zum Lernen zugleich wichtige Bürgertugenden: Wißbegierde, Beobachtungsgabe, Vernunft, Phantasie, Aufrichtigkeit, Gemeinnützigkeit, Mitgefühl, Toleranz, Gottvertrauen, Streben nach Chancengleichheit und Selbstdisziplin waren nicht nur Haltungen, die das glückliche Lernen ermöglichten, sondern auch die entscheidenden Charaktermerkmale des liberalen und auf das Gemeinwohl bedachten Bürgers.

Wenn wir uns also abschließend noch einmal fragen, warum wir die Lehren der Aufklärungspädagogik nicht vergessen dürfen, warum wir sie vielmehr auch weiterhin sehr bewußt beherzigen sollten, dann bieten sich gleich drei aufeinander bezogene Antworten an: Zum einen haben die in diesem Essay besprochenen Aufklärer in ihren Schriften wie auch in ihren eigenen Karrieren überzeugend vorgeführt, daß derjenige, der nicht zu früh über beruflichen Erfolg nachdenkt, sondern sich mit großer Wißbegierde und Freude eine umfassende Allgemeinbildung erwirbt und exemplarisch des Lernen lernt, paradoxerweise am ehesten einen solchen Erfolg und ökonomische Sicherheit erwerben wird. Selbst Franklin, der

264 wie kein Zweiter nach dem möglichen Ertrag des Lernens fragte, wußte zugleich sehr genau, daß die beste Voraussetzung für einen herausragenden wirtschaftlichen, gesellschaftlichen oder technischen Fortschritt eine zweckfreie Bildung sein würde. Als er 1783 gemeinsam mit vielen anderen Schaulustigen die ersten Heißluftballonexperimente der Brüder Montgolfier aus der Nähe mitverfolgte, reagierte er deshalb auch auf die Frage eines argwöhnischen Zuschauers, was diese Versuche denn nun eigentlich bezweckten, mit der so lakonischen wie prägnanten Bemerkung: »Was ist der Nutzen eines neugeborenen Säuglings?«. Nicht die ängstliche und hektische Anpassung an etwaige wirtschaftliche Gegebenheiten von morgen, sondern die selbstbewußte Besinnung auf das Ausschöpfen der eigenen Fähigkeiten und Potentiale sollte in unserer Gesellschaft also das Lernen und das Lernklima bestimmen.

Damit wird dann zum anderen auch sichergestellt, daß es unserer demokratischen Gesellschaft auch zukünftig nicht an politisch interessierten, aufmerksamen und teilnahmsvollen Bürgern mangelt. Denn wer einmal im Sinne der Aufklärer gelernt hat, daß es ein Privileg, ein Zeichen der Freiheit ist, lernen zu dürfen, wird – wie sie – dafür Sorge tragen, daß die für einen freien Meinungs- und Wissensaustausch notwendigen politischen Rahmenbedingungen stets gewahrt bleiben oder, falls möglich, noch erweitert werden. Der unablässig lernende Mensch weiß nämlich um die Notwendigkeit und Fruchtbarkeit von Kritik und Zweifel, weil die Suche nach Wahrheit nie abgeschlossen ist.

Schließlich aber haben die Klassiker der Aufklärungspädagogik mit großer Leidenschaft und Überzeugungskraft gezeigt, wofür es sich für jeden einzelnen Menschen **265** zu leben lohnt, denn sie haben das Lernen, den umfassenden und beständigen Wissenszuwachs, das unablässige Streben nach geschichtlicher, naturwissenschaftlicher und moralischer Erkenntnis mit glühenden Worten als tiefen Sinn des Lebens beschrieben. Sie haben uns glaubhaft vorgeführt, daß das Lernen für jedes Kind, für jeden Mann und für jede Frau ein großes Glück sein kann. Das Wissen um diese zentrale Botschaft nicht zu vergessen, ist also aus guten Gründen unser bleibender Auftrag, unser nach wie vor anspornendes pädagogisches Erbe der Aufklärung.

Dank

Beständige Ermutigung, guten Rat und hilfreiche Anregungen habe ich bei der Arbeit an diesem Buch von verschiedenen Seiten empfangen. Danken möchte ich zunächst Christoph Selzer, der mich vor zwei Jahren fragte, ob ich mir nicht vorstellen könne, einen dezidiert bildungshistorischen und zugleich gegenwartsbezogenen Beitrag zur aktuellen Debatte über lebenslanges Lernen, Erziehung und Bildung zu verfassen. Als ebenso geistreicher wie begeisterungsfähiger Lektor begleitete er die Genese des Buches stets mit großem Engagement, um mich und mein Manuskript dann mit sicherer und freundschaftlicher Hand zum Ziel der Veröffentlichung zu führen. Zu nicht minder großem Dank bin ich dem Verleger Michael Klett verpflichtet. Auch er hat dieses Buchprojekt von Anfang an mit großem Interesse und wohltuendem Zuspruch gutgeheißen und unterstützt.

Danken möchte ich ferner meinen Hamburger Kollegen Franklin Kopitzsch und Christine Mayer. Sie haben sich erfolgreich dafür eingesetzt, daß ich den ersten Entwurf meines Manuskripts im Wintersemester 2007/2008 an der Universität Hamburg im Rahmen einer für Historiker *und* Erziehungswissenschaftler ausgewiesenen Vorlesung zur akademischen Diskussion stellen konnte. Den Studierenden, die diese Vorlesung besuchten, sei an dieser Stelle für ihre interessierten Fragen und fruchtbaren Kommentare gedankt. Unvergessen bleibt im übrigen ein

Hamburger Pausengespräch mit Franklin Kopitzsch über die deutsche und schweizerische Frühaufklärung: Bei köstlichem Tee und einer feurig gewürzten Tafel Zartbitterschokolade ging mir auf, daß Johann Jakob Bodmer und Hermann Samuel Reimarus wichtige Protagonisten meines Buches werden würden.

Dank schulde ich auch den bewährten Mentoren Heinz-Elmar Tenorth und Hanno Schmitt aus Berlin und Potsdam. Mit ihrer beeindruckenden bildungshistorischen Kompetenz haben sie mir gerade in der Anfangsphase des Projektes wertvolle Hinweise zur bestmöglichen Gliederung und Argumentationsstrategie des Textes gegeben. Das Glück bescherte mir zudem in Potsdam mit Ulrike Koch eine fleißige und loyale studentische Mitarbeiterin. Ich bin ihr dankbar für die immer zügige Literaturbeschaffung, prompt angefertigte Transkriptionen und nicht zuletzt für ihre Freundlichkeit.

Schließlich möchte ich meiner Familie danken. Meiner Frau Kerstin bin ich für ihre vorbehaltlose Unterstützung meiner wissenschaftlichen Neigungen, für manche Fragen und vielfache Ermutigung über alle anderen Empfindungen hinaus dankbar. Unseren Kindern Julius und Konstantin danke ich dafür, daß sie auch beim Verfertigen anspruchsvoller Schulaufgaben oder beim Üben komplizierter musikalischer Etüden versichern konnten – mitunter augenzwinkernd, doch im Grunde immer ehrlich –, daß Lernen Spaß macht. Sie sind daher nicht nur meine wichtigsten Zeugen für die dem Buch zugrunde liegenden Thesen, sondern spiegeln in ihrer kindlichen Freude Erfahrungen wieder, die auch ich schon in frühester Kindheit machen durfte – als meine Mutter mir mit viel Liebe und einem Reichtum an Phantasie die

Augen für die Schönheiten und Freuden des Lernens öffnete. Ihr, Hildegard Overhoff, sei dieses Buch daher gewidmet.

Ausgewählte Literatur

Die offiziellen Leitlinien der gegenwärtig propagierten europäischen und deutschen Bildungspolitik zum Thema »Lebenslanges Lernen« sind in folgenden Texten der Europäischen Kommission und der deutschen Bund-Länder-Kommission für Bildungsplanung und Forschungsförderung nachzulesen: Kommission der Europäischen Gemeinschaften (Hg.), *Arbeitsdokument der Kommissionsstellen: Memorandum über Lebenslanges Lernen* (Brüssel 2000) [http://www.uni-heidelberg.de/studium/bologna/eu-ebene/Memorandum%20%FCber%20Lebenslanges%20Lernen.pdf]; Bund-Länder-Kommission (Hg.), *Strategie für Lebenslanges Lernen in der Bundesrepublik Deutschland* (Bonn 2004) [http://www.blk-info.de/fileadmin/BLK-Materialien/heft115.pdf].

Die zentralen Schriften der im vorliegenden Essay behandelten Aufklärer, die zusammen ein wertvolles bildungshistorisches Korrektiv des ausschließlich ökonomisch motivierten Lernens abgeben, können interessierte Leser und Leserinnen in den nachstehend aufgeführten, mit Sorgfalt edierten und zudem sehr leicht zugänglichen Ausgaben aufspüren: John Locke, *Some thoughts concerning education* (1693), hg. von John W. Yolton und Jean S. Yolton (Oxford 1989) [dt.: John Locke, *Gedanken über Erziehung*, übers. und hg. von Heinz Wohlers, Ditzingen 1997]; *The Spectator* (1711–1712), hg., eingel.

und mit Anmerkungen vers. von Donald F. Bond, 5 Bände,

Oxford 1965; Hermann Samuel Reimarus, *De Philoso-phiae in scholastica usu* (1723), in: H.S. Reimarus, Kleine gelehrte Schriften. Vorstufen zur Apologie oder Schutz-schrift für die vernünftigen Verehrer Gottes, hg. von Wilhelm Schmidt-Biggemann (Göttingen 1994) [dt.: H.S. Reimarus, *Vom Nutzen der Philosophie in der Schule*, in: Jürgen Overhoff, »Vernunft und Menschlichkeit – Hermann Samuel Reimarus als Wegbereiter der philanthropischen Pädagogik«, in: Jörg-W. Link/Frank Tosch (Hg.), Bildungsgeschichte(n) in Quellen (Bad Heilbrunn 2007), S. 29–40]; Johann Jakob Bodmer, *Critische Abhandlung von dem Wunderbaren in der Poesie.* Faksimiledruck nach der Ausgabe von 1740. Mit einem Nachwort von Wolfgang Bender (Stuttgart 1966); Christian Fürchtegott Gellert, *Moralische Vorlesungen, Moralische Charaktere*, hg. von Sibylle Späth (Berlin 1992); Benjamin Franklin, *Proposals relating to the education of youth in Pennsylvania* (1749), in: The Papers of Benjamin Franklin, Band 3, hg. von L.W. Labaree (New Haven 1961), S. 97–421; Jean-Jacques Rousseau, *Emile ou de l'éducation* (1762), hg. von Michel Launay (Paris 1966) [dt.: Jean-Jacques Rousseau, *Emile oder Über die Erziehung*, hg. von Martin Rang (Ditzingen 1963); Johann Bernhard Basedow, *Elementarwerk mit den Kupfertafeln Chodowieckis u. a.* (Dessau 1774), hg. und kritisch bearb. in drei Bänden von Theodor Fritzsch (Leipzig 1909); Moses Mendelssohn, *Jerusalem oder über religiöse Macht und Judentum* (Berlin 1783). Nach den Erstausgaben neu ediert von David Martyn (Bielefeld 2001); Mary Wollstonecraft: *A Vindication of the Rights of Men* (1790) and *A Vindication of the Rights of Women* (1792), hg. von Sylvana Tomaselli (Cambridge 1995) [als zeitgenössische Übersetzung sei empfohlen: Maria Wollstonecraft, *Rettung der Rechte des Weibes mit Bemerkungen über politische und moralische Gegenstände.* Aus dem Englischen übersetzt. Mit einigen Amerkungen von Christian Gotthilf Salzmann, 2 Bände (Schnepfenthal 1793/1794)]; *Immanuel Kant über Pädagogik*, hg. von D. Friedrich Theodor Rink (1803), in: Immanuel Kant, Schriften zur Anthropologie, Geschichtsphilosophie, Politik und Pädagogik 2, Werkausgabe XII, hg. von Wilhelm Weischedel, Frankfurt am Main 1977, 691–761.